Sin atajos al éxito expresa las co afirmar que hay demasiados «aspira que
prometen menos tiempo y esfue unto
de vista desde el terreno es el de pide
a los aspirantes a formadores de iglesias (especialmente entre los musulmanes) que sean realistas, cuenten el costo y estén dispuestos a pagarlo.

Greg Livingstone, Fundador, *Frontiers*

¡Me encanta este libro! Algunas personas lo encontrarán perturbador, pero Rhodes no provoca por provocar. Sus ideas clave cuestionan muchas de las suposiciones básicas que subyacen a las misiones modernas. Nos recuerda que la empresa misionera protestante nació cuando William Carey escribió sobre nuestra obligación de utilizar «medios» para llevar a la gente a Cristo, y advierte: «Hoy, como en tiempos de Carey, los "medios" corren el peligro de ser despreciados». La propuesta de Rhodes, aunque crítica con los populares atajos temporales para el ministerio, es cuidadosa y constructiva. Sus sugerencias prácticas merecen una seria consideración. Incluso si uno no está de acuerdo con Rhodes, este libro agudizará nuestra reflexión sobre la práctica de las misiones. La iglesia necesita desesperadamente leer este libro.

Jackson Wu, Profesor de Teología, Seminario Teológico Internacional Chino; Editor, *Themelios*

Estoy muy agradecido por esta respuesta honesta, sensata y razonable a las tendencias actuales en juego entre nosotros, que trabajamos incansablemente en las regiones no alcanzadas. Este libro no es para los débiles de corazón o para el «guerrero misionero de fin de semana», sino para los audaces y valientes. Recomiendo este libro a cualquiera que quiera seguir a nuestro Salvador profundamente en las vidas y sociedades de los no alcanzados. Tal vez, como yo, algunos que están un poco cansados de la «larga aproximación» encontrarán aquí un refrigerio para acelerar el paso y tomar un segundo aire. Por favor, te invito, quienquiera que seas, a considerar profundamente el contenido de este libro. Luchemos a fondo con cada una de las cuestiones que Rhodes ha planteado. ¿Por qué? Está en juego la salvación misma de los no alcanzados.

Matt Arnold, fundador de iglesias; formador de misioneros, Ethnos360

Nunca he leído un libro tan oportuno sobre el imperativo de la proyección mundial. Actualmente hay innumerables partes móviles en las estrategias misioneras y Rhodes examina muchas de ellas a través de una lente bíblica que, en última instancia, devuelve al lector a los maravillosos fundamentos. Ilustra que el fundamento de las misiones ha sido históricamente el compromiso de adquirir fluidez tanto en la cultura como en el idioma. En lugar de proponer un enfoque «milagroso», nos llama a la ardua tarea de ser embajadores profesionales del evangelio. Espero que este libro sea leído por todos aquellos que contemplan el servicio misionero y por los que ocupan puestos de liderazgo, tanto en las iglesias que envían misioneros como en las organizaciones misioneras.

Mark Dalton, Director de Misiones, Shadow Mountain Community Church

Durante años me han preguntado: «¿Qué puedo leer para tener una visión equilibrada de los cambios radicales que se están produciendo en las misiones hoy en día?». *Sin atajos al éxito* es una herramienta indispensable, que no solo aborda las tendencias destructivas de la misionología actual, sino que también defiende de forma persuasiva y bíblica los métodos y valores históricos que se han dejado de lado. Este libro es un recurso vital para quienes desean datos sólidos y bien documentados y principios bíblicos que nos permitan evaluar los métodos actuales.

Brad Buser, plantador de iglesias, sudeste asiático; fundador, *Radius International*

Las nuevas misiones (como el Narciso de antaño) se han enamorado tanto de su propia imagen que les cuesta ver más allá de sí mismas. Para quienes crean que las misiones modernas han dicho la última palabra, *Sin atajos al éxito* es una misericordiosa llamada de atención, que nos devuelve a las primeras palabras de la Escritura y a la sana sabiduría de generaciones de esfuerzos misioneros. Con minuciosidad y reflexión, cada capítulo explora y critica las tendencias actuales en misiones, pero en lugar de promover otra nueva estrategia, insta a volver a los sólidos cimientos de la misión bíblica e histórica. Este es uno de esos libros que hay que leer despacio, con bolígrafo en mano, pues cada página resulta a la vez provocadora y refrescante, aleccionadora y reconfortante, desafiante y alentadora.

Jacob Edwards, jefe del equipo de plantación de iglesias, Norte de África

En una época en la que hay tantas voces que abogan por nuevos métodos y lo que pueden parecer enfoques formulistas para el ministerio entre los no alcanzados, encuentro que el libro de Rhodes está lleno de correcciones útiles. Aprecio especialmente su aclaración sobre nuestro papel como embajadores del Rey. Creo que da en el clavo al llamarnos a la claridad, la credibilidad y la audacia en nuestra comunicación. Espero que todos aquellos que aspiran a formar parte de lo que Dios está haciendo transculturalmente en nuestros días lean y presten atención al estímulo para abordar la tarea de proclamar a Jesús con seriedad y con gran cuidado y preparación.

Dave Myers, pastor mundial, Chicago, Illinois

Matt Rhodes ha dejado muy claro que no hay atajos al éxito. Se necesita tiempo e implicación durante un largo período para aprender otra cultura, incluido otro idioma. No todos aprendemos al mismo ritmo, pero es necesario que los misioneros plantadores de iglesias pasen por el proceso de aprendizaje para comunicar el mensaje del evangelio con claridad y comprensión. El Espíritu Santo, al crear entendimiento, no elude el proceso. Les recomiendo *Sin atajos al éxito* como un componente crítico en el proceso de evangelización y plantación de iglesias entre los pueblos no alcanzados.

Gary Coombs, Pastor de Misiones, Shadow Mountain Community Church; presidente, Southern California Seminary

Bíblico, sabio, alentador y práctico. Esta combinación de adjetivos rara vez es apropiada para un libro contemporáneo sobre misiones. De la hábil mano de un practicante actual en el campo, se nos ha dado un regalo de pensamiento bíblico claro con respecto a la misión de Cristo para Su Iglesia y la manera en que las Sagradas Escrituras prescriben cumplirla. Deseo que este libro llegue a manos de pastores, comités de misiones y candidatos a misiones.

Chad Vegas, pastor principal, Sovereign Grace Church; presidente fundador, *Radius International*

Rara vez una persona está de acuerdo con todos los puntos de un libro, y este libro no es diferente. Lo que es diferente en este libro es la llamada de vuelta a la Escritura y lejos de la moda y el encanto de las cosas nuevas en las misiones. Rhodes nos empuja a considerar el trabajo mundano, ordinario y duro de los esfuerzos misioneros. No podemos seguir confiando en soluciones brillantes, nuevas y rápidas si queremos llegar realmente a los 3100 millones de personas que no han sido alcanzadas con el poderoso evangelio de Jesús. Necesitamos personas con agallas y perseverancia que vean llegar Su reino y que se haga Su voluntad. *Sin atajos al éxito* es ese heraldo en el desierto de la estrategia misionera, que llama a la gente a no despreciar los pequeños comienzos, y a hacer el largo y duro trabajo de ver la iglesia plantada entre los no alcanzados. Si estás cerca de las misiones, deberías leer este libro.

Justin Raby, párroco del campus Sur de Overland Park; director de movilización, apoyo al campus

Disfruté mucho leyendo este libro breve pero muy informativo, escrito por un profesional de primera línea. Las misiones, y su terminología siempre cambiante, pueden parecer inaccesibles para el laico medio, pero este es un gran recurso para ayudarles a entender lo que se dice en el debate actual sobre las misiones. Lleno de historia y sabiduría de la talla de Paton, Judson, Taylor y Carey, este libro es una lectura obligada no solo para los laicos, sino también para pastores, pastores de misiones y cualquier persona involucrada en la Gran Comisión.

Brooks Buser, Presidente de *Radius International*

Sin atajos al éxito

un manifesto para las misiones modernas

matt rhodes

prefacio por mark dever

Sin atajos al éxito

un manifesto para las misiones modernas

matt rhodes

prefacio por mark dever

Sin atajos al éxito: Un manifiesto para las misiones modernas

B&H Publishing Group
Brentwood TN, 37027

Diseño de portada (versión en inglés): Lindy Martin, FaceOut Studios

Clasificación Decimal Dewey: 269.2
Clasifíquese: CONVERSIÓN \ TRABAJO EVANGELÍSTICO\ MISIONES

ISBN: 978-1-0877-8318-5

Impreso en EE. UU.

1 2 3 4 5 * 27 26 25 24

Contenido

Pequeños comienzos (Himno de Zacarías)

MATT RHODES

No desprecies el día de los pequeños comienzos,
cuando las montañas no se mueven, cuando
debemos esperar a un mundo silencioso, que aún
rebosa lentamente pero aún no está lleno. No
abandones estas pequeñas tareas. Dios siembra el
humilde trabajo humano con una fuerza oculta,
y cada semilla, cuando se siembra, parece débil
bajo el peso de las montañas, pero más tarde
brotan pequeños retoños que parten las piedras.
Nuestra espera —como todas las esperas—
tiene un propósito: la fe se forja con el calor y
una larga exposición. Un día emergerá, madura
y perfecta. Hoy, las montañas siguen asomando,
frías y sobrias, y nosotros nos formamos bajo
la superficie helada, en salas donde el magma
hierve y desborda.

Prólogo

EL AUTOR DE ESTE LIBRO no es amigo mío. No quiero decir que me caiga mal. Simplemente, no lo conozco. Que yo recuerde, nunca nos hemos visto ni nos hemos comunicado directamente. No me ha pedido que escriba este prólogo. Y, lo más importante, no creo que sepa que lo estoy haciendo. Puede que ni siquiera lo utilice.

Entonces, ¿por qué estoy escribiendo esto?

Porque unos amigos en común me enviaron el manuscrito de este libro. Lo leí y llegué a la conclusión de que no solo me gusta este libro, sino que pienso que sería importante que se publicara y se lea ampliamente.

Lo que sé del autor es bueno. Tiene experiencia profesional en estadística. Y, durante algunos años, ha sido un trabajador cristiano de tiempo completo en un país bastante cerrado. Es a partir de esa experiencia que plantea preguntas sobre gran parte del pensamiento misionero actual.

Aquellos de nosotros que somos pastores sabemos que mucha de la literatura misionera de estos días se lee como testimonios de «hacer dinero rápido». «¡Hice esto y aquello y luego se fundaron miles y miles de iglesias y millones vinieron a Cristo!». ¿Sabías que hay modas cristianas que atraen a los jóvenes cristianos e incluso a los pastores a pensar que el mejor trabajo misionero se puede hacer de forma barata y rápida?

Debería tener cuidado con la palabra «señuelo». Suena ominosa. Una de las cosas que hace este autor es dar por sentadas e incluso mostrar las buenas intenciones de muchos de los que están presentando las misiones de formas nuevas, emocionantes y, sin embargo, en última instancia, no bíblicas.

Este libro trata de ayudarnos a recuperar lo que tantas generaciones de cristianos heroicos antes que nosotros sabían: esta labor de llevar el evangelio donde nunca ha estado es normalmente un trabajo duro y largo. Pero en nuestra generación se ha levantado una serie de escritores (y el autor los nombra y cita) que negarían esto, o al menos remodelarían lo que es el esfuerzo. El aprendizaje de idiomas y la residencia en el país se contraponen a la oración y a los misioneros remotos y no residenciales. Y, lo más importante, en muchos círculos ha prevalecido esta nueva forma de pensar.

Al igual que aquellos, cuyos métodos cuestiona, el autor desea que se planten iglesias entre personas que antes no conocían el evangelio. A diferencia de aquellos a quienes cuestiona, el autor no ve los años de cuidadosa preparación como algo opuesto a la plantación de iglesias, sino como el medio normal para ello. Nos preparamos como embajadores, porque representamos al Rey.

Una cosa que este libro deja clara es la importancia de la enseñanza para la tarea misionera. Tanto si se trata de predicar verbalmente como de escribir, el conocimiento de la lengua local es esencial para lo que los misioneros están llamados a hacer. Los misioneros deben esforzarse por ser capaces de proclamar su mensaje con claridad, credibilidad y audacia.

Especialmente importantes son los capítulos 2, 3, 6 y 9. En los capítulos 2 y 3, el autor formula críticas específicas a los movimientos contemporáneos de «plantación de iglesias» y «formación de discípulos». En el capítulo 6 expone un cuidadoso argumento a favor de dedicar gran energía y tiempo al aprendizaje de idiomas. Y en el capítulo 9, ofrece sabios consejos para encontrar, enviar y sostener misioneros.

Podría decir más, pero te estoy impidiendo leer el libro. Adelante con el libro. Está bien hecho. Y es importante si vamos a usar los medios que Dios nos ha dado para alcanzar las naciones con el evangelio.

Mark Dever

Abril de 2020

Prefacio de la serie

La serie de libros *9Marks* se basa en dos ideas fundamentales. En primer lugar, la iglesia local es mucho más importante para la vida cristiana de lo que muchos cristianos creen.

En segundo lugar, las iglesias locales crecen en vida y vitalidad a medida que organizan sus vidas en torno a la Palabra de Dios. Dios habla. Las iglesias deben escuchar y seguir. Así de sencillo. Cuando una iglesia escucha y sigue, comienza a parecerse a Aquel a quien sigue. Refleja Su amor y santidad. Muestra Su gloria. Una iglesia se parecerá a Él cuando lo escuche.

Así que nuestro mensaje básico a las iglesias es que no miren a las mejores prácticas empresariales ni a los últimos estilos; miren a Dios. Empiecen por escuchar de nuevo la Palabra de Dios.

De este proyecto global surge la serie de libros *9Marks*. Algunos van dirigidos a pastores. Otros se dirigen a los miembros de la iglesia. Esperamos que todos combinen un cuidadoso examen bíblico, reflexión teológica, consideración cultural, aplicación corporativa e incluso un poco de exhortación individual. Los mejores libros cristianos son siempre teológicos y prácticos.

Es nuestra oración que Dios utilice este volumen y los demás para ayudar a preparar a Su esposa, la iglesia, con resplandor y esplendor para el día de Su venida.

Con esperanza, Jonathan Leeman
Editor de la serie

Introducción

Las «nuevas misiones»

MI HERMANO PATRICK ES PROFESOR de secundaria. Hace unos años, su administración introdujo nuevos métodos para enseñar matemáticas a los niños: las «nuevas matemáticas», las llamaban. La frase me llamó la atención porque recuerdo que, cuando éramos niños, los profesores *también* introducían unas «nuevas matemáticas». Es de suponer que, en los años transcurridos desde entonces, más de unas cuantas «nuevas matemáticas» han ido y venido. La de hoy es más nueva que la de ayer, y la de mañana lo será aún más. *Siempre* ha habido una forma nueva y vanguardista de enseñar matemáticas a los niños.

Este empuje hacia lo nuevo, por supuesto, se manifiesta en muchas disciplinas: paternidad, psicología, tecnología, y la lista continúa. Las modas van y vienen, y cada una llega con la certeza de la verdad absoluta.

Mientras hablábamos de esto, Patrick dijo algo que me llamó la atención. Dijo: «Después de diez años enseñando, por fin siento que empiezo a ser un buen profesor de matemáticas». ¡Diez años! Tanto tiempo le llevó destacar en su profesión. ¿Por qué? Porque enseñar matemáticas es complicado. Requiere impartir información compleja. Pero también requiere mantener la atención de los alumnos. Y un buen profesor debe saber cómo motivar y cómo disciplinar, cuándo y cómo implicar a los compañeros, cómo ayudar cuando los niños tienen problemas en casa que les impiden concentrarse en la escuela, cómo tratar la autoestima y los problemas de pareja, y cómo valorar a las torpes pero preciosas almas adolescentes que le son entregadas.

Soy misionero, y lo he sido el tiempo suficiente para darme cuenta de que las modas van y vienen también en las misiones. Movimientos internos, negocios como misión, el Método Camel, MPI, DMM, T4T: los he visto pasar a todos por encima de nosotros. He leído las historias y las estadísticas. He oído a los defensores de cada nueva metodología afirmar que es *la solución que estábamos buscando.* He visto estas metodologías presentadas como el único camino verdadero de vuelta al modelo del Nuevo Testamento.

Pero hay una diferencia entre las «nuevas matemáticas» y los «nuevos errores». La gente no desarraiga a sus familias para enseñar las «nuevas matemáticas» a los incultos. Los profesores no mueren en el campo de las matemáticas. Las modas en las misiones —si solo son modas— son más peligrosas que las modas en la enseñanza de las matemáticas, porque lo que enseñan los misioneros es más importante que las matemáticas. Podemos aprender de estas modas, por supuesto. Cada una tiene sus puntos fuertes. Pero cada vez estoy más seguro de que puede ser imposible llegar a ser un «buen misionero» —al igual que es imposible llegar a ser un «buen profesor de matemáticas»— sin la lenta adquisición de competencias profesionales. Al fin y al cabo, como los buenos profesores de matemáticas, tratamos de impartir información. También lo hacemos en un mundo complejo de relaciones, problemas de autoestima y problemas familiares. Y como trabajamos interculturalmente, nos esforzamos por comprender las complejidades de ese mundo. ¿Tal vez hagan falta más de diez años para convertirse en un buen misionero?

Puede molestar a la gente sugerir que necesitamos aptitudes profesionales para ser buenos misioneros. No nos importa decir que alguien es un buen profesor de matemáticas si *sabe enseñar bien.* Pero nos molesta la idea de que los misioneros —después de todo lo que han dado— podrían seguir siendo fundamentalmente ineficaces si no dominan las cuerdas de su trabajo. Pensamos: *Aunque los misioneros no aprendan bien los idiomas, aunque no estén familiarizados con las culturas en las que trabajan, aunque no tengan más conocimientos teológicos que la mayoría de los creyentes, seguro que no les pasará nada. Después de todo, ¡enseñar el mensaje de Jesús debe ser diferente que enseñar matemáticas! ¿No será obvio el mensaje de Jesús en la vida alegre y amorosa de los misioneros, aunque no puedan comunicar ese mensaje en lenguaje ordinario a la gente a la que están ministrando?*

Supongo que esto puede ocurrir. Dios obra de maneras misteriosas, y nunca debemos ponerle límites. De todos modos, depender de que Dios obre en formas improbables solo porque *puede* hacerlo es imprudente. Mi madre conoció a mi padre en un estudio bíblico cuando estaban en el instituto. Recuerda que le pareció guapo y, después de que él le dijera algo que le pareció sensato, se fue a casa y escribió en su diario que iba a casarse con él. Finalmente empezaron a salir y se casaron unos años más tarde. Hoy tienen un matrimonio vibrante y feliz y son la prueba viviente de que Dios *puede* utilizar el amor a primera vista para indicarnos la dirección de un buen compañero de matrimonio. Pero el hecho de que esto *pueda* ocurrir no significa que debamos esperarlo. De la misma manera, el simple hecho de ser un cristiano cariñoso *puede* ganar gente para Cristo, pero eso no significa que sea suficiente para convertir a alguien en un misionero capaz.

Esto nos resulta difícil de entender porque pensamos que las misiones son fundamentalmente diferentes de las vocaciones seculares. Pero no es así. Todos trabajamos «para el Señor». Los médicos cristianos, los bomberos cristianos y los profesores de matemáticas cristianos tienen que dominar una serie de habilidades profesionales antes de que puedan esperar que Dios bendiga a otros a través de su trabajo. No es diferente para los misioneros. El Espíritu actúa de manera única en cada vocación, pero —y esto es muy importante— no elude nuestra humanidad cuando actúa a través de nosotros. Jesús dijo: «Como me envió el Padre, así también yo os envío» (Juan 20:21). Y del mismo modo que Dios actuó a través de la presencia humana ordinaria de Jesús, del tacto humano ordinario de Jesús, de las palabras humanas ordinarias de Jesús, así Dios actúa a través de nuestra humanidad. Cuando el Espíritu actúa en los misioneros del Nuevo Testamento, no pasa por alto los modelos ordinarios de comunicación, relación o razonamiento humanos. Al contrario, actúa *a través de* ellos.

Los médicos cristianos, los bomberos cristianos y los profesores de matemáticas cristianos tienen que dominar una serie de habilidades profesionales antes de que puedan esperar que Dios bendiga a otros a través de su trabajo. No es diferente para los misioneros. El Espíritu actúa de manera única en cada vocación, pero [...] no pasa por alto nuestra humanidad cuando actúa a través de nosotros.

Tomemos el ejemplo de Pablo. La gente se convence de Cristo cuando Pablo y otros misioneros participan en procesos humanos ordinarios de discusión y debate (Hech. 17:2-3; 18:4, 28; 26:28). El discipulado se produce en el relaciones humanas de confianza (2 Cor. 11:29; 12:14; 1 Tes. 2:11-12) que Pablo construye con el tiempo. El discipulado depende de procesos humanos de aprendizaje y enseñanza (Hech. 20:20). En los siguientes capítulos, examinaremos la Escritura en detalle para ver cómo funcionan estos procesos en los ministerios de Pablo y otros misioneros del Nuevo Testamento.

Por ahora, solo quiero sugerir que los misioneros, al igual que los profesores de matemáticas, tienen una serie de habilidades muy humanas que necesitan aprender. Las más difíciles tienen que ver con la comunicación, ya que la mayoría de los misioneros trabajan en culturas e idiomas extranjeros. Si bien la competencia lingüística y cultural básica puede alcanzarse en uno o dos años, se tarda mucho más en alcanzar la fluidez necesaria para desenvolverse o incluso participar en conversaciones espirituales marcadas por emociones fuertes, conceptos matizados y un habla rápida y coloquial. En pocas palabras, los misioneros necesitamos dominar las lenguas y culturas en las que trabajamos a un nivel que pocos misioneros de hoy en día imaginan siquiera posible. Afortunadamente —como bien sabían los misioneros de generaciones pasadas— este nivel de dominio es totalmente posible. Pero entre todas nuestras otras tareas, solo lo alcanzaremos si creemos que es una parte indispensable de ser un «buen misionero».

Este trabajo, por supuesto, es difícil. Tal vez nos digamos a nosotros mismos que al pasar estos esfuerzos ahorramos tiempo. Esto es particularmente tentador hoy en día cuando las agencias misioneras corren alrededor del mundo, promocionando métodos novedosos que ofrecen movimientos fáciles y explosivos que lograrán miles o incluso millones de nuevos creyentes. Estas historias suelen ser hiper-anecdóticas e imposibles de verificar. De hecho, como explicaré, estos métodos tienden a hacer que el éxito a largo plazo sea *menos* probable.

Así que tenemos que reconsiderar nuestra fácil aceptación de estos nuevos métodos. Hemos abandonado con demasiada rapidez el camino laborioso y consagrado al profesionalismo que siguieron William Carey, Adoniram Judson, Hudson Taylor y otros. Pasaron años estudiando la Escritura, adquiriendo un nuevo idioma y comprendiendo la cultura de los países a quienes ministraban. Discipulaban a la gente lenta y pacientemente. El Espíritu multiplicó sus esfuerzos y dio éxito a su trabajo.

No puedo prometer resultados: esos siguen estando en manos de Dios. No puedo ofrecer atajos ni fórmulas mágicas: no los hay. Pero si bien no hay un mapa único para el éxito, hay puntos de referencia clave en el camino. En este libro, describiré un camino bíblico a seguir por los misioneros. Mostraré cómo se tejió a través de los ministerios de los grandes misioneros del pasado, y describiré lo que significa para los misioneros de hoy.

Puede ser doloroso para los misioneros que han invertido tanto cuestionar su enfoque del trabajo. Pero valdrá la pena si les ayuda a esforzarse por llegar a los perdidos. Al fin y al cabo, escribo este libro para los perdidos, para aquellos a los que esperamos llegar utilizando todos los medios a nuestro alcance. Pero también escribo para los misioneros que tanto han sacrificado por la causa de Cristo. Quiero que sus esfuerzos tengan éxito. En mi carrera en el extranjero, siempre me he sentido humilde ante la calidad de los hombres, mujeres e incluso niños con los que he tenido el privilegio de trabajar, de muchos de los cuales no soy digno de desatar la correa de su calzado. Si estas reflexiones contienen algo de verdad —si no son simplemente una moda misionera personal, de la que yo también me arrepentiré dentro de diez años—, entonces espero bendecir a estos grandes hombres y mujeres.

PARTE UNO

A DÓNDE NOS HAN LLEVADO LOS ATAJOS: ESTUDIANDO EL PROBLEMA

1

Profesionalismo y uso de «medios»

YA NO TENEMOS UNA FUERZA misionera altamente profesional. A muchos misioneros no les preocupa. De hecho, el profesionalismo es ampliamente criticado. Consideremos estas citas de influyentes pensadores de las misiones modernas:

- Ying Kai, artífice de la metodología de formación de formadores (T4T), muy extendida, culpa a su sentido de profesionalismo de su decisión de no compartir el evangelio con un moribundo: «Tuve la oportunidad, pero mi mente profesional pensó: "No es un buen momento"».[1]
- David Garrison, autor de *Church Planting Movements: How God Is Redeeming a Lost World* [Movimientos de plantación de iglesias: Cómo Dios está redimiendo un mundo perdido], escribe: «La plantación de iglesias no es una ciencia difícil (así que no la dejes solo para los profesionales; todos deberían plantar iglesias)».[2]
- David Watson, principal diseñador de la metodología *Disciple Making Movements* [Movimiento formador de discípulos]

1 Steve Smith, *T4T: A Discipleship Re-Revolution* (Bangalore, India: WIGTake resources, 2011), cap. 12.

2 David Garrison, *Church Planting Movements: How God Is Redeeming a Lost World* (Bangalore, India: WIGTake Resources, 2007), 308.

(DMM), escribe que «el liderazgo profesional en la iglesia ha dado lugar a una reducción de los que se sienten capacitados para ministrar. El resultado neto es una iglesia más débil, que no tiene la infraestructura para multiplicarse, expandirse o crecer».[3]

Podríamos seguir, pero por ahora bastarán estas citas. Profesionalismo, por supuesto, es una palabra que suena anticuada. Evoca imágenes de viejos libros de texto que juntan moho silenciosamente en los estantes de las bibliotecas. Para algunos de nosotros, aplicar esta palabra al trabajo misionero puede parecer clasista y farisaico. Peor aún, puede parecer un intento de arrancar el trabajo del ministerio del vivo control del Espíritu y ponerlo en las frías manos de una élite formada en el seminario. Para otros, la palabra «profesional» puede sonar clínica, distante e impersonal. Queremos que los misioneros sean cariñosos, relacionales y dinámicos, no *profesionales*.[4]

3 David Watson y Paul Watson, *Contagious Disciple Making: Leading Others on a Journey of Discovery* (Nashville: Thomas Nelson, 2014), 52.

4 En John Piper, *Brothers, We Are Not Professionals: A Plea to Pastors for Radical Ministry* (Nashville: B&H, 2013), Piper nunca define con precisión el profesionalismo, pero tal vez se acerca más a él cuando dice: «la profesionalización conlleva la connotación de una educación, un conjunto de habilidades y un conjunto de normas definidas por el gremio que son posibles sin la fe en Jesús. La profesionalidad no es sobrenatural. El corazón del ministerio lo es» (x). La objeción de Piper aquí no se refiere a invertir en una formación teológica adecuada, adquirir dominio de la lengua y la cultura en la que ejercemos el ministerio, evitar atajos de tiempo y recursos en nuestras tareas, y evaluar las circunstancias prácticas a la hora de tomar decisiones, que son los cuatro criterios básicos que ofreceré dentro de unas páginas para aplicar el profesionalismo a las misiones. De hecho, Piper desempeñó un papel decisivo en la fundación de un seminario (*Bethlehem College and Seminary*), y su iglesia fundó una organización misionera (*Training Leaders International*) que forma a pastores en el extranjero en muchos de los temas que yo defenderé. La objeción de Piper se refiere más bien a las expectativas culturales extrabíblicas que podemos imponer a los pastores, expectativas que a menudo imitan el mercado, con el estímulo implícito para que los pastores pongan su confianza en esas cosas, como si fueran la llave especial que abrirá el éxito del ministerio. Cuando escribió la primera edición de su libro, tenía en mente las expectativas gerenciales y terapéuticas: la profesionalidad del «traje de tres piezas y los pisos superiores estirados» y las cosas «aprendidas al cursar un curso de administración de negocios» (xi). En la segunda edición de su libro, su preocupación había cambiado a una generación más joven con su énfasis en «la comunicación y la contextualización». Es la «profesionalidad

Pero quizás estas formas de entender el profesionalismo sean poco caritativas. Y yo me pregunto: ¿realmente preferiríamos el amateurismo?

En cualquier otro ámbito de la vida, está claro que no. Sería absurdo aplicar afirmaciones como las que hemos leído anteriormente a otras vocaciones:

- Imagina a una agente de policía culpando a su «mentalidad profesional» de su decisión de no rescatar a un niño en peligro. ¿No culparía a su *falta* de profesionalismo?
- Imagina a un profesor de medicina diciendo a los estudiantes que «la cirugía no es ciencia difícil (así que no la dejes para los profesionales; todo el mundo debería hacer cirugía)».
- Imaginemos a un dentista lamentándose de que la práctica profesional de la odontología haya provocado una reducción de quienes se sienten capacitados para extraer muelas.

Cuando hacemos negocios con personas de otras vocaciones, sabemos que estamos a su merced. Dependemos de su diligencia y pericia. Si toman atajos o no tienen los conocimientos necesarios, saldremos perjudicados. Podemos sufrir pérdidas económicas, lesiones o incluso la muerte.

Quizás el ministerio no sea tan diferente. Tal vez los misioneros, al igual que los profesionales de otras vocaciones, puedan ser culpables de *mala praxis*, y por la misma razón: las personas que están a nuestro cuidado pueden resultar *perjudicadas* por nuestra negligencia y falta de profesionalismo, al igual que pueden resultar perjudicadas por el

---

discreta de los pantalones vaqueros rotos y el anillo interior». Se trata de «estar al tanto del siempre cambiante mundo del entretenimiento y los medios de comunicación. Se trata de profesionalizar el ambiente, el tono, el lenguaje, el ritmo y las bromas. Es más intuitivo y menos enseñado. Más estilo y menos técnica. Más sentimiento y menos fuerza» (xi). Para ser totalmente claro, no estoy advocando a lo que Piper se opone. Yo también me opondría a lo que él se opone. De hecho, diría que su exigente y estudioso enfoque del pastorado modela precisamente lo que yo utilizaré este libro para pedir a los misioneros.

amateurismo de profesionales médicos, consejeros matrimoniales o mecánicos sin formación. No basta con un corazón dispuesto y una Biblia.

Tal vez los misioneros, al igual que los profesionales de otras profesiones, puedan ser culpables de mala praxis, y por la misma razón: las personas a nuestro cuidado pueden resultar perjudicadas por nuestra negligencia y falta de profesionalidad, del mismo modo que podrían resultar perjudicadas por el amateurismo de profesionales médicos, consejeros matrimoniales o mecánicos sin formación.

Lamentablemente, he visto cómo se desarrolla esto. He visto a pastores inexpertos dar consejos matrimoniales simplistas. He visto a predicadores sin formación malinterpretar la Escritura. He visto a misioneros comunicar erróneamente verdades importantes en idiomas que no conocen. Todos estos individuos pueden causar un daño real en la vida de las personas. «También el que es negligente en su trabajo es hermano del hombre disipador» (Prov. 18:9). Si creemos en la importancia del llamado misionero, entonces debemos darnos cuenta de que el trabajo misionero poco profesional y descuidado puede causar mucho más daño que el trabajo médico poco profesional y descuidado.

El caso contra el profesionalismo

¿De dónde procede nuestra aversión al profesionalismo? El analista político y social Yuval Levin sugiere que, en la sociedad en general, «la confianza en nuestras instituciones ha ido cayendo y cayendo»,[5] lo

5 Yuval Levin, *A Time to Build: From Family and Community to Congress and Campus, How Recommitting to Our Institutions Can Revive the American Dream* (Nueva York: Hachette), 29.

que ha dado lugar a «una duda generalizada sobre muchas formas de autoridad profesional: el médico, el erudito, el científico, el periodista, el experto de cualquier tipo».[6] Si Levin tiene razón, nuestra aversión a la profesionalidad en los círculos misioneros puede ser el resultado de tendencias más amplias en el pensamiento secular. Pero incluso desde una perspectiva secular, estas tendencias son desafortunadas. Levin nos recuerda que el profesionalismo nos ayuda al proporcionar «normas generales ampliamente aceptadas, medios para formar a nuevos profesionales [...] y una ética sólida y un conjunto directo de compromisos comunes».[7] ¿No podrían las misiones beneficiarse de tener normas más claras que las guíen?

Por supuesto, los profesores cristianos que minimizan la importancia del profesionalismo en el ministerio lo hacen con la mejor de las intenciones. Creen que sus ideas se basan en una teología sólida, no en corrientes de pensamiento secular. Veamos si sus razones para descartar la profesionalidad se sostienen.

En primer lugar, subrayan con razón que los misioneros y otros ministros no son una casta superior de cristianos. David y Paul Watson escriben:

> «En lugar de la doctrina del sacerdocio de todos los creyentes, ahora vemos un fortalecimiento del sacerdocio del pastor solamente. [...] Al promover e insistir en un clero profesional, la Iglesia ha limitado su capacidad de llegar al mundo para Cristo».[8]

Los Watson tienen razón al insistir en el sacerdocio tanto de los laicos como del clero. Pero si los laicos y el clero comparten el mismo sacerdocio, ¿por qué deberíamos imaginar que el clero puede trabajar eficazmente sin cualidades profesionales cuando los laicos no pueden? Después de todo, los Watson reconocen en otra

6 Levin, *Time to Build*, 38.

7 Levin, *Time to Build*, 81.

8 Watson y Watson, *Contagious Disciple Making*, 51-52.

parte que discipular a las personas a través de problemas emocionales «puede requerir un consejero profesional».[9] Si Dios usa la formación de consejeros profesionales para discipular a las personas a través de problemas emocionales, ¿por qué no usaría la formación y experiencia de los misioneros para discipularlos en otras partes de sus vidas espirituales? De hecho, los misioneros no son tan diferentes de otros creyentes. El trabajo diligente y excelente es elogiado en toda la Escritura (ver Prov. 14:4; 20:4; 24:30; Ecles. 10:10; Col. 3:23), y al igual que otros creyentes, necesitamos ofrecer lo mejor que podamos a Dios en nuestro trabajo. Tim Keller escribe:

> Puede que no haya mejor manera de amar a tu prójimo que simplemente hacer tu trabajo. Pero solo el trabajo hábil y competente servirá.[10]

En segundo lugar, los que argumentan en contra de la necesidad de profesionalismo en las misiones quieren, con razón, evitar que dependamos de nuestros propios esfuerzos en lugar de la gracia de Dios y el poder del Espíritu. Pero no tiene por qué ser una cosa o la otra. Como ha escrito Dallas Willard: «La gracia no se opone al esfuerzo, sino que se opone a ganar».[11] Ciertamente no podemos ganar la salvación de los que no son salvos, pero en las misiones, como en otras

9 Watson y Watson, *Contagious Disciple Making*, 226.

10 Timothy Keller, *Every Good Endeavour: Connecting Your Work to God's Work* (Nueva York: Penguin, 2012), 67.

11 Dallas Willard, *The Great Omission: Rediscovering Jesus' Essential Teachings on Discipleship* (Nueva York: HarperCollins, 2006), 166. La preocupación de Willard aquí es señalar que, aunque ningún esfuerzo que hagamos puede ganar nuestra salvación —o la de los demás— Dios sigue eligiendo a través de nuestros esfuerzos. Willard tiene en mente los esfuerzos de los misioneros, entre otros, al continuar:

> «... la tradición evangélica está llena de esfuerzo; por ejemplo, los grandes misioneros (Judson y Carey y otros) que salieron. Algunos les decían: "¿No crees que Dios va a salvar a quien Él va a salvar?". Y ellos respondían, en efecto: "Sí, exactamente por eso voy. Quiero estar allí cuando suceda". La gracia es un tremendo motivador y energizador cuando la entiendes y la recibes correctamente».

vocaciones, el Espíritu Santo actúa a través de nuestros esfuerzos. Por ejemplo, Pablo escribe:

> Yo planté, Apolos regó; pero el crecimiento lo ha dado Dios. Así que ni el que planta es algo, ni el que riega, sino Dios, que da el crecimiento. Y el que planta y el que riega son una misma cosa; aunque cada uno recibirá su recompensa conforme a su labor. Porque nosotros somos colaboradores de Dios [...]
>
> Conforme a la gracia de Dios que me ha sido dada, yo como perito arquitecto puse el fundamento, y otro edifica encima; *pero cada uno mire cómo sobreedifica*. (1 Cor. 3:6-10)

Dios da el crecimiento, pero lo da a través de nuestra siembra y riego, por lo que debemos hacer un buen trabajo. La obra del Espíritu no está desconectada de nuestros esfuerzos humanos solo porque sean humanos. Al contrario, Él habita en nuestros esfuerzos, por muy humanos que sean.

Jesús dice: «Como me envió el Padre, así también yo os envío» (Juan 20:21). El Padre envió a Jesús al mundo en «la condición de hombre» (Fil. 2:8), y Dios actuó en las palabras humanas, la presencia humana y el tacto humano de Jesús. Dios obrará también a través de nuestra humanidad y de las cualidades humanas que aportemos al ministerio. Olvidar esto es dar un sutil paso hacia el gnosticismo,[12] imaginando que los aspectos de nuestro trabajo

12 El gnosticismo era un conjunto de herejías cristianas de los siglos I y II que distinguían tajantemente entre el mundo material y el espiritual; el mundo material observable se consideraba corrupto, mientras que el mundo espiritual era puro e impoluto. Muchos gnósticos no creían posible que Dios se hiciera humano y creían que la salvación se adquiría trascendiendo la propia humanidad a través del «conocimiento secreto de lo alto» (*gnōsis*) que abría los misterios del mundo espiritual (Bart D. Ehrman, *Christianity Turned on Its Head: The Alternative Vision of the Gospel of Judas*, en *The Gospel of Judas from Codex Tchacos*, ed., Rudolf Kasser, Marvin B., y otros. Rudolf Kasser, Marvin Meyer y Gregor Wurst [Washington DC: National Geographic, 2006], 77-120). La doctrina cristiana de la encarnación, por el contrario, sostenía que Dios actuaba tanto en lo espiritual como en lo material, y que no debía establecerse una distinción tajante entre ambos, ya que Cristo era tanto Dios como hombre.

y ministerio son despreciables e incompatibles con la obra pura e impoluta del Espíritu. Pero Dios se complace en revelar Su poder divino a través de cosas ordinarias y materiales.[13] Él trabaja a través de cosas tan humanas y aparentemente «no espirituales» como el estudio, la inteligencia, los instintos relacionales y la sabiduría profesional que solo puede adquirirse a través de años de experiencia.[14] De hecho, la primera persona mencionada en la Escritura como llena del Espíritu es Bezaleel, que construye el tabernáculo. Moisés afirma:

> [Jehová] lo ha llenado del Espíritu de Dios, en sabiduría, en inteligencia, en ciencia y en todo arte [...], para trabajar en oro, en plata y en bronce, y en la talla de piedras de engaste, y en obra de madera, para trabajar en toda labor ingeniosa. [...] a quien Jehová dio sabiduría e inteligencia para saber hacer toda la obra del servicio del santuario... (Ex. 35:31–36:1)

¿Puede el Espíritu obrar realmente a través de cosas tan «humanas» como la inteligencia y la habilidad de grabadores, obreros y diseñadores? ¿Puede actuar también en las habilidades y capacidades «humanas» de los misioneros? Yo creo que sí. Pablo se hace eco de este pasaje[15] cuando escribe sobre su propia habilidad como constructor del santuario de Dios:

13 Los teólogos describen esto diciendo que la gracia salvadora de Dios (los teólogos la llaman gracia *especial*) se dispensa a través de medios naturales (los teólogos llaman a esto *gracia común*, la bondad de Dios en la creación que está disponible para salvados y no salvados por igual). Por ejemplo, yo creo y soy salvo (gracia especial) cuando la Palabra de Dios cae en mis oídos humanos naturales en lenguaje humano ordinario (gracia común). Y no debo esperar que alguien crea las verdades de las Escrituras (gracia especial) si no puedo explicárselas en su propio idioma (gracia común).

14 De hecho, Dios actúa no solo en nosotros, sino a nuestro alrededor, en cosas aparentemente mundanas: las flores no florecen, las estaciones no cambian y las estrellas no brillan si no es por Su poder constante y sustentador.

15 Es probable que Pablo tenga en mente la descripción del trabajo de Bezaleel, ya que también habla de la construcción de un santuario por hombres hábiles a quienes Dios

> Conforme a la gracia de Dios que me ha sido dada, yo como perito arquitecto puse el fundamento [...]; pero cada uno mire cómo sobreedifica [...] oro, plata, piedras preciosas, madera, heno, hojarasca, la obra de cada uno se hará manifiesta [...]; ¿No sabéis que sois templo de Dios, y que el Espíritu de Dios mora en vosotros? (1 Cor. 3:10-16)

El trabajo humano —y las formas humanas en que lo realizamos— siempre han formado parte del plan de Dios. En el principio, Dios ordenó a los seres humanos que trabajaran, que llenaran la tierra y la sojuzgaran y la dominaran (Gén. 1:28). Al final, seguiremos reinando por los siglos de los siglos (Apoc. 22:5; ver también 2 Tim. 2:12). Por sorprendente que pueda resultar, la obra humana sigue estando en el centro del plan de Dios para el mundo.

Para ilustrar la realidad con que olvidamos esto, me gustaría compartir un correo electrónico que circuló recientemente por el foro de debate de una importante junta misionera. La situación que describe —y la evaluación que el autor hace de ella— no es en absoluto inusual. Más bien, es indicativa de un enfoque generalizado de las misiones en el que se considera que el Espíritu Santo actúa de formas que pasan totalmente por alto las relaciones humanas ordinarias, los patrones de comunicación y las realidades. Esto es lo que decía el correo electrónico:

> ***Asunto: A todos los santos que han pensado: ¿Tengo lo que se necesita?***
> Invitamos a 6 estudiantes universitarios a pasar dos semanas con nosotros. No conocían el idioma ni la cultura. Todo lo que sabían era que amaban a Jesús, oraban y hacían lo que sentían que Dios les estaba guiando a hacer.

---

ha dotado, y ya que su descripción de construir con «oro, plata, piedras preciosas, madera, heno, hojarasca» (1 Cor. 3:12) se hace eco de la descripción del trabajo de Bezaleel realizado «en oro, en plata y en bronce, y en la talla de piedras de engaste, y en obra de madera» (Ex. 35:32-33).

> Así que, un día, cuando salían del hotel para ir a nuestro instituto, una de las jóvenes, «D», se sintió impulsada a guardarse un billete de 10 rupias en el bolsillo. Cuando las dejaron al final de la calle, vieron que, a primera hora de la mañana, la calle estaba vacía, salvo por una mujer que barría. Mientras el grupo pasaba junto a ella, una chica al frente del grupo le sonrió. La mujer le devolvió la sonrisa. «D», al fondo del grupo, pensó que las 10 rupias que había guardado en el bolsillo eran para esta mujer, así que le dio el billete de 10 rupias. Las dos mujeres se miran. Sin saber el idioma ni qué decir, «D» se limitó a decir: «Jesús, Jesús, Jesús, Jesús». Los ojos de la barrendera se llenaron de lágrimas y cayó en los brazos de «D», que la abrazó durante un rato. Cuando se apartó, la mujer miró hacia arriba, juntó las manos como en oración, señaló hacia el cielo y dijo: «Gracias. Gracias a ti».
>
> Como trabajador intercultural durante 6-7 años, cuando oí hablar de este encuentro, me di cuenta (una vez más) de que la eficacia en el ministerio viene de Jesús, de Su presencia, de Su poder, de Su soberana ordenación de los acontecimientos, y tal vez de nuestra confianza y dependencia infantil en Su guía. Que así sea siempre en nuestro trabajo aquí. Amén.

Hay mucho que elogiar en esta historia. Los seis estudiantes universitarios dieron un paso valiente al venir a un país donde no conocían el idioma ni la cultura. Deseaban claramente obedecer al Espíritu Santo. Mostraron compasión y generosidad a la pobre barrendera. Su amabilidad la conmovió y puede que la ayudara a encontrar esperanza. En todas estas cosas, creo que honraron a Dios.

No obstante, volvamos al asunto del correo electrónico: «A todos los santos que han pensado: ¿Tengo lo que se necesita?». Esta historia trata de un grupo de personas que —aunque audaces y caritativas— claramente no poseían muchas partes vitales de lo que se necesita para hacer bien el trabajo misionero. No hablaban el idioma de esta mujer y no podían compartir el evangelio con ella; todo lo que podían hacer era pronunciar el nombre de Jesús. La mujer pareció entender la única palabra que le dijo el estudiante, «Jesús», por lo que podría suponer que Jesús es generoso. Por otro lado, en ausencia de cualquier otra enseñanza u orientación, recibir dinero gratis en nombre de Jesús también podría llevarla a entender un evangelio muy diferente al que Jesús predicó.

Observa que el autor del correo —misionero de larga duración— considera la situación no solo saludable, sino emblemática. En su opinión, los enormes obstáculos que plantea la falta de formación de estos estudiantes son irrelevantes porque «la eficacia en el ministerio viene de Jesús, de Su presencia, de Su poder». Tiene razón a medias. *La eficacia en* el ministerio *viene* de Jesús. Pero el éxito que Jesús da en el ministerio suele estar mediado por habilidades prácticas, incluida la capacidad de hablar el idioma de las personas con las que esperamos compartir Su mensaje.

Volver al principio

Espero, pues, reintroducir una cuestión tan antigua como la propia empresa misionera protestante: Todo misionero reconoce el papel vital del Espíritu, pero ¿qué papel desempeñamos *nosotros*? Cuando William Carey propuso por primera vez el envío de misioneros a las naciones inalcanzadas, fue reprendido por un pastor mayor que le dijo: «¡Joven, siéntate! Cuando Dios quiera convertir a los paganos, lo hará sin tu ayuda ni la mía».[16] Carey respondió escribiendo un panfleto titulado *An Enquiry into the Obligations of Christians to Use Means for the Conversion of the Heathens* [Investigación sobre la obligación de los cristianos de emplear medios para la conversión de los paganos]. Este innovador folleto se convirtió en la «carta de las misiones protestantes».[17] En él, Carey explicaba que apelar a la soberanía de Dios no nos exime de nuestra obligación de administrar

16 Joseph Belcher, *William Carey: A Biography* (Filadelfia: American Baptist Society, 1853), 19.

17 *The New Encyclopaedia Britannica* (Chicago: Encyclopaedia Britannica, Inc., 1998), 356 (consultado el 1 de agosto de 2018, https://www.britannica.com/biography/William-Carey).

responsablemente los «medios» que nos ha dado para la difusión del evangelio. Más bien, Dios planea soberanamente que Su Espíritu actúe a través de las habilidades y elecciones de hombres y mujeres corrientes. La observación de Carey es un recordatorio oportuno para nosotros. Hoy, como en tiempos de Carey, los «medios» corren el peligro de ser despreciados.

Hoy, como en tiempos de Carey, los «medios» corren el riesgo de ser despreciados.

¿Cómo sería un enfoque profesional de las misiones?

¿Puedo dar un pequeño rodeo para ofrecer una definición práctica de profesionalismo? Cuando hablo de profesionalismo, no estoy pensando necesariamente en una educación en el seminario, que puede ayudar a algunos candidatos a misioneros, pero que será prohibitivamente cara para otros. Más bien, cuando hablo de profesionalismo en el trabajo misionero, estoy sugiriendo que abordemos el ministerio con responsabilidad y devoción a la excelencia. Esto incluye:

- Invertir en una formación teológica adecuada.
- Adquirir habilidades técnicas —incluido el dominio de la lengua y la cultura en las que ejercemos nuestro ministerio— para proclamar con claridad el evangelio de Jesús entre pueblos que nunca lo han oído.
- Evitar los atajos asignando a la tarea el tiempo, la energía y las fuentes adecuadas.
- Evaluar las circunstancias prácticas a la hora de tomar decisiones.

¿Qué *medios* humanos son necesarios para proclamar el evangelio? ¿Es posible que la sabiduría pragmática forme parte de nuestra búsqueda de la voluntad de Dios? ¿Y es realmente posible que Dios actúe a través de algo tan anodino y cotidiano como la adquisición de «habilidades técnicas»?

De hecho, es muy posible. Cuando William Carey escribió su panfleto, abordó la necesidad no solo de *enviar* misioneros, sino también de equiparles para hacer frente a los problemas prácticos de llegar a los no alcanzados, incluyendo «su distancia de nosotros... la dificultad de procurarse lo necesario para vivir, o la ininteligibilidad de sus lenguas».[18]

Carey sabía que los misioneros debían superar la distancia y las duras condiciones de vida. Debían prepararse para la comunicación intercultural. Debían conocer la Escritura. Debían adquirir un alto grado de fluidez en lenguas y culturas extranjeras. Uno de sus biógrafos lo expresó así: «[Carey y sus colegas] consideraban que el misionero tiene el deber de obtener un conocimiento lo más completo posible de la lengua y de las instituciones religiosas, de la literatura y de la filosofía del pueblo entre el que trabaja».[19]

Los primeros misioneros estadistas como Carey, John Eliot, Adoniram Judson, Hudson Taylor y John Paton adquirieron primero estas habilidades. Y solo entonces —tras largos y pacientes años perfeccionando sus habilidades— comenzaron a enseñar.[20] Pero ¿por qué importa lo que hicieron los misioneros hace siglos? ¿Quizás los tiempos han cambiado, o quizás hemos llegado a conocer mejor o a aprender más rápido que los Adoniram Judsons y los Hudson Taylors de la historia? Sin duda, entendemos *algunas* cosas mejor que los primeros misioneros. Pero puede que ellos también entendieran algunas cosas mejor que nosotros. Yuval Levin nos recuerda que, en cualquier profesión, quienes nos han precedido pueden aportarnos su experiencia y mostrarnos cómo ponerla en práctica.[21] Así

18 William Carey, *An Inquiry into the Obligation of Christians to Use Means for the Conversion of the Heathen* (Leicester, Reino Unido: Ann Ireland, 1792), 67.

19 J. C. Marshman, *The Life and Times of Carey, Marshman, and Ward*, vol. 1 (Londres: Longman, Brown, Green, Longmans, & Roberts, 1859), 465-66.

20 Hablaremos de la amplia formación que siguieron en el capítulo 6.

21 Levin, *Time to Build*, 41.

que, antes de desviarnos del camino que tan cuidadosamente nos trazaron, será mejor que nos aseguremos de que sabemos lo que estamos haciendo. Quizás debamos centrarnos más en reconstruir las tradiciones que nos legaron que en derribarlas, más en la renovación que en la revolución.

Secuencialismo y cómo nos apartamos de él

Lamentablemente, muchos esfuerzos misioneros modernos no solo dejan atrás las prácticas misioneras históricas, sino que las desdeñan por primitivas y peligrosas. Es imposible exagerar la influencia que el libro de David Garrison, *Church Planting Movements: How God Is Redeeming a Lost World* [Movimientos de plantación de iglesias: Cómo Dios está redimiendo un mundo perdido], ha influido en la comunidad misionera. Garrison escribe:

> Naturalmente, los misioneros piensan en pasos secuenciales. Primero se aprende el idioma, luego se entablan relaciones con la gente, después se comparte un testimonio, luego se gana y se discipula a los conversos, y por último se les atrae a una congregación.[22]

Garrison llama a este tipo de pensamiento «secuencialismo» y lo califica como «el tercer pecado mortal» de la labor de plantación de iglesias.[23] Mike Shipman —el arquitecto de *Any-3*, un enfoque ampliamente utilizado en las misiones— está de acuerdo en que este tipo de enfoque es peligroso, explicando que aprender la cultura y las creencias de un pueblo antes de compartir el evangelio con ellos es en realidad *perjudicial* para la labor misionera. Shipman explica: «Creemos que ser un poco "tonto" es mejor que ser demasiado listo, ya que el conocimiento de la cultura local puede provocar una actitud defensiva».[24]

22 Garrison, *Church Planting Movements*, 243.

23 Garrison, *Church Planting Movements*, 243.

24 Mike Shipman, *Any-3: Lead Muslims to Christ Now! Mission Frontiers* (julio/agosto de 2013): 22.

Las ideas de Garrison y Shipman son muy populares en el campo. Pero ¿se dan cuenta de lo diferentes que son sus planteamientos de los de generaciones anteriores? Lo que Judson y Taylor y Carey consideraban necesario ahora se considera «mortal».

He visto de primera mano lo influyentes que han sido estas ideas modernas. Los jefes de equipo veteranos me disuadieron de buscar formación formal en la Escritura antes de ir al terreno, y durante los primeros años de mi ministerio me animaron a invertir menos en el aprendizaje de idiomas para implicarme más en el «ministerio». He vivido en tres ciudades norteafricanas. Sorprendentemente, en todas ellas, la gran mayoría de los misioneros a largo plazo tenían escasos conocimientos teológicos del cristianismo o del islam, la religión predominante en la zona. La mayoría de los misioneros tampoco conocían bien las lenguas y culturas locales. Nada de esto les preocupaba a la hora de compartir el evangelio. Los misioneros tendían a centrarse en buscar «citas divinas», orar por los enfermos y contar historias sencillas sobre Jesús que sus limitadas habilidades lingüísticas permitían. Partían del supuesto de que si «vivían el evangelio» y oraban lo suficiente para que se produjera un «avance», sus ministerios darían fruto. Una vez más, este enfoque está teñido de una especie de gnosticismo o hiperespiritualismo que pasa por alto el modelo de Dios de trabajar a través de medios humanos ordinarios. ¿Tiene sentido orar por «designaciones divinas» para compartir el evangelio con la gente, mientras me olvido de aprender su idioma lo suficiente para que entiendan el evangelio cuando se lo explico?

Por supuesto, hay excepciones, pero este tipo de enfoque amateur de las misiones se da en todo el mundo. ¿Por qué? ¿Qué instintos y suposiciones han contribuido a esta tendencia contraria al profesionalismo? Se me ocurren algunos.

Un énfasis excesivo en la velocidad

Ya en 1900, los misioneros desarrollaban planes para «la evangelización del mundo en esta generación».[25] Desde entonces, se han ideado no menos de diecinueve campañas de este tipo.[26] Permíteme ser claro: La necesidad en todo el mundo *es* urgente —¡indescriptiblemente urgente!—, ya que la gente vive y muere sin el conocimiento salvador de Cristo. Pero ninguno de estos planes parece haber alcanzado su objetivo. ¿Es posible que trabajar demasiado deprisa nos haga ineficaces? En la intensa presión que sienten para completar la Gran Comisión, los misioneros a menudo pasan por alto el trabajo lento y sin prisas de adquirir habilidades profesionales como la educación teológica y la fluidez lingüística.

Dependencia excesiva de estrategias «milagrosas»

Las misiones se han visto inundadas por un torrente de estrategias «milagrosas». Muchas de ellas hacen promesas fastuosas, asegurando a los participantes bienintencionados que, tras leer un libro o completar un breve curso de formación, ya están preparados para dirigir grandes movimientos de personas no alcanzadas hacia Cristo.

Por ejemplo, Mike Shipman describe así su método *Any-3,* ampliamente practicado: «Una persona puede aprender *Any-3* en una hora, practicarlo con un amigo esa misma tarde y tener una interacción fructífera con los musulmanes esa misma noche».[27] Según estas estrategias, la reproducción explosiva de las iglesias es una norma saludable: «Si una iglesia no se reproduce después de seis meses se considera una iglesia enferma».[28]

Estos métodos pretenden llevar a Cristo a cientos de miles —incluso millones— de no creyentes mediante un crecimiento rápido

25 John K. Mott, *The Evangelization of the World in This Generation* (Nueva York: Student Volunteer Movement for Foreign Missions, 1900).

26 David Hesselgrave, *Paradigms in Conflict: 10 Key Questions in Christian Mission* (Grand Rapids, MI: Kregel, 2005), cap. 9.

27 Shipman, *Any-3: Lead Muslims to Christ Now!*, 18.

28 Garrison, *Church Planting Movements*, 195.

y exponencial. Pero este énfasis en la velocidad rara vez deja tiempo para el discipulado cuidadoso de los nuevos líderes de la iglesia. Después de todo, Jesús pasó tres años, en lugar de seis meses, con Sus apóstoles. La insistencia tanto en la velocidad como en la reproducibilidad «milagrosa» va en contra de un enfoque más cuidadoso y profesional. En el momento de escribir estas líneas, la más dominante de estas nuevas estrategias incluye *los Movimientos de Plantación de Iglesias (MPI)*[29] y otros enfoques estrechamente relacionados como los *Movimientos de formación de discípulos* (DMM),[30] la *Capacitación de capacitadores* (T4T),[31] y *Any-3.*[32]

Un papel sobredimensionado para las misiones de corta duración

Hasta 1945, debido en gran parte a la dificultad de los viajes internacionales, los viajes misioneros a corto plazo eran prácticamente inexistentes.[33,34] En la década de 1960, los misioneros a corto plazo representaban aproximadamente 2 % de la fuerza misionera protestante; veinte años más tarde, este porcentaje había aumentado a más de 50 %, y es de suponer que en la actualidad es superior. Este aumento ha difuminado las líneas divisorias entre los remitentes y los misioneros tradicionales a largo plazo. De hecho, los misioneros a corto plazo se consideran cada vez más vitales para la realización de la Gran Comisión. No pretendo menospreciar el buen trabajo que a menudo se realiza en los viajes a corto plazo. Pero los misioneros a corto plazo, por definición, no tendrán el compromiso profesional de los trabajadores a largo plazo, ni tendrán tiempo para desarrollar

29 Ver Garrison, *Church Planting Movements.*

30 Ver Watson y Watson, *Contagious Disciple Making.*

31 Ver Smith, *T4T.*

32 Mike Shipman, *Any 3: Anyone, Anywhere, Anytime* (Monument, CO: WIGTake Resources, 2013).

33 C. Philip Slate, *A History of Short-Term Missions Associated with Churches of Christ in North America, Missio Dei* 3/1 (febrero de 2012).

34 Meredith Long, *The Increasing Role of Short-Term Service in Today's Mission*, en *Mission Handbook: North American Protestant Ministries Overseas*, 10ª ed., ed. Edward R. Dayton (Monrovia, CA: MARC, 1973), pág. 10. Edward R. Dayton (Monrovia, CA: MARC, 1973), 17.

las habilidades profesionales (por ejemplo, fluidez en el idioma) que los misioneros de larga duración han considerado históricamente indispensables.

Un escepticismo desmesurado sobre la preparación intelectual

Muchas iglesias evangélicas de Estados Unidos sienten una desafortunada desconfianza hacia el intelectualismo, que les ha llevado a restar importancia a la formación en el ministerio.[35] Esta tendencia también se manifiesta en los círculos misioneros. Por ejemplo, David Garrison nos anima a que enormes movimientos de personas se conviertan a Cristo a través de «acciones sencillas que cualquiera puede llevar a cabo».[36] Jerry Trousdale explica que el discipulado es tan sencillo que no se necesita enseñanza: «No enseñes ni prediques; en cambio [...] cuando la gente simplemente se expone a la Escritura, Dios les revelará la verdad». Continúa citando a un líder misionero que explica que esto se debe a «la sencillez de la Biblia».[37] Si la tarea y el mensaje son sencillos, ¿son realmente necesarias la formación y las habilidades profesionales? ¿No debería bastar con amar a la gente y «ser Jesús» para ellos?

De hecho, muchas de las verdades fundamentales del evangelio son muy sencillas. Pero aunque las verdades más profundas de la Escritura («Dios te ama») son sencillas, la mayoría de la gente necesita resolver cuestiones complicadas y profundamente personales antes de llegar a creer en estas verdades sencillas.[38]

35 Ver, por ejemplo, Henry Blamires, *The Christian Mind: How Should a Christian Think?* (Vancouver, BC: Regent, 1963), 16: «El cristianismo está emasculado de su relevancia intelectual. Sigue siendo un vehículo de espiritualidad y orientación moral a nivel individual, tal vez; a nivel comunitario es poco más que una expresión de unión sentimentalizada [...] solo nos encontramos como seres que rinden culto y como seres morales, no como seres pensantes». Ver también Mark A. Noll, *The Scandal of the Evangelical Mind* (Grand Rapids, MI: Eerdmans, 1994).

36 Garrison, *Church Planting Movements*, 307.

37 Jerry Trousdale, *Miraculous Movements: How Hundreds of Thousands of Muslims Are Falling in Love with Jesus* (Nashville: Thomas Nelson, 2012), 108.

38 En la cultura occidental, por ejemplo, algunas de las preguntas complejas que se interponen en el camino de muchos incrédulos que llegan a conocer a Cristo incluyen: ¿La

Existe una tendencia innegable a hacer las cosas más rápidamente y con menos preparación. Innumerables hombres y mujeres de buen corazón han sido entrenados para pensar de esta manera y han sido enviados bajo estas premisas. Han hecho grandes sacrificios para ir a vivir al extranjero. Por eso, las preguntas que atacan el corazón de su método serán dolorosas. Pero debemos hacerlas igualmente: ¿Es prudente restar importancia a un enfoque metódico y profesional de las misiones? ¿O hemos perdido herramientas insustituibles para comunicar el evangelio al fomentar niveles más bajos de preparación?[39]

En este libro, voy a defender un enfoque diferente de las misiones. Voy a argumentar que, de hecho, hay un conjunto de conocimientos y habilidades que los misioneros necesitan adquirir para hacer bien su trabajo. Voy a describir cómo podría ser un enfoque profesional de la vocación misionera.

Además, voy a argumentar que, a pesar de la proliferación de historias de éxito que llenan las librerías y las cartas de recaudación de fondos de diversas organizaciones, nuestra creciente aceptación del amateurismo ha reducido significativamente nuestra eficacia en la tarea misionera. En pocas palabras, hemos perseguido una tarea sin las habilidades necesarias y sin comprometer el tiempo y los recursos necesarios. En muchos casos, puede que ni siquiera seamos conscientes de que hay un conjunto de habilidades o recursos necesarios que nos faltan. Quiero ser claro: adquirir estas habilidades no garantiza que vayamos a tener éxito a la hora de levantar iglesias sanas. Un médico que ha terminado la escuela de medicina no puede garantizar que será capaz de tratar su cáncer. En el ministerio, como en la

---

ciencia refuta la Biblia? ¿Por qué Dios prohíbe algunos tipos de expresión sexual? ¿Por qué un Dios bueno permite el sufrimiento? ¿Cómo puede un Dios bueno enviar a la gente al infierno? Las personas de otras culturas tienen preguntas igualmente complejas. Es posible que existan respuestas, al menos en parte, pero si damos por sentado que las respuestas serán *sencillas* o simplistas, no vamos a ser de gran ayuda.

39 No estoy diciendo que Dios no pueda utilizar esfuerzos misioneros apresurados y descuidados. ¡Dios puede hacer lo que quiera! Pero estos esfuerzos pueden tener éxito a *pesar* del énfasis excesivo en la rapidez, la eficiencia y la multiplicación, no a *causa de* ello.

medicina, los resultados dependen de las manos de Dios. Pero sin estas habilidades, nos encontraremos perdidos y sin preparación, del mismo modo que un curandero tribal podría encontrarse si intentara tratar ese mismo cáncer con un cóctel de tierra, raíces y hojas. A pesar de sus buenas intenciones y de insistir en que su método ha funcionado en el pasado, este curandero tribal dejará a mucha gente sin cura y sin ayuda.

Del mismo modo, el trabajo misionero amateur puede dejar tras de sí conversos inmaduros, iglesias sin formar y discípulos sin enseñar.

Peor aún, puede dejar tras de sí conversos no convertidos, falsas iglesias y discípulos que no saben a quién se supone que deben seguir. Podemos suponer erróneamente que la gente ha creído o rechazado el evangelio cuando en realidad nunca lo ha entendido.

En este punto serán útiles algunas aclaraciones.

En primer lugar, soy consciente de que la palabra «profesional» conlleva cierta carga en los círculos ministeriales. ¿Podría la gente interpretarla de un modo que yo no pretendo? Sí, es un riesgo. Lamentablemente, el profesionalismo puede existir en formas distorsionadas y contrarias a la Escritura. Puede perseguirse aislado de otras virtudes, o separado del poder vivificador del Espíritu. Pero todas las virtudes pueden tergiversarse de esta manera. Así que tratemos de abrazar lo mejor y más bíblico de lo que el profesionalismo puede ser, en lugar de descartarlo de plano simplemente porque existen formas distorsionadas del mismo. Después de todo, nos faltan palabras para describir el trabajo bien hecho, y «profesional» puede ser un recordatorio oportuno para la comunidad misionera actual. Transmite una serie de ideas bíblicas que hemos olvidado en gran medida, como la importancia del trabajo duro y excelente en el ministerio, y particularmente en las partes del ministerio que parecen más humanas y pragmáticas. Nuestra época está plagada de tendencias y suposiciones que son efectivamente «antiprofesionales» de una manera que creo que es perjudicial para la causa de la Gran Comisión, como argumentaré. El término «profesional» capta mucho de lo que se necesita para corregir estas tendencias y devolvernos a un camino más bíblico. Así que si tienes sentimientos encontrados sobre la palabra «profesional», o si tiene connotaciones negativas para ti que no son lo que pretendo, por favor escucha con gracia. No te estoy pidiendo que te guste la palabra. Simplemente te pido que te permitas imaginar mientras lees: si dejamos a un lado las connotaciones negativas, ¿podría haber formas en que el profesionalismo podría ser una parte positiva, saludable e incluso necesaria de un trabajo misionero exitoso?

En segundo lugar, estoy considerando las misiones en un sentido estricto. Es decir, me interesa específicamente el tipo de misiones que considera que su objetivo es establecer iglesias centradas en Cristo que sean lo suficientemente maduras como para multiplicarse y perdurar entre pueblos que han tenido poco o ningún acceso al mensaje de Jesús. En cualquier empresa profesional, debemos tener claros nuestros objetivos,[40] y yo restrinjo mi definición de la vocación misionera porque la palabra *misiones* ha adquirido un abanico de significados imposiblemente amplio. Hace casi veinticinco años, Ralph Winter señaló que la palabra *misiones* engloba ahora a «cualquier cristiano que se ofrezca como voluntario para ser enviado a cualquier parte del mundo, a cualquier precio, para hacer cualquier cosa durante cualquier período de tiempo».[41] No solo la utilizamos, como yo haré, para describir la plantación de iglesias entre pueblos que anteriormente habían tenido poca o ninguna exposición al evangelio. También la utilizamos para describir proyectos humanitarios en el extranjero con organizaciones cristianas como *World Vision* o *Samaritan's Purse*. La utilizamos para describir las actividades de ayuda a la comunidad. La usamos para describir ministerios paraeclesiásticos como *InterVarsity* o *Cru*. Me alegro de que los cristianos participen en todos estos ministerios, pero no puedo hablar de todos

40 De hecho, habrá que profundizar en la afirmación anterior. ¿Qué constituye una iglesia madura? ¿Cómo se establecen tales iglesias? Abordaremos estas cuestiones en el capítulo 8. Por ahora, sin embargo, una breve definición de nuestro objetivo debería ser suficiente.

41 Ralph Winter, *The Greatest Danger... The Re-Amateurization of Missions*, *Mission Frontiers Bulletin* 5 (marzo/abril de 1996).

ellos. Limitaré mi análisis de *las misiones* a la plantación de iglesias entre los pueblos no alcanzados porque esta es mi área de especialización y experiencia, y porque es la expresión más directa de la Gran Comisión de Cristo:

> Toda potestad me es dada en el cielo y en la tierra. Por tanto, id, y haced discípulos a todas las naciones, bautizándolos en el nombre del Padre, y del Hijo, y del Espíritu Santo; enseñándoles que guarden todas las cosas que os he mandado; y he aquí yo estoy con vosotros todos los días, hasta el fin del mundo. (Mat. 28:18-20)

En los últimos años, he oído cada vez más voces que sostienen que es imprudente e incluso inmoral separar la proclamación del evangelio en las nuevas culturas de los ministerios humanitarios, especialmente los que prestan ayuda a las personas en situación de pobreza. No pretendo «divorciar» ambas cosas: no son mutuamente excluyentes. Pero como la relación entre ellas puede ser compleja, discutiremos cómo interactúan en el capítulo 4.

En tercer lugar, es importante señalar que un misionero altamente capacitado en un campo —tal vez como especialista médico— puede carecer de la habilidad para proclamar eficazmente el evangelio. Hay muchos médicos, dentistas y otros profesionales de la medicina altamente capacitados en las misiones. Sin embargo, hay una escasez de personas altamente capacitadas en la vocación misionera.

En cuarto lugar, es importante recordar que la mayoría de los misioneros trabajan en equipo y que la mayoría de los equipos tienen una variedad de miembros que desempeñan diferentes funciones. En la obra misionera, como en el ministerio en casa, «hay diversidad de dones [...] y diversidad de ministerios» (1 Cor. 12:4-5), que el Espíritu reparte «a cada uno en particular como él quiere» (v. 11). Aunque sería conveniente que los miembros de los equipos misioneros adquieran tantas habilidades profesionales como sea posible, es posible que un individuo sea un miembro útil e incluso de importancia crítica en un esfuerzo misionero sin adquirir todas las habilidades que un equipo más amplio debe tratar de dominar.

Por último, aunque me preocupa profundamente la falta de profesionalismo que veo en la comunidad misionera, no supongo que haya pereza o una agenda pecaminosa detrás de ello. Está motivada por la incomprensión, no por la malicia. Comenzaré en los capítulos 2 y 3 abordando algunos de estos malentendidos y a dónde nos han llevado. La comunidad misionera de hoy cree que está ministrando más eficazmente que nunca, por lo que estos capítulos pueden ofrecer una reevaluación aleccionadora de las misiones modernas.

Veremos hasta qué punto los frenéticos esfuerzos misioneros de hoy en día socavan su propio éxito al no invertir el tiempo, la energía y los recursos adecuados en sus esfuerzos. Pasaré el resto de este libro describiendo un enfoque más sano de la tarea misionera.

No empiezo con la crítica para acampar en el error, sino porque necesitamos comprender tanto el problema como sus consecuencias antes de poder entender por qué es necesaria una solución. No deseo condenar a los misioneros que lo hacen lo mejor que saben. De hecho, la mayoría de los misioneros que he conocido son personas maravillosas, trabajadoras y humildes. No pretendo aumentar su carga. Más bien, escribo por amor y preocupación por ellos. Quiero que tengan éxito. He visto a demasiadas personas maravillosas volver sintiéndose derrotadas y confundidas después de pasar largos años sobre el terreno sin ver el «fruto» por el que habían orado y que se les había enseñado a esperar. Pienso en amigos que se han entregado fielmente, han orado por los enfermos y han hablado de Jesús. Sin embargo, estos amigos tampoco adquirieron habilidades profesionales, ni siquiera un dominio mínimo de la lengua local. Mi intención no es reprender a estos amigos por su falta de profesionalismo. Lo que quiero decir es que hay un camino aún más excelente, un «medio» que nos ayudará a llevar con éxito las buenas nuevas de Dios a las naciones.

2

Movimientos y rumores de movimientos

NADIE QUIERE ESTROPEAR UN BUEN desfile.

¿Cómo, entonces, hacemos un llamado a la autorreflexión en el mundo de las misiones de hoy? Los líderes misioneros actuales creen que han descubierto «el medio más eficaz del mundo» para llevar a los millones de personas perdidas a un conocimiento salvador de Jesucristo.[1] En los últimos años, olas sin precedentes de personas en el mundo musulmán se han convertido a Cristo.[2,3,4] En el norte de la India, un destacado pensador de las misiones informa de más de 80 000 iglesias nacidas y 2 millones de hindúes bautizados en unos pocos años entre el grupo de personas con las que trabajó.[5] Más tarde, se informó de que este número pasó a

1 David Garrison, *Church Planting Movements: How God Is Redeeming a Lost World* (Bangalore, India: WIGTake Resources, 2007), 28.

2 Jerry Trousdale, *Miraculous Movements: How Hundreds of Thousands of Muslims Are Falling in Love with Jesus* (Nashville: Thomas Nelson, 2012).

3 David Garrison, *A Wind in the House of Islam: How God Is Drawing Muslims around the World to Faith in Jesus Christ* (Monument, CO: WIGtake Resources, 2014).

4 Tom Doyle, *Dreams and Visions: Is Jesus Awakening the Muslim World?* (Nashville: Thomas Nelson, 2012).

5 David Watson y Paul Watson, *Contagious Disciple Making: Leading Others on a Journey of Discovery* (Nashville: Thomas Nelson, 2014), XIII.

4 millones,[6] luego a 5,4 millones[7] y finalmente a 10 millones de creyentes bautizados.[8]

Estos éxitos asombrosos son supuestamente el resultado de nuevos métodos que se apartan notablemente del camino lento y minucioso que voy a defender. Y debo admitirlo: las cifras son tentadoras. ¿Qué misionero no sueña con un éxito semejante? ¿Y quién, salvo el más duro de corazón, podría dudar de la veracidad de estas historias? Tras años sobre el terreno con escaso éxito tangible, muchos misioneros están dispuestos a probar algo nuevo; muchas organizaciones misioneras, tras largos años de estancamiento, adoptan con entusiasmo nuevos métodos. Y envían a sus misioneros para que reciban formación.

Repito: nadie quiere estropear un buen desfile. Pero si nos preocupamos por los perdidos, debemos actuar con la debida diligencia. Por mucho que queramos que las historias anteriores sean ciertas —por mucho que esperemos que se haya encontrado una estrategia «milagrosa» que abra de golpe los campos de misión más difíciles—, sencillamente no podemos subirnos a bordo sin corroborar estos informes. En cualquier otra profesión, esto se vería como algo obvio: *por supuesto* que deberíamos buscar verificación cuando oímos hablar de un éxito fácil y rápido a niveles sin precedentes. Pero nos da vergüenza hacerlo. Andy Johnson describe la dificultad que muchos de nosotros sentimos al cuestionar las historias de éxito del campo misionero:

> Esto casi parecerá grosero... Debatir si un método funciona ya es bastante ofensivo, pero cuestionar el enfoque fundamental de

6 David Watson, *David Watson: My Journey with Disciple Making Movements, Movements with Steve Addison*, pódcast de audio, 29 de agosto de 2016, consultado el 3 de enero de 2019, http://www.movements.net/blog/2016/08/29/121-david-watson-mi-viaje-con-el-hacer-discipulos-movimientos.html.

7 Testimonio de David Watson, narrado por David Watson, *Accelerate Training*, consultado el 3 de enero de 2019, https://www.acceleratetraining.org/index.php/resources/61-david-watson-s-testimony-90-min-mp3/file.

8 Victor John, *"How the Bhojpuri Movement Has Fostered Other Movements"*, *Mission Frontiers* (enero/febrero de 2018): 33.

> la Escritura que informa el método es intolerable. Pero tenemos que superar esa reacción. Tenemos que plantear las preguntas más profundas e incómodas de forma educada, cariñosa y directa.[9]

Desgraciadamente, el atractivo de las cifras hace difícil tener en cuenta estas cosas. Edward Ayub, un creyente de origen musulmán que ejerce su ministerio en Bangladesh, se queja de que en Occidente «los números se consideran la prueba más importante de la bendición de Dios».[10]

El juego de los números

Lamentablemente, lo que dice Ayub es casi innegable. En el prólogo de *Training for Trainers* [Formación para formadores], de Ying y Grace Kai, David Garrison formula una pregunta sorprendente: «Si supieras que hay alguien a quien Dios ha utilizado para llevar a dos millones de almas a la salvación en Jesucristo, que han sido bautizadas en 150 000 nuevas iglesias en diez años, ¿no querrías saber más? Sé que yo sí».[11]

De hecho, *claro* que me gustaría saber más. Los números deberían influir en nuestra forma de pensar hasta cierto punto. Pero el problema hoy en día es que los *números influyen en nuestra forma de pensar de una manera que ninguna otra cosa lo hace.* Los libros populares sobre métodos misioneros se abren invariablemente con historias de miles o millones de personas que vienen a Cristo. Los libros que no están escritos de esta manera, al parecer, simplemente no se venden. Esto es preocupante. Después de todo, Jesús se negó a iniciar movimientos de miles de personas (por ejemplo,

9 Andy Johnson, *Pragmatism, Pragmatism Everywhere! 9Marks Journal* (febrero de 2010).

10 Edward Ayub, *Observations and Reactions to Christians Involved in a New Approach to Mission*, en *Chrislam: How Missionaries Are Promoting an Islamicized Gospel*, ed. Joshua Lingel, Jeff Morton y Bill Nikides. Joshua Lingel, Jeff Morton y Bill Nikides (Garden Grove, CA: i2 Ministries, 2012), cap. 5.3.

11 David Garrison, prólogo de Ying Kai y Grace Kai, *Ying and Grace Kai's Training for Trainers: The Movement That Changed the World* (Monument, CO: WIGTake Resources, 2011).

Juan 6:10-15), y terminó Su ministerio terrenal con un grupo de discípulos «como ciento veinte en número» (Hech. 1:15). Uno se pregunta si un libro escrito hoy sobre un ministerio como el de Jesús podría siquiera venderse. Considera los siguientes libros populares sobre misiones:

- David Garrison comienza su libro sobre *los Movimientos de Plantación de Iglesias* (MPI) hablando del trabajo de David Watson, que «hizo una afirmación increíble... Su informe enumeraba casi un centenar de ciudades, ciudades y pueblos con nuevas iglesias y miles de nuevos creyentes».[12]
  Continúa relatando otros casos de éxito de la MPI:

  > «El año pasado, mi esposa y yo fundamos quince nuevas iglesias en casas».[13] «Hemos fundado sesenta y cinco nuevas iglesias en los últimos nueve meses».[14] Un estratega misionero empezó a trabajar con tres pequeñas iglesias domésticas de ochenta y cinco miembros. Siete años después el número de fieles había aumentado a más de 90 000».[15]

- David Watson comienza su libro sobre su método enormemente popular, *Movimiento para hacer discípulos (DMM),* contando la historia de su propio trabajo que, en sus primeros nueve años, había dado lugar a 26 911 iglesias y más de 930 000 creyentes bautizados.[16] Más adelante en el libro, Watson describe su asombro al enterarse de que este número había crecido a más de un millón de creyentes bautizados: «No podía contener las lágrimas... Nunca soñé que Dios me haría millonario».[17]

12 Garrison, *Church Planting Movements*, 15.
13 Garrison, *Church Planting Movements*, 16.
14 Garrison, *Church Planting Movements*, 17.
15 Garrison, *Church Planting Movements*, 17.
16 Watson y Watson, *Contagious Disciple Making*, Introducción.
17 Garrison, *Church Planting Movements*, 233.

- Steve Smith comienza su libro *Training for Trainers* [Formación para formadores] (T4T) describiendo la multiplicación de iglesias bajo el ministerio de Ying Kai, el artífice del método: «A los pocos meses de iniciarse el movimiento, más de 12 000 personas habían sido bautizadas y se habían formado 908 pequeñas iglesias».[18] Al cabo de cinco años, se contabilizaban más de 15 000 iglesias y más de 150 000 nuevos creyentes; cuando Smith escribió su libro, contabilizaba más de 150 000 iglesias y 1.7 millones de creyentes.[19]
- El propio libro de Ying Kai sobre T4T comienza de forma similar con «Nuestra historia», en la que describe a treinta agricultores de su ministerio «llevando a más de 10 000 personas a creer en Jesús en solo 13 meses».[20] Su libro se presenta como «la extraordinaria historia desde dentro del movimiento mundial de Formación de formadores (T4T) que produjo 150 000 nuevas iglesias y 2 millones de bautismos en una década».[21]
- Mike Shipman, artífice del método *Any-3*, comienza su libro informando de que, tras siete años utilizando su método, «más de 5000 musulmanes del grupo de personas con el que hemos trabajado han profesado la fe en Jesucristo». Estamos viendo creyentes e iglesias que se reproducen… De los más de 450 grupos que se han formado… un tercio de ellos son de cuarta generación y posteriores».[22]
- Kevin Greeson comienza su libro *Método Camel* hablando de un movimiento que «tuvo sus orígenes a finales de la década

18 Steve Smith, *T4T: A Discipleship Re-Revolution* (Bangalore, India: WIGTake resources, 2011), cap. 1.

19 Smith, *T4T*, cap. 1.

20 Ying Kai y Grace Kai, *Formación de formadores de Ying y Grace Kai: El movimiento que cambió el mundo* (Monument, CO: WIGTake Resources, 2018).

21 *The T4T Book*, T4T Global, consultado el 31 de mayo de 2019, http://www.t4tglobal.org/book.

22 Mike Shipman, *Any 3: Anyone, Anywhere, Anytime* (Monument, CO: WIGTake Resources, 2013), cap. 1.

> de 1980» y que en 2003 contaba con «más de 100 000 creyentes de origen musulmán bautizados».[23]

Estos autores tienen buenas intenciones al hablar del número de personas que llegaron a Cristo a través de ellos. Ying Kai, por ejemplo, es descrito por uno de sus críticos como alguien que ha «modelado con humildad el espíritu de sacrificio de la fe».[24] Todos deberíamos suponer que es así. Probablemente, Kai y los demás autores mencionados creen firmemente en sus métodos y solo cuentan historias de éxito tan increíbles para ayudarnos a abrazar también sus métodos.

Pero no debemos pasar por alto el énfasis sesgado que demuestra un enfoque tan fuerte y consistente en las cifras. Tampoco podemos pasar por alto la influencia que estas cifras ejercen sobre los misioneros. Un nuevo líder de equipo que trabaja en una organización donde el DMM fue fuertemente promovido escribe sobre su lucha para considerar el DMM desde una perspectiva bíblica:

> **Ha sido una lucha importante llegar a un punto en el que pueda decirme a mí mismo: «Está bien no seguir el DMM al 100 %», y me pregunto: ¿por qué?**
>
> Me di cuenta de esto cuando, como equipo, estábamos debatiendo con la Escritura sobre un aspecto particular del DMM, y un miembro del equipo presentó un sólido argumento de las Escrituras que estaba en desacuerdo con la metodología del DMM. Era convincente, y yo estaba de acuerdo con su razonamiento y con su conclusión —no tenía ningún argumento en contra que ofrecer— y, sin embargo, seguía sin estar dispuesto a aceptarlo… Sin darme cuenta, había subordinado la Escritura a mis propias convicciones

23 Kevin Greeson, *The CAMEL: How Muslims Are Coming to Faith in Christ* (Monument, CO: WIGTake Resources, 2010), cap. 1.

24 Steve Smith, *What Others Are Saying*, en Ying Kai y Grace Kai, *Ying and Grace Kai's Training for Trainers: The Movement That Changed the World* (Monument, CO: WIGTake Resources, 2018).

sobre la aplicación de una metodología concreta, y no fui capaz de considerar otras alternativas…

Me he dado cuenta de que mi renuencia a criticar a DMM no nació de convicciones teológicas… sino más bien de motivaciones más personales: **tiene que ver con promesas que he hecho y que no estoy dispuesto a volver a hacer.** Y esto tiene que ver con las afirmaciones contundentes que utiliza el DMM. Varias veces durante mi formación de Nivel 1, se citaron ejemplos en los que un determinado equipo seguía todos los elementos críticos del DMM menos uno, y una vez que se añadió este ingrediente final... comenzó el movimiento. La imagen de marca del DMM hace un uso extensivo de estas historias de antes y después, y la repetición de estas historias crea una narrativa con una promesa implícita… el incumplimiento de cualquiera de los principios del DMM significará el fracaso a la hora de catalizar adecuadamente un movimiento. Se trata de una condición de «todo o nada», con mucho en juego. Todos nosotros queremos ver el reino de Dios entre nosotros, cientos de miles de musulmanes viniendo a Cristo, una transformación de nuestros grupos de personas y nuestras ciudades y nuestros países a través del poderoso mensaje de Jesús. Anhelo un movimiento hacia Cristo. **Ya sea implícita o explícitamente, el DMM promete conseguirlo, y no seguir el DMM significa fracasar**.

Ojalá pudiera afirmar que lo que más me atrajo del DMM fue la convicción racional de que era el mejor enfoque bíblico. Pero en cambio, es el deseo emocional de ver el impacto del reino, y el fervor y el celo para apoderarse de un método que promete esto. La formación DMM está llena de ejemplos de miles y decenas de miles de iglesias plantadas, millones de musulmanes que vienen a Cristo. Es asombroso e inspirador. El gran peso de estas estadísticas significa que (emocionalmente) es difícil tener la cabeza despejada para la crítica bíblica; la razón por la que estoy «comprando» es porque quiero resultados. Quiero que el DMM sea bíblico porque quiero que sus promesas sean ciertas… Pero la verdad es —y creo

> que la mayoría estará de acuerdo— que DMM no puede hacer promesas sobre el fruto del reino, solo Dios puede, y solo las promesas que se encuentran en la Escritura son promesas dignas de poner nuestra esperanza...[25]

Este líder de equipo no es el único que se dejó llevar por las promesas del DMM. Lamentablemente, lo que sí es único es que fue lo suficientemente perspicaz como para darse cuenta de cómo la «promesa implícita» de los números —en lugar de la Escritura— había empezado a dominarlo. Él sabe con qué facilidad los números pueden dominar nuestro pensamiento. Todo misionero sueña con el éxito. Pero el problema es que el DMM vincula ese éxito exclusivamente al método u otros similares. En lugar de presentar estos métodos como una opción a considerar, muchos proponentes del DMM pintan estos métodos como «lo que Dios está haciendo... hoy».[26]

En palabras de uno de ellos: «En los últimos 50 años, y especialmente desde el comienzo del siglo XXI, el Espíritu de Dios ha dado a luz un nuevo concepto en la tierra. En lugar de la adición, el Espíritu de Dios está llamando a la multiplicación».[27] Se cree que este «nuevo concepto» de «multiplicación» es tan significativo que algunos «creen que está en marcha otra "Reforma"».[28]

En cierto modo, la exageración no me preocupa. Estoy seguro de que a la mayoría de los misioneros no les convencerán demasiado las comparaciones que equiparan las innovaciones de los últimos

25 Correspondencia personal. Nombre no revelado por razones de seguridad. 18 de junio de 2015, énfasis original.

26 Trousdale, *Movimientos milagrosos*, 17.

27 Jerry Trousdale y Glenn Sunshine, *The Kingdom Unleashed* (Murfreesboro, TN: DMM Library, 2015), cap. 1.

28 Harry Brown, prólogo a Jerry Trousdale y Glenn Sunshine, *The Kingdom Unleashed* (Murfreesboro, TN: DMM Library, 2015). Del mismo modo, Robby Butler afirma que, «Una revolución se está desarrollando en la Iglesia-tal vez incluso una segunda Reforma» (Robby Butler, «¿Son los Movimientos las Semillas de una Segunda Reforma?». *Mission Frontiers* [Marzo/Abril 2016]: 4-5).

treinta años con la Reforma. Sin embargo, la importancia que se da a estos nuevos métodos misioneros es problemática cuando lleva a sus defensores a acusar a los cristianos que rechazan sus métodos de tener malos motivos:

> Dios está haciendo algo extraordinario *en nuestros días.* Mientras atrae hacia sí a un mundo perdido, los movimientos de plantación de iglesias parecen ser la *forma* en que lo está haciendo... cuando actuamos por nuestro propio razonamiento en lugar de alinearnos con los caminos de Dios, somos como una cabra obstinada que se pone a contramano de la voluntad de su amo... Sin exagerar podemos decir que los movimientos de plantación de iglesias son *el medio más eficaz en el mundo de hoy para atraer a millones de personas perdidas a una relación salvadora con Jesucristo y para formar discípulos.*[29]

Muchos tachan los métodos alternativos de lentos y antibíblicos. Comparan los viejos métodos con los nuevos, y luego los descartan completamente. Por ejemplo, nos dicen que debemos elegir entre los nuevos métodos y sus iglesias que se multiplican rápidamente, y las lentas y engorrosas «iglesias lentas» de otros métodos.[30,31] Se nos dice que debemos elegir entre los nuevos métodos que resultan en la conversión de comunidades enteras, y los viejos métodos que fijan su meta en alcanzar solo a «una persona a la vez».[32] David y Paul Watson incluso argumentan que los enfoques tradicionales resultan en «buenas probabilidades para Satanás, él nos animará a ganar uno y perder diez o más como resultado de estas metodologías».[33] Los Watson repiten esta afirmación, declarando que a las nuevas iglesias plantadas a través de métodos tradicionales «les resultará muy difícil

29 Garrison, *Church Planting Movements*, 28, énfasis original.

30 Garrison, *Church Planting Movements*, 194.

31 Trousdale y Sunshine, *Kingdom Unleashed*, cap. 6.

32 Watson y Watson, *Contagious Disciple Making*, 108.

33 Watson y Watson, *Contagious Disciple Making*, 108.

reproducir su crecimiento. En nuestra opinión, Satanás está actuando en estas metodologías de extracción».[34]

Estos comentarios se suman, y su mensaje es claro: *Solo nuestros métodos funcionan de verdad. Otros métodos son tontos, o incluso deshonran a Dios.* A medida que avancemos, analizaremos si estos nuevos métodos se ajustan a la Escritura. Por ahora, basta con señalar que esta narrativa ejerce una enorme presión sobre los misioneros jóvenes que encuentran aspectos de estos métodos más nuevos poco sabios o no bíblicos. He visto a parejas en más de una organización misionera que han sido expulsadas de sus equipos porque tenían preocupaciones bíblicas. En algunos casos, estos misioneros no sabían en lo que se estaban metiendo. Muchas grandes agencias misioneras ya no creen que valga la pena promover la capacitación en otros métodos. Menciono esto para explicar por qué me parece necesario examinar los métodos más nuevos a la luz de la Escritura; no estoy simplemente saliendo de mi camino para hurgar en los detalles y encontrar fallas. Estoy tratando de dejar espacio para que los jóvenes misioneros respiren y para que se consideren otras estrategias. Si queremos hacer nuestro trabajo profesionalmente, debemos tener espacio para considerar otras opciones. Y debemos fijarnos más en la salud y la estabilidad a largo plazo de nuestro trabajo que en el crecimiento aparente e inmediato.

Entonces, ¿cómo podemos responder bíblicamente a los informes de movimientos enormes? Pensemos en lo siguiente:

1. Los principios bíblicos son más importantes que los números

En pocas palabras, los grandes números no definen el éxito en el ministerio, ya sea a nivel local o global. Andy Johnson escribe: «Demasiados de nuestros libros, artículos, entrenamientos y

34 Watson y Watson, *Contagious Disciple Making*, 108. Los Watson utilizan la expresión «metodologías de extracción» para referirse a la forma en que, en su opinión, los métodos tradicionales de plantación de iglesias «extraen» a los nuevos creyentes de sus comunidades de origen.

conversaciones parecen operar al nivel de "lo que funciona" en lugar de "lo que es más fiel a la Escritura"».[35]

El comentario de Johnson es perspicaz. ¿Qué puede llevarnos a centrarnos en lo que funciona a expensas de centrarnos en lo que es bíblico? Me pregunto si tenemos una suposición subconsciente de que los principios bíblicos *no* funcionan muy bien en el mundo real, o al menos no en el mundo actual. Me pregunto si un crecimiento más lento y menos ostentoso no es siempre el tipo de crecimiento que deseamos. La iglesia mormona creció rápidamente a finales del siglo XIX y durante todo el siglo XX. La predicación de los evangelios de la prosperidad ha crecido explosivamente en Estados Unidos, África y América Latina. Este crecimiento ha sido totalmente lamentable. La iglesia mormona difundió herejías incompatibles con la doctrina cristiana. Las iglesias de los evangelios de la prosperidad contienen engaños peligrosos. No pretendo insinuar que los defensores del DMM cometan errores de esta magnitud. Simplemente quiero decir que no debemos suponer que el crecimiento numérico significa el crecimiento de iglesias saludables que resistirán la prueba del tiempo. Es alentador escuchar informes de iglesias que crecen rápidamente, pero los números por sí solos no hacen que valga la pena utilizar un método.

Johnson propone una alternativa: «Tenemos que pensar en formas de evaluar el desempeño de nuestros trabajadores más en su fidelidad bíblica y mucho menos en el número de respuestas inmediatas y visibles».[36] En última instancia, el «éxito» en el ministerio no es una cuestión de números, sino de ministrar de una manera que honre al Señor. Por supuesto, esto no significa que los números no importen. Pero los números se pueden ganar de muchas maneras, y al final, «... la obra de cada uno cuál sea, el fuego la probará. Si permaneciere la obra de alguno que sobreedificó, recibirá recompensa» (1 Cor. 3:13-14).

35 Andy Johnson, *Pragmatism, Pragmatism Everywhere!*

36 Andy Johnson, *Pragmatism, Pragmatism Everywhere!*

Los ministerios numéricamente grandes son aparentemente exitosos. Pero si no están construidos sobre una base sólida de sabiduría bíblica, no sobrevivirán. En ocasiones, Jesús se apartó de las multitudes de miles de personas para centrarse en enseñar a Sus discípulos (Mat. 5:1; 8:18-23; Juan 6:15-22). Siempre pensando a largo plazo, Jesús daba prioridad a lo *sano* sobre lo *grande.*

Jesús, un pensador a largo plazo, dio prioridad a lo sano sobre lo grande.

---

2. Las cifras pueden ser incorrectas o malinterpretadas

A finales de la década de 1980, la metodología del *Movimiento interno* (MI)[37] supuestamente dio lugar a enormes movimientos, incluido uno en el que entre 300 000 y 1 millón de personas se convirtieron a Cristo en Bangladesh.[38] Sin embargo, informes posteriores dejan motivos para dudar de estas cifras. Edward Ayub informa que:

> Alguien en el extranjero me preguntó si en Dhaka se habían convertido 10 000 mezquitas en iglesias. Tuve que responder correctamente que no sabía de ninguna. ¿Oyó bien esa cifra? Si la oyó correctamente, eso indicaría que casi todas las mezquitas de Dhaka se habían convertido en iglesias. Aunque hubiera oído 1000, esa

37 «Los movimientos internos pueden describirse como movimientos hacia la fe obediente en Cristo que permanecen integrados en su comunidad natural o dentro de ella... Los creyentes conservan su identidad como miembros de su comunidad socio-religiosa mientras viven bajo el *señorío* de Jesucristo y la autoridad de la Biblia» (Rebecca Lewis, *Insider Movements: Honoring God-Given Identity and Community*, International Journal of Frontier Missiology 26/1 (primavera de 2009): 19). Los enfoques de los movimientos de iniciados han sido controvertidos porque animan a los creyentes en Cristo a mantener su identidad religiosa anterior. Por ejemplo, un creyente de origen musulmán seguiría identificándose como musulmán, en lugar de cristiano, y seguiría participando en la vida religiosa de la comunidad musulmana, incluido el culto en la mezquita, etc.

38 Joshua B. Lingel y Bill Nikides, *Chrislam: Insider Movements Moving in the Wrong Direction*, Christian Research Journal 35/2 (2012).

> cifra no podría ser cierta. No conozco ni una sola… No queremos que se publiquen informes hiperbólicos. Estos informes falsos no aportan ningún beneficio espiritual a la Iglesia.[39]

Otro creyente de origen musulmán, Anwar Hossein, afirma lo siguiente:

> Personalmente, fui a algunos lugares donde tuvo lugar el movimiento. Y no encontré la realidad. Si hubiera sido cierto, sin duda habría noticias en los periódicos de todas partes, en la televisión y en los cargos, pero nadie lo sabe. Porque se trata de un tema muy candente. Si ocurriera en algún lugar, llegaría inmediatamente a la iglesia o a la radio o a la televisión. Creo que algunos de nuestros hermanos están dando informes falsos para impresionar a los partidarios.[40]

Los misiólogos comparten estas preocupaciones:

> Los misioneros hablan de cientos de miles de personas que han venido a Cristo, pero un miembro que abandonó el MI y se convirtió en cristiano visible afirma que el número de iniciados no puede ser superior a 10 000. Otros antiguos iniciados han informado públicamente que muchos miembros son en realidad musulmanes que harán lo que sea por los puestos de trabajo y el dinero que les ofrecen los ministerios favorables al MI para alimentar a sus familias. Del mismo modo, un porcentaje significativo de los líderes iniciados en Bangladesh ya eran cristianos bautizados a los que los misioneros convencieron para que volvieran a su antigua identidad musulmana.[41]

39 Ayub, «Observaciones y reacciones ante los cristianos implicados en un nuevo enfoque de la mission».

40 Anwar Hossein, citado en Lingel y Nikides, *Chrislam: Insider Movements Moving in the Wrong Direction.*

41 Lingel y Nikides, *Chrislam: Insider Movements Moving in the Wrong Direction.*

> Cuando se pregunta dónde están estas personas, la respuesta suele ser: «No podemos decírselo por motivos de seguridad»... Aunque cada método reivindica un gran número de seguidores, algunos líderes han admitido que las cifras son mucho menores de lo que se pensaba en un principio.[42]

Ninguna de estas citas *prueba* que los líderes del movimiento exageraran sus afirmaciones, pero sin duda sugieren que debemos tener cuidado a la hora de aceptarlas sin examinarlas.

¿Podría un optimismo similar y bienintencionado estar inflando los resultados de las metodologías populares actuales? Lamentablemente, como informa Aubrey Sequeira, las cifras de movimiento pueden incluso inflarse intencionadamente para impresionar a los misioneros:

> Lo que mis hermanos y hermanas occidentales a menudo no entienden es que la mayoría de los «ministerios» indios han aprendido lo que emociona a la gente en el Occidente... las cifras masivas... deslumbran a la iglesia occidental... y cuando los socios de apoyo en Occidente quedan impresionados, eso suele significar que los dólares entrarán a raudales. Por desgracia, las iglesias occidentales rara vez —o nunca— se enteran de que, en muchos casos, las cifras están infladas, los testimonios son falsos y la «obra evangélica» en la que han estado invirtiendo es un espejismo.[43,44]

42 Georges Houssney, *Position Paper on the Insider Movement* (Boulder, CO: Biblical Missiology, 2010), 3.

43 Aubrey Sequeira, «*A Plea for Gospel Sanity in Missions*», 9Marks Journal (diciembre de 2015).

44 El pastor indio Harshit Singh está de acuerdo:

> Si pudiéramos recopilar todos los informes de conversiones comunicados por diversas agencias en la India, nos daríamos cuenta de que la India ya ha sido alcanzada y convertida muchas veces. Se ha informado de movimientos que, por desgracia, a menudo son exagerados y, en ocasiones, totalmente falsos. Y, de nuevo, ¿cuál es la motivación? Un crecimiento rápido. (Harshit Singh, «Cómo los métodos occidentales han afectado a las misiones en la India», Conferencia de los primeros cinco años de 9Marks, Columbus, OH, 4 de agosto de 2017.

Hoy en día, se dice que el ministerio de David Watson entre los bhojpuri de la India ha dado como resultado más de 10 millones de creyentes bautizados.[45] Más arriba, examinamos la descripción que hizo Watson del momento en que escuchó por primera vez que más de un millón de personas habían sido bautizadas como resultado de su ministerio: «Nunca soñé que Dios me haría millonario», dijo. Luego continuó: «Oramos de todo corazón para que ustedes también se hagan millonarios».[46]

Aquí, de nuevo, está la promesa implícita: *Sigue este método y quizás millones vengan a Cristo a través de ti también.* Pero ¿es cierta la promesa? ¿Deberíamos prestarle más atención por las afirmaciones de Watson? En cualquier otra profesión, verificaríamos cuidadosamente resultados tan asombrosos antes de suponer que son ciertos. Imaginemos, por ejemplo, que una sucursal extranjera de una empresa informara de un crecimiento masivo gracias a una estrategia poco ortodoxa. ¿Implantaríamos de inmediato el enfoque empresarial de esta sucursal en otro lugar, o haríamos primero las diligencias debidas para asegurarnos de que el crecimiento es real y no una estafa piramidal? Por alguna razón, en misiones, basta con hacer tales afirmaciones para influir profundamente en las estrategias de todo el mundo.

De hecho, Dios parece haber traído a sí a muchos bhojpuri desde principios de la década de 1990. Por ello, debemos estar profundamente agradecidos.[47] Pero aunque la salvación de nuevos hermanos y hermanas es motivo de gozo, debemos recordar que Watson defiende la validez del DMM, en parte, afirmando que *millones* de bhojpuri vinieron a Cristo, y que esto sucedió a través de *su* ministerio. ¿Qué

Consultado el 3 de mayo de 2019, https://www.9marks.org/message/how-western-methods-have-affected-missions-in-india).

45 John, «Cómo el movimiento bhojpuri ha fomentado otros movimientos», 33.

46 David Watson, en Watson y Watson, *Contagious Disciple Making*, 233.

47 Véase Victor John y David Coles, *Bhojpuri Breakthrough: A Movement That Keeps Multiplying* (Monument, CO: WIGTake, 2019). No veo ninguna razón para dudar de las historias individuales de vidas cambiadas publicadas o para dudar de que muchas personas bhojpuri vinieron a Cristo.

credibilidad tienen estas afirmaciones? De hecho, no está nada claro que DMM sea responsable de lo que ocurrió entre los bhojpuri. Otros misioneros trabajaban entre los bhojpuri. Antes de la llegada de Watson, había por lo menos treinta iglesias que estaban evangelizando activamente y plantando nuevas iglesias.[48] ¿Podrían haber sido sus ministerios tan importantes como el de Watson? De hecho, es posible que el propio Watson no esté en condiciones de evaluar qué factores resultaron decisivos para llevar a la gente a Cristo. Tuvo poca participación directa en el ministerio bhojpuri. Fue un «misionero no residencial»[49,50,51] mientras duró su ministerio entre los bhojpuri. Estuvo destinado en Delhi, lejos de la tierra natal de los bhojpuri, durante su breve estancia en la India[52] y tuvo poco tiempo para adquirir fluidez en hindi o en la lengua bhojpuri mientras estuvo allí.[53] Los misioneros indios que trabajaron con los bhojpuri informan que vino y «se reunió un par de veces al año» con ellos durante este tiempo.[54] Para 1994, antes de que comenzara el movimiento Bhojpuri, Watson ya había abandonado la India, y desde entonces vivía con su familia en Singapur, a 4000 km de distancia.[55,56,57] Entonces, ¿cómo puede

48 Jim Slack, Scott Holste y J. O. Terry, *An Analysis of Church Growth among the Bhojpur of Northern India: Executive Summary of Full Report* (Richmond, VA: IMB Global Research Department, 2000), 1.

49 Watson y Watson, *Contagious Disciple Making*, 11.

50 *David Watson: My Journey with Disciple Making Movements.*

51 *David Watson's Testimony.*

52 John y Coles, *Bhojpuri Breakthrough*, 8.

53 Watson afirma haber vivido en la India solo dieciocho meses (*David Watson: My Journey with Disciple Making Movements*). Como veremos en el capítulo 6, no es tiempo suficiente para que un angloparlante nativo domine siquiera una lengua india en las mejores condiciones. Y Watson estuvo destinado en Delhi durante ese tiempo lejos de la tierra natal de los bhojpuri y no en un entorno ideal para aprender bhojpuri e informa que intentó estudiar tres idiomas a la vez (*David Watson's Testimony*), matriculándose en un programa de doctorado para estudiar sánscrito (*David Watson: My Journey with Disciple Making Movements*) así como, presumiblemente, estudiando hindi y bhojpuri.

54 John y Coles, *Bhojpuri Breakthrough*, 8.

55 Watson y Watson, *Contagious Disciple Making*, xi.

56 *David Watson: Mi viaje con los movimientos de formación de discípulos.*

57 Garrison, *Church Planting Movements*, 15.

Watson afirmar con seguridad que *millones de personas* vinieron a Cristo a través de su ministerio, o en absoluto? De hecho, la evaluación que hace Watson del éxito de su ministerio parece excesivamente optimista. Él informa:

> Conseguimos audio Biblias y simplemente dijimos «Oye, reparte audio Biblias». Repartimos mil audio Biblias y vimos 627 iglesias iniciadas... Piénsalo. Sin evangelista, solo una Biblia de audio. Y un tipo pasaba cada dos semanas y cambiaba las pilas del reproductor.[58]

¿Cómo sabe Watson que se formaron 627 «iglesias» cuando su contacto con ellas se limitaba a enviar a «un tipo» de visita cada dos semanas, no para evangelizar ni para verificar lo que ocurría, sino simplemente para proporcionar pilas? ¿Qué clase de «iglesia» puede formarse en torno a una sola Biblia de audio? Watson también habla con entusiasmo de «¡niñas de ocho años que fundan iglesias! Niñas de catorce años que no saben leer ni escribir en ningún idioma abren iglesias».[59]

Desgraciadamente, no se han presentado pruebas fiables para verificar las afirmaciones de que millones de bhojpuri acuden a Cristo. ¿Cómo, como se pregunta Anwar Hossein más arriba, pudo ocurrir un movimiento tan sorprendente en un país conocido por responder a la conversión con hostilidad, todo ello sin ninguna mención en «periódicos... o radio o televisión»?[60] De hecho, los publicistas del movimiento Bhojpuri reconocen que «a veces la gente viaja a través de un área donde se ha informado de un movimiento y ellos no ven evidencia de ello», pero nos aseguran que «se puede pasear por una selva y no ver nunca ningún animal, lo que no significa que no haya animales en ella».[61] Puede que esto sea cierto, pero resulta

58 *David Watson´s Testimony*

59 David Watson: Mi viaje con los movimientos de formación de discípulos.

60 Anwar Hossein, entrevista con Bill Nikides, *Interview of a Former Insider, Anwar Hossein*, en Chrislam: *How Missionaries Are Promoting an Islamized Gospel*, cap. 5.1.

61 David Coles, «Un movimiento de mediana edad todavía próspero: Una entrevista con Victor John por Dave Coles», Mission Frontiers (mayo/junio de 2019): 16-19.

menos plausible cuando se afirma que el tipo de animal de la selva en cuestión tiene una población de 10 millones y cuando todos los demás animales de la selva se oponen ruidosamente a su presencia. Además, ¿cómo se recopiló y verificó un número tan elevado de creyentes en el bhojpuri? La demografía es una ciencia compleja: el censo estadounidense habría necesitado 20 000 censistas para contar una población de 10 millones de personas.[62] Contar 10 millones de cristianos bhojpuri sería más difícil debido a la inestabilidad demográfica de la India y al miedo de los cristianos indios a la persecución, lo que podría dificultar la identificación de los cristianos conversos. De hecho, los datos del censo indio de 1991 a 2011 muestran un *descenso neto* del número de cristianos en Bihar y Uttar Pradesh,[63,64] donde se centró el movimiento[65] y donde viven principalmente los bhojpuri.

Entonces, ¿de dónde proceden las cifras de Watson? Watson asegura que cada cinco años se realizan «auditorías externas» para confirmar el tamaño del movimiento,[66,67,68] pero los únicos datos publicados de estas auditorías son informes redactados por extranjeros que desconocían el idioma y cultura.[69] Y lo que es peor, las propias auditorías admiten que «proyectan el crecimiento basándose

62 Basado en cifras de 2010 de *2010 Fast Facts*, U.S. Census Bureau, consultado el 3 de enero de 2019, https://www.census.gov/history/www/through_the_decades/fast_facts/2010_fast_facts.html. El Censo de 2010 empleó aproximadamente a un censista por cada 485 estadounidenses, y se habrían necesitado más de 20 000 censistas para contar a 10 millones de personas.

63 A. P. Joshi, M. D. Srinivas y J. K. Bajaj, *Religious Demography of India* (Chennai, India: Centre for Policy Studies, 2003), 36-39.

64 Censo de Religión Cristiana 2011, Censo 2011, consultado el 22 de enero de 2019, https://www.census2011.co.in/data/religion/3-christianity.html.

65 Slack, Holste y Terry, *Analysis of Church Growth among the Bhojpuri.*

66 David Watson: Mi viaje con los movimientos de formación de discípulos.

67 *David Watson's Testimony*

68 Inicialmente, la IMB —la junta misionera de la Convención Bautista del Sur, que envió a Watson— participaba en estas auditorías, por lo que no eran en realidad auditorías «externas» e independientes. Tras participar en la auditoría de 2008, la IMB confirma que ya no le resultaba cómodo —por razones que no se han revelado— poner su nombre en las auditorías, y éstas no están a disposición del público (comunicación personal).

69 Slack, Holste y Terry, *Analysis of Church Growth among the Bhojpuri.*

en varios supuestos».[70] Curiosamente, nunca explican cuáles son esos supuestos.[71,72]

¿Qué hay de malo en ello? Trabajé en estadísticas de población durante ocho años antes de ir al campo misionero, así que intentaré explicarlo: El movimiento Bhojpuri comenzó en 1994, así que tiene más de veinticinco años en el momento de escribir estas líneas.[73]

Proyectar el crecimiento compuesto a lo largo de estos periodos de tiempo puede producir resultados muy imprecisos si las estimaciones se desvían incluso por un pequeño margen. Por ejemplo, el valor de las acciones estadounidenses aumentó aproximadamente 13 % durante los tres primeros meses de 2019 (cuando escribí por primera vez este capítulo).[74] Si proyectáramos que las acciones iban a seguir creciendo a ese ritmo, esperaríamos que cinco dólares invertidos hoy crecieran hasta superar el millón de dólares dentro de veinticinco años. Lamentablemente, invertir no es tan fácil. Sería una forma terrible de planificar la jubilación. Lo que quiero decir es muy sencillo: cuando se proyecta crecimiento, hay que tener mucho cuidado. Si las tasas de crecimiento están incluso ligeramente infladas, sus estimaciones serán tremendamente inestables. Y las tasas de crecimiento de las que informan las auditorías del movimiento Bhojpuri están ciertamente infladas, quizás enormemente. Digo esto porque estas auditorías examinan las tasas de crecimiento en una pequeña muestra de iglesias *supervivientes*, pero nunca intentan corregir las tasas de desgaste en las iglesias que no sobrevivieron.[75]

Se trata de un error estadístico básico lo suficientemente antiguo como para tener su propio nombre: lo llamamos *sesgo de selección*.

70 Slack, Holste y Terry, *Analysis of Church Growth among the Bhojpuri.*

71 Jim Slack, *Church Planting Movements: Rationale, Research, and Realities of Their Existence*, Journal of Evangelism and Missions 6 (2007): 29-44.

72 Slack, Holste y Terry, *Analysis of Church Growth among the Bhojpuri.*

73 Garrison, *Church Planting Movements*, 15.

74 Aquí presento estadísticas sobre valores del índice de empresas S&P 500.

75 Slack, *Church Planting Movements*, 39. Slack informa que, al elaborar sus informes, «las iglesias a entrevistar eran seleccionadas al azar del número total» de iglesias de un movimiento y se les pedía que contaran la historia de su crecimiento.

He aquí cómo influye el sesgo de selección en las estimaciones. Supongamos que un «movimiento» comenzó con 100 iglesias. Supongamos que, al final del año, las primeras 75 iglesias se han derrumbado y las 25 restantes han sobrevivido y cada una había plantado una nueva iglesia. Te quedas con solo 50 iglesias, ¿verdad? El «movimiento» es solo la mitad de grande que cuando comenzó. ¡Se está colapsando! Supongamos ahora que, al auditar el movimiento, seleccionas una muestra de esas 50 iglesias supervivientes y las entrevistas sobre sus índices de crecimiento eclesiástico. Estas iglesias pertenecen al pequeño segmento del movimiento que duplicó su tamaño en el último año, por lo que supones —basado en sus historias— que su movimiento ha duplicado su tamaño.[76] El sesgo de selección te ha engañado para que pienses que el movimiento en colapso se está multiplicando rápidamente.

Todo esto es típico de los informes de grandes movimientos en la literatura misionera. Las cifras de iglesias y creyentes se basan en estadísticas descuidadas que nunca se explican ni justifican con claridad.

Las cifras asombrosas, por el mero hecho de ser publicadas, son creíbles. No estoy sugiriendo que Watson y sus acólitos sean deliberadamente deshonestos. Simplemente señalo que es totalmente imposible que los hombres que escriben sobre movimientos tan enormes sepan si las cifras que comunican son reales o fantasiosas.[77] ¿Puede que un optimismo bienintencionado haya inflado sus estimaciones? Yo creo que sí, en parte por algo que Watson afirmó que le venía un poco más de cerca.

Permíteme explicar. En 2013, David Watson escribió: «Lo siguiente fue recibido de nuestro líder de la iglesia que supervisará

76 De hecho, la única auditoría publicada sobre el movimiento bhojpuri adolece de sesgos adicionales; la muestra de iglesias entrevistadas no se tomó «al azar», sino que se seleccionó entre los asistentes a una gran conferencia, pero es mucho más probable que los pastores de iglesias sanas y en crecimiento asistan a conferencias cristianas, y esta muestra no puede haber sido representativa de un movimiento más amplio.

77 No estoy sugiriendo que nadie vino a Cristo o que ninguna vida cambió. Por el contrario, estoy examinando las cifras de creyentes reportados, ya que las cifras reportadas se presentan claramente de manera que ejercen un enorme poder persuasivo cuando las personas deciden utilizar o no DMM y otros métodos del estilo MPI.

los movimientos para hacer discípulos en Sudán del Norte. Hemos visto cientos de iglesias y miles de discípulos».[78]

Hay un problema con esto: Yo serví en Sudán durante el periodo de tiempo comentado. La comunidad misionera de Sudán estaba estrechamente entretejida y manteníamos sólidas relaciones con la iglesia nacional. Todos éramos conscientes de lo que estaba ocurriendo. Y, sin duda, vi señales alentadoras en algunas partes del país. Vi a gente venir a Cristo. Pero tengo pocas razones para creer que el grupo y la metodología de Watson tuvieran mucho que ver con ello, como tampoco tengo razones para creer que se plantaran cientos de iglesias. Del mismo modo, un colega en Etiopía escribe que los informes de «miles de iglesias caseras» plantadas allí utilizando el DMM son «muy exagerados».[79] Lamentablemente, he visto esto más de lo que me gustaría recordar, a menudo en cartas de oración sinceras enviadas por colaboradores misioneros sinceros.[80] El simple hecho es que las estadísticas pueden mentir, y no se debe confiar en los números sin verificación.[81]

78 David Watson, *Loving Our Neighbors in North Sudan*, David L. Watson, consultado el 29 de mayo de 2018, https://web.archive.org/web/20150928121505/https://www.davidlwatson.org/2013/08/30/loving-our-neighbors-in-north-sudan/.

79 Correspondencia personal. Nombre no revelado por razones de seguridad. 23 de mayo de 2015.

80 Por ejemplo, en el mundo musulmán, donde trabajo, los misioneros pueden confundirse fácilmente. Si unos amigos aceptan orar a Dios para que perdone sus pecados (algo muy sensato para cualquier musulmán practicante, según la mayor parte de la teología musulmana), después de que yo les hable de Jesús (un profeta musulmán aceptado), esto no significa necesariamente que hayan depositado su fe en Él, aunque la oración haga alguna referencia a Jesús. En situaciones como esta, los misioneros bien intencionados —al ver lo que parece ser un pequeño grupo de nuevos creyentes frente a ellos— pueden informar que se ha plantado una iglesia.

81 He aquí una idea de tesis para un joven estudiante que pudiera estar interesado en un doctorado en misiología: estudiar aquellas ciudades o regiones en las que se dice que un movimiento de la MPI ha arraigado diez o veinte años después de los hechos. No te fíes de los rumores y las estadísticas descuidadas que a menudo han caracterizado los informes sobre estos movimientos. Busca bajo la superficie y busca pruebas reales: ¿Cuántas «iglesias» quedan? ¿Cuál es su testimonio público? ¿Han transformado las ciudades en las que crecieron? ¿Está prosperando el cristianismo? ¿Qué han dejado tras de sí después de la avalancha inicial de estadísticas? Sin duda, me encantaría descubrir

3. Lo que funcionó por la gracia de Dios en un lugar puede no funcionar en todas partes

En 1995, Rick Warren publicó *The Purpose Driven Church* [Una iglesia con propósito].[82] Warren había pastoreado la Iglesia Saddleback desde una congregación de cuarenta personas en 1980 a una megaiglesia que, en 2017, contaba con 22 000 miembros. Ya en 1995, Saddleback era enorme, y el libro se convirtió en un éxito instantáneo. Lo que siguió era previsible: otras iglesias y otros pastores empezaron a seguir su modelo con la esperanza de que convertirse en «iglesias impulsadas por un propósito» les ayudaría a ser más grandes y saludables. Tuvieron éxito en mayor o menor medida, pero las que yo conozco experimentaron un crecimiento modesto de la asistencia, si es que tuvieron alguno.

Nuestro deseo innato de éxito nos lleva a intentar imitar lo que funcionó antes: quizás si montamos nuestras iglesias como las de Rick Warren, crecerán como lo hicieron las suyas; quizás si ministramos como los avivadores del siglo XVIII, abriremos las llaves del avivamiento. Pero Dios no trabaja siempre de la misma manera. Rick Warren —o los avivadores del siglo XVIII— pueden estar dotados de maneras que tú y yo no lo estamos. Y cuando Dios produce avivamientos o un increíble crecimiento de la iglesia, no necesariamente debemos atribuir lo que ha hecho a los métodos de ministerio de los líderes a través de los cuales ocurrieron los grandes movimientos. Dios puede haber obrado a través de sus métodos a veces, y puede haber obrado a *pesar de* sus métodos otras veces.

Conclusión

No nos dejemos llevar por los números. No es que no *nos* importen los números: los números cuentan personas, y las personas son

---

que la respuesta son cientos, incluso miles, de iglesias prósperas y sanas, y ciudades que se han visto impactadas por ese crecimiento. Me temo que no es el caso, pero ¿puedo al menos sugerir que nos hagamos la pregunta?

82 Rick Warren, *The Purpose Driven Church: Growth without Compromising Your Message and Mission* (Grand Rapids, MI: Zondervan, 1995).

importantes. Pero los números nos dan una imagen unidimensional de lo que Dios está haciendo en la vida de las personas. No podemos confiar en los números. No sustituyen a la sabiduría multifacética y a largo plazo de la Escritura. Pueden ser tremendamente inexactos. E incluso cuando son precisos, no hay garantía de que lo que funcionó para alguien más funcionará para nosotros. Asegurémonos de que nuestras decisiones y estrategias se basan en la Escritura, no en los números.

Con esto en mente, volvamos a la Escritura y examinemos algunas de las metodologías de movimiento más populares de la actualidad y cómo surgieron.

3

En la balanza de la Escritura

ANTES DE EXAMINAR LOS MÉTODOS actuales a la luz de la Escritura, necesitaremos algunos antecedentes sobre cuáles son esos métodos. Por mucho, las técnicas más influyentes hoy en día son los Movimientos de Plantación de Iglesias (MPI) y otras metodologías relacionadas.[1] A lo largo de este capítulo, me referiré a la metodología de los Movimientos de Plantación de Iglesias como MPI. Me referiré al conjunto de técnicas relacionadas como *métodos estilo* MPI. Todos los métodos estilo MPI que discutiré fueron desarrollados por misioneros de la Junta de Misiones Internacionales (IMB), el brazo misionero de la Convención Bautista del Sur. La IMB es la organización misionera más grande del mundo. Debido a su tamaño, los métodos que ganan terreno en la IMB a menudo repercuten en la comunidad misionera en general. La mayoría de estos métodos también ganaron popularidad a través de libros publicados por *WIGTake Resources*, una editorial fundada por el misionero de la IMB David Garrison y su esposa, quienes desempeñaron un papel clave en el desarrollo de los métodos estilo MPI. Aunque estos métodos difieren en algunos

1 Los métodos de estilo MPI más influyentes en el momento de escribir estas líneas son:

- Movimientos de plantación de Iglesias (MPI) (Garrison, Church Planting Movements).
- Movimientos de formación de discípulos (DMM) (Trousdale, Miraculous Movements).
- Formación para formadores (T4T) (Smith, T4T).
- *Any-3* (Shipman, *Any-3*: ¡Conduce a los musulmanes a Cristo ya!).

aspectos, no debe sorprender que también compartan características comunes.

A principios de la década de 1980, la IMB no trabajaba en países de acceso restringido. Por ello, se dieron cuenta de que muchos de los grupos de personas no alcanzadas más grandes del mundo estaban sencillamente fuera de su alcance. En un esfuerzo por evangelizar el mundo entero para el año 2000,[2] la IMB empezó a estudiar formas de acelerar sus esfuerzos. Buscaron «maneras… de que un Misionero No Residente (MNR) pudiera llevar el evangelio a un grupo étnico no alcanzado en un país de acceso restringido».[3] En 1988, la IMB nombró a David Garrison «primer director del programa de Misioneros No Residentes».[4,5] Dos años más tarde, Garrison escribió *El Misionero No Residente*,[6] en el que argumentaba que los misioneros podían vivir lejos de las personas a las que esperaban alcanzar y aun así actuar como catalizadores de los movimientos hacia Cristo entre esas personas. Estas ideas se basaban en una sola convicción: «todos los ingredientes ESENCIALES para ver alcanzado a un grupo étnico residen dentro de ese grupo étnico».[7] Por lo tanto, la participación misionera directa era innecesaria. En lugar de ministrar ellos mismos, los misioneros no residentes «se limitan a comprobar que alguien hace» el ministerio.[8]

Quizás te preguntes: pero ¿cómo se comunicaría este misionero lejano con la población local? Según los teóricos del misionero no

2 R. Bruce Carlton, *Strategy Coordinator: Changing the Course of Southern Baptist Missions* (Eugene, OR: Wipf & Stock, 2011) 86, 229.

3 Richard Bruce Carlton, *An Analysis of the Impact of the Non-Residential/Strategy Coordinator's Role in Southern Baptist Missiology* (tesis doctoral, Universidad de Sudáfrica, 2006), 52-53.

4 Carlton, «Función del coordinador no residencial/de estrategias», 11.

5 Carlton, «Papel del coordinador no residencial/de estrategias», 55.

6 V. David Garrison, *The Nonresidential Missionary*, vol. 1 de *Innovations in Mission* (Monrovia, CA: MARC, 1990).

7 William Smith, *Additional Document*, enviado por correo electrónico a Bruce Carlton el 16 de noviembre de 2004, citado por Richard Bruce Carlton, *An Analysis of the Non-Residential/Strategy Coordinator's Role in Southern Baptist Missiology* (tesis doctoral, Universidad de Sudáfrica, 2006), 210.

8 David B. Barrett y James W. Reapsome, *Seven Hundred Plans to Evangelize the World: The Rise of a Global Evangelization Movement*, (Birmingham, AL: New Hope, 1988), 36.

residente, solo se requería «fluidez de mercado» en el idioma, ya que los misioneros no residentes necesitaban pasar al menos 70 % de su tiempo *lejos* de la gente con la que trabajaban. Los misioneros no residentes trabajarían para coordinar la «estrategia global» y catalizar «nuevos trabajos y enfoques» por «teléfono, módem, correo electrónico».[9,10]

«Con el tiempo, los misioneros no residentes se convirtieron en "coordinadores de estrategia"».[11] Su trabajo consistía en poco más que presidir los movimientos desde la distancia y con poca participación directa. Estos misioneros eran vistos como «una especie de *superapóstol*, que delegaba diversos aspectos del ministerio a voluntarios de Estados Unidos y del campo».[12] Estos énfasis tuvieron un profundo efecto en las metodologías del estilo de la MPI.

A mediados de la década de 1990, un puñado de coordinadores de estrategias empezaron a informar de notables historias de éxito que parecían validar el planteamiento de Garrison. A medida que se analizaban estas historias, surgió un nuevo conjunto de métodos. MPI llegó primero; nació en parte examinando el trabajo de David y Jan Watson. Ya he mencionado a los Watson. Vivían en Singapur como misioneros no residenciales/coordinadores de estrategias para el pueblo bhojpuri de la India.[13]

La MPI fue publicada por primera vez por Garrison en un panfleto,[14] y finalmente en un libro, *Church Planting Movements: How God*

9 La fluidez en el mercado no es un término técnico, pero podemos suponer que se refiere a la capacidad de comprar y vender artículos en un mercado local. Este nivel está muy por debajo del necesario para mantener una conversación básica.

10 Barrett y Reapsome, *Seven Hundred Plans*, 36-37.

11 Carlton, *Función del coordinador no residencial/de estrategias*, 3.

12 John D. Massey, *Wrinkling Time in the Missionary Task: A Theological Review of Church Planting Movements Methodology*, Southwestern Journal of Theology 55/1 (otoño de 2012): 115.

13 David Garrison, *Church Planting Movements: How God Is Redeeming a Lost World* (Bangalore, India: WIGTake Resources, 2007), 15. La obra de Watson se describe como «Cómo empezó todo».

14 David Garrison, *Church Planting Movements* (Richmond, VA: International Mission Board, 2000).

Is Redeeming a Lost World [Movimientos de plantación de iglesias: Cómo Dios está redimiendo un mundo perdido].[15] Estas publicaciones llamaron la atención de la comunidad misionera en general, y la MPI pronto adquirió un gran alcance. Más tarde, Watson se independizó. En asociación con Patrick Robertson, Jerry Trousdale y otros, desarrolló otro método estilo MPI, al que llamaron *Movimientos de formación de discípulos (DMM)*.[16] Promovieron este método bajo los auspicios de los ministerios *CityTeam*. Hoy en día, DMM es el método más influyente del estilo MPI por un amplio margen; difiere de los enfoques iniciales de MPI al adoptar enfoques únicos del proceso de hacer discípulos. Vale la pena mencionar otras dos metodologías: *Formación para formadores* de Ying Kai (T4T)[17] y *Any-3* de Mike Shipman.[18,19] Actualmente, estos métodos son tan ampliamente seguidos que en muchos círculos misioneros, la única pregunta es «¿T4T o DMM?».[20] Sin embargo, no podemos adoptarlos simplemente porque son ampliamente usados. Primero debemos examinar estos métodos a la luz de la Escritura.

15 Garrison *Church Planting Movements: How God Is Redeeming a Lost World.* La primera edición se imprimió en 2004.

16 Jerry Trousdale, *Miraculous Movements: How Hundreds of Thousands of Muslims Are Falling in Love with Jesus* (Nashville: Thomas Nelson, 2012).

17 Steve Smith, *T4T: A Discipleship Re-Revolution* (Bangalore, India: WIGTake resources, 2011).

18 Mike Shipman, *Any 3: Anyone, Anywhere, Anytime* (Monument, CO: WIGTake Resources, 2013).

19 Una quinta metodología, con cierta relación con la MPI —el método Camel— ha sido desarrollada para su uso con musulmanes y es descrita por Kevin Greeson en su libro *The CAMEL: How Muslims Are Coming to Faith in Christ* (Monument, CO: WIGTake Resources, 2010). Sin embargo, no examinaremos el Método Camel o la controversia que lo rodea en detalle, ya que es una estrategia de evangelización en lugar de un método de plantación de iglesias en toda regla (hace poco, por ejemplo, para abordar cuestiones de discipulado). De hecho, Greeson escribe para promover y explicar la MPO, sugiriendo que él no ve el Método Camello como un enfoque separado para el ministerio, sino más bien como un método evangelístico que se puede utilizar dentro de las técnicas de MPO (Kevin Greeson, *Church Planting Movements among Muslim Peoples*, Mission Frontiers [marzo/abril 2011]: 22-24).

20 Steve Smith y Stan Parks, *T4T or DMM (DBS)? Only God Can Start a Church Planting Movement!* —Parte 2 de 2, Mission Frontiers (mayo/junio de 2015): 32-35.

En lo que sigue, haré todo lo posible por caracterizar cada método de forma justa, extrayendo citas de recursos populares escritos por los conocidos líderes y principales diseñadores de estos métodos. Por ejemplo, para describir el DMM, me referiré generalmente a los libros de David y Paul Watson y Jerry Trousdale. Por supuesto, no doy por sentado que todos los profesionales del DMM estén de acuerdo con Trousdale o los Watson en todos los aspectos.

También debo señalar que hay mucho que elogiar en los métodos más populares de hoy en día. Siempre que observemos *cualquier* método de ministerio, debemos intentar aprender lo que podamos. Los métodos de estilo MPI tienden a enfatizar una amplia «proclamación del evangelio»,[21] en lugar de centrarse en unas pocas amistades cercanas. Esto parece reflejar el ejemplo del Nuevo Testamento.

Además, los métodos de la MPI intentan evangelizar de forma que los nuevos creyentes no sean expulsados por la fuerza de sus comunidades. Aunque no conozco ningún método que idealice la extracción, los métodos MPI desean evitarla. Esto también es loable. Finalmente, los métodos de estilo MPI enfatizan el uso del estudio bíblico inductivo en el que los nuevos creyentes aprenden sobre la Biblia en grupos de discusión. Este es un método de enseñanza válido, y los patrones regulares de estudio bíblico son vitales para la vida cristiana.

No obstante, muchas partes de estos métodos son penosas. Las comentaré a continuación.

A. Énfasis excesivo en el crecimiento rápido

Todos los libros que promocionan los métodos del estilo MPI comienzan con historias de «movimientos» que crecieron explosivamente. Los métodos de estilo MPI nos dicen que esperemos esto: los movimientos deben extenderse tan rápido que, idealmente, estarán formados principalmente por nuevos creyentes que discipulan a otros nuevos creyentes y luego plantan nuevas iglesias. Por

21 Garrison, *Church Planting Movements*, 345.

ejemplo, en los Movimientos formadores de discípulos (DMM), se deben plantar cuatro generaciones de iglesias cada tres años para que se haya producido un auténtico «movimiento».[22] Es decir, en un periodo de tres años, una nueva iglesia debe plantar una segunda nueva iglesia, que a su vez debe plantar una tercera nueva iglesia, y esa tercera iglesia también debe plantar una cuarta nueva iglesia. En otras palabras, una iglesia nueva debe plantar otra iglesia nueva en solo nueve meses.[23]

T4T funciona de la misma manera: «Cada seis meses podemos ayudar a las nuevas iglesias a duplicar su número de 320 a 640, a 1280 y a 2560».[24] En MPI, encontramos que «un Movimiento de plantación de iglesias puede ver una nueva iglesia cada tres o cuatro meses. Entre el pueblo kekchi… si una iglesia no se reproducía al cabo de seis meses, se consideraba que no estaba sana».[25] Observa: no se trata simplemente de descripciones de lo que podría ocurrir; ofrecen *el* punto de referencia del éxito. De hecho, un nuevo libro —que se jacta de resumir las mejores prácticas de los métodos de estilo MPI— advierte que una de las principales razones por las que «estamos perdiendo la batalla» es que «no estamos enseñando a los grupos a convertirse en iglesias locales (es decir, a autogobernarse y autofinanciarse) en unos pocos meses».[26]

David Garrison resume:

22 David Watson y Paul Watson, *Contagious Disciple Making: Leading Others on a Journey of Discovery* (Nashville: Thomas Nelson, 2014), 4.

23 De hecho, los líderes del primer movimiento reportado del DMM afirman haber visto «más de 100 generaciones» de «creyentes e Iglesias» en 25 años (David Coles, *A Still Thriving Middle-Aged Movement: An Interview with Victor John by Dave Coles*, Mission Frontiers [mayo/junio de 2019]: 16). Para que esto fuera cierto, ¡las iglesias tendrían que haber plantado nuevas iglesias cada 3 meses durante más de 100 generaciones!

24 Steve Smith, *What Others Are Saying*, en Ying Kai y Grace Kai, Ying and Grace Kai's *Training for Trainers: The Movement That Changed the World* (Monument, CO: WIGTake Resources, 2018).

25 Garrison, *Church Planting Movements*, 195.

26 Wilson Geisler, *Discípulos que avanzan rápidamente: Una aplicación práctica de las mejores prácticas actuales* (2011), 17, consultado el 12 de agosto de 2018, http://www.churchplantingmovements.com/images/stories/resources/Rapidily_Advancing_Disciples_(RAD)_Dec_2011.pdf.

«¿Qué tan rápido es rápido?», se preguntará. Quizás la respuesta más acertada sea: «Más rápido de lo que crees posible».[27]

Una vez más, permíteme comenzar afirmando lo bueno. Me encanta el deseo de los practicantes del MPI de que mucha gente venga a Cristo, y rápidamente. Como a menudo señalan los promotores de los métodos de estilo MPI, la iglesia creció rápidamente en el libro de los Hechos, y el evangelio se extendió por todo el mundo romano en unos pocos cientos de años después de la resurrección de Jesús. No niego esto, y no estoy interesado en prohibir que nuevas iglesias comiencen cuando el Espíritu se mueve. Tampoco me interesa prohibir a los nuevos creyentes que compartan lo que han aprendido con sus amigos.

Sin embargo, plantar nuevas iglesias va mucho más allá de comentar historias sobre Jesús con los amigos, y que los nuevos creyentes plantaran nuevas iglesias cada seis o nueve meses —como sugieren los métodos de MPI— *no* era la norma en la iglesia primitiva. Además, esos objetivos son imposibles de sostener durante mucho tiempo.[28]

Si duplicar su tamaño cada seis a nueve meses hubiera sido la norma para la iglesia primitiva, entonces cada persona en la tierra habría sido un creyente dentro de ocho a doce años después de Pentecostés[29] y dentro de veinte a treinta años después de Pentecostés, mientras los apóstoles originales de Jesús todavía vivían, ¡la iglesia en Jerusalén

27 Garrison, Church Planting Movements, 21.

28 De hecho, si las iglesias del primer MPC del que se tiene noticia —al que se hace referencia como «cómo empezó todo»— hubieran seguido reproduciéndose a ese ritmo desde 1994, cuando se informó por primera vez de que contaba con cerca de 100 iglesias (Garrison, Church Planting Movements, 15), habría tenido aproximadamente 400 000 millones de iglesias en 2018. Incluso hoy en día, tales tasas de crecimiento rápido —si es que se producen— son una excepción insostenible, no una norma.

29 Suponiendo que la población del mundo en el primer siglo era de entre 170 y 330 millones de personas, si la iglesia hubiera duplicado su tamaño cada 6 o 9 meses, ¡entonces solo habría tardado de 8 a 12 años en crecer de 5000 personas (Hech. 4:4) a 327 millones de personas! (*Historical Estimates of World Population, U. S. Census Bureau*, consultado el 3 de febrero de 2019, https://www.census.gov/data/tables/time series/demo/international-programs/historical-est-worldpop.html).

se habría multiplicado en más de un billón de reuniones! Así que, aunque se sentaron bajo la enseñanza de los apóstoles y disfrutaron del pastoreo de los apóstoles, la mayoría de las iglesias en el Nuevo Testamento «no se reprodujeron a sí mismas después de seis meses» y podrían haber sido «consideradas iglesias no sanas» según los estándares de la MPI.[30] Si ese es el caso, entonces probablemente hay algo exagerado en la supuesta necesidad de un crecimiento tan rápido.

La mayoría de las iglesias del Nuevo Testamento «no se reprodujeron a sí mismas después de seis meses» y podrían haber sido «consideradas iglesias no sanas» según los estándares de la MPI. Si es así, probablemente haya algo exagerado en la supuesta necesidad de un crecimiento tan rápido.

Es fácil olvidar que un crecimiento lento y constante puede producir resultados extraordinarios. El historiador Rodney Stark concluye que la iglesia primitiva no creció «a ritmos que parezcan increíbles a la luz de la experiencia moderna».[31] Estima el crecimiento de la población en los primeros 300 años de la Iglesia en poco más de 3 % anual y muestra cómo esta tasa de crecimiento fue suficiente para que la Iglesia se extendiera por el Imperio romano a mediados del siglo III.[32] Pero incluso esta tasa de crecimiento probablemente no se mantuvo durante mucho tiempo: un crecimiento de 3 % anual habría hecho que la iglesia primitiva pasara de 5000 creyentes (Hech. 4:4) a más de 35 millones en sus primeros 300 años. A principios del siglo III d.C., la población mundial rondaba probablemente los 200

30 Garrison, *Church Planting Movements*, 195.

31 Rodney Stark, *The Rise of Christianity: How the Obscure, Marginal Jesus Movement Became the Dominant Religious Force in the Western World in a Few Centuries* (San Francisco: HarperCollins, 1997), 4.

32 Stark, *Rise of Christianity*, 6.

millones de personas.[33] Aunque la Iglesia pudo haber constituido alrededor de 10 % de la población romana,[34] su presencia fuera del Imperio romano era escasa. Por lo tanto, aunque el crecimiento de la Iglesia sufrió altibajos en los primeros años —incluidas algunas expansiones rápidas—, podemos concluir que la tendencia general fue probablemente la de un crecimiento en porcentajes pequeños y constantes. Hay una libertad en las matemáticas del crecimiento compuesto. Incluso los pequeños y lentos avances, si se mantienen constantes, logran el impulso suficiente para alcanzar finalmente metas sustanciales.

Por supuesto, lo que me preocupa no son las matemáticas. Lo que me preocupa es que la necesidad sentida de un crecimiento tan obviamente insostenible pueda llevarnos a una fascinación excesiva por los números, en lugar de confiar en Dios. No olvidemos que David fue juzgado por numerar a Israel (2 Sam. 24:1-17). El énfasis en los números puede llevarnos a promover un crecimiento más rápido de lo que es saludable, o incluso posible. Considera lo que dice Pablo sobre la importancia de los cimientos: «Conforme a la gracia de Dios que me ha sido dada, yo como perito arquitecto puse el fundamento, y otro edifica encima; pero cada uno mire cómo sobreedifica» (1 Cor. 3:10).

¿Qué pasaría si construyéramos hacia arriba antes de poner un cimiento fuerte? ¿Puede un nuevo creyente poner de verdad los cimientos «como perito arquitecto» a los pocos meses de haber escuchado él mismo el mensaje? Pablo escribe que anunciaba a Jesús «amonestando a todo hombre, y enseñando a todo hombre en toda sabiduría, a fin de presentar perfecto en Cristo Jesús a todo hombre» (Col. 1:28). Según Pablo, la capacidad de enseñar «con toda sabiduría» es necesaria para llevar a otros a la madurez. Hasta que no adquieran esta sabiduría, los nuevos creyentes se verán seriamente limitados en su capacidad para discipular a otros y plantar nuevas iglesias.

33 Estimaciones históricas de la población mundial.

34 Stark, *Rise of Christianity*, 6.

Los cimientos no pueden construirse deprisa:

> … Y aquel que se apresura con los pies, peca. (Prov. 19:2)
> Los pensamientos del diligente ciertamente tienden a la abundancia;
> Mas todo el que se apresura alocadamente, de cierto va a la pobreza. (Prov. 21:5)

Algunas cosas son demasiado importantes para construirlas rápidamente. A veces, Dios puede ordenar a Su pueblo que se expanda a un ritmo constante y sostenible para que tenga tiempo de crecer sano y fuerte y desarraigar la falsa doctrina. Moisés le dice a Israel:

> Y Jehová tu Dios echará a estas naciones de delante de ti poco a poco; no podrás acabar con ellas en seguida, para que las fieras del campo no se aumenten contra ti. (Deut. 7:22)

Moisés no hablaba así porque le faltara fe en que Dios haría crecer a Israel y llenaría la tierra. Sabía que un día el pueblo superaría en número a las estrellas. Más bien, Moisés preveía un crecimiento lento y constante porque estaba más preocupado por el crecimiento saludable del pueblo de Dios que por el tiempo y los números. Nosotros también debemos aprender a ser pacientes cuando Dios se mueve más despacio de lo que esperamos. Debemos confiar en Él incluso cuando aún no hayamos recibido lo prometido (Heb. 11:13).

Al fin y al cabo, nuestra impaciencia es ineficaz: Abraham se cansa de esperar y engendra a Ismael, pero sus esfuerzos no consiguen que la bendición llegue antes, y el resultado son muchos problemas. La bendición de Dios no puede apresurarse, y no debemos despreciar «el día de las pequeñeces» (Zac. 4:10). El mismo Dios que da grandes avances ministeriales —como el ministerio de Hudson Taylor en China— también da largos años de paciente laboriosidad. Por ejemplo, Robert Morrison ministró una generación antes que Hudson Taylor. Él vio pocos convertidos, pero tradujo exitosamente al chino la Biblia que Hudson Taylor usaría más tarde. Como Jesús dijo a Sus discípulos justo antes de ascender al cielo: «No os toca a vosotros saber los tiempos o las sazones, que el Padre puso en su sola potestad» (Hech. 1:7).

Debemos hacer todo lo posible para que los tiempos y las épocas sean fructíferos, pero no depende de nosotros que se produzcan rápidamente gracias a nuestra astucia o urgencia. El crecimiento lento y expansivo de un grano de mostaza —o de la levadura que se filtra a través de la masa (Mat. 13:31-33) —sigue caracterizando el crecimiento del reino. Podemos seguir con satisfacción el modelo de Jesús, que a menudo evitaba a las multitudes para pasar tiempo con Sus discípulos. Solo cuando el proceso de maduración de Sus discípulos se completó, puso en sus manos el crecimiento de la Iglesia. Será mejor que no presionemos demasiado para tener nietos antes de que los niños hayan madurado del todo.

Será mejor que no presionemos demasiado para tener nietos antes de que los niños hayan madurado del todo.

B. ADN para un crecimiento rápido

Los métodos del estilo MPI suponen que existe un «ADN» que garantizará que las iglesias florezcan y se multipliquen. Utilizan mucho ese término:

> La reproducción rápida comienza con el ADN de la primera iglesia...[35]

> Existe un ADN mínimo necesario para que los grupos se reproduzcan más allá de la primera generación.[36]

35 Garrison, *Church Planting Movements*, 195.

36 Watson y Watson, *Contagious Disciple Making*, 145.

Establecer este ADN desde el principio es vital:

> Los grupos establecen los hábitos y el ADN de las reuniones muy rápidamente: a la tercera o cuarta reunión… En consecuencia, el ADN del grupo debe establecerse durante la primera reunión con el grupo.[37]

De nuevo, debemos empezar por afirmar lo que es bueno. Al establecer grupos de estudio bíblico —al establecer cualquier cosa— debemos tratar de establecer buenos patrones. Pero ¿acaso la clave del trabajo misionero se encuentra simplemente en *empezar* bien? La suposición de que los grupos de estudio de la Biblia y las iglesias tienen un ADN intrínsecamente resistente al cambio —como los organismos biológicos— y «transferirán naturalmente ese ADN a su descendencia» nunca se explica.[38]

Vale la pena preguntarse: ¿cuál es el «ADN» que los métodos de estilo MPI esperan inculcar en los grupos de estudio bíblico y en las iglesias? Watson afirma que el ADN debe incluir elementos como la oración, la intercesión, el ministerio, el evangelismo, la obediencia, la Escritura, la responsabilidad, la adoración, el aprendizaje a través del descubrimiento, etc.[39] Pero estos elementos no son únicos. Se enfatizan en la mayoría de las iglesias evangélicas y esfuerzos misioneros. ¿Cuáles son, pues, los *rasgos distintivos del* ADN de la MPI?

Watson afirma que este ADN es necesario «para los grupos que se multiplican».[40] Esta afirmación es esclarecedora por sí sola. El objetivo de los métodos del estilo de la MPI es la reproducción rápida y, como veremos a lo largo de este capítulo, los distintivos centrales de su «ADN» están todos —*sin* excepción— orientados a permitir que los movimientos se expandan lo más rápidamente posible. David Garrison afirma que este ADN de las «iglesias hijas que se reproducen rápidamente» incluye un movimiento que tiene «su propio impulso

37 Watson y Watson, *Contagious Disciple Making*, 143.

38 Garrison, *Church Planting Movements*, 195.

39 Watson y Watson, *Contagious Disciple Making*, 144-51.

40 Watson y Watson, *Contagious Disciple Making*, 143.

interno. [...] Se han eliminado todos los elementos ajenos a la iglesia y que no son fáciles de reproducir».[41]

Reitera este punto cuando enumera «Eliminar todos los elementos no reproducibles» como uno de los «Diez Mandamientos para los Movimientos de plantación de Iglesias».[42] Esto es lo más sorprendente: *Los misioneros* se encuentran entre los elementos que son «extraños a la iglesia, ¡y no son fáciles de reproducir!».[43] Por lo tanto, deben desempeñar un papel lo más pequeño posible. Los métodos tradicionales de plantación de iglesias podrían sugerir que las iglesias permanezcan «bajo un pastor misionero» hasta que los pastores de la nueva iglesia puedan ser capacitados.[44] Pero los métodos de estilo MPI ven esto como parte de lo que hace «la formación de discípulos tradicional casi imposible de reproducir rápidamente».[45] En su modelo, no hay tiempo para una cuidadosa instrucción bíblica ni para formar líderes experimentados. En su lugar, se piensa que reunir a grupos de buscadores y nuevos creyentes es una «protección adecuada contra el mal liderazgo y la herejía. Cuando la autoridad de la Escritura y del Espíritu Santo forma parte del ADN y del proceso del grupo, los grupos pueden protegerse a sí mismos... Los grupos se autocorrigen. Los grupos mantienen a los individuos responsables».[46]

En pocas palabras, el «ADN» que hace que los métodos de estilo MPI funcionen, despoja las estructuras del ministerio hasta que no queda nada más que grupos de personas para quienes la Escritura y el Espíritu Santo están disponibles. Cualquier otra cosa se consideraría demasiado lenta, «no reproducible» y sobrecargada, y por lo tanto, digna de ser eliminada.

Examinaremos las implicaciones de este enfoque con más detalle. Por ahora, solo quiero señalar que este enfoque parece apoyarse más

41 Garrison, *Church Planting Movements*, 196.
42 Garrison, *Church Planting Movements*, 258.
43 Garrison, *Church Planting Movements*, 196.
44 Garrison, *Church Planting Movements*, 195.
45 Watson and Watson, *Contagious Disciple Making*, 129.
46 Watson and Watson, *Contagious Disciple Making*, 143.

en la sociología que en la teología. Su principal preocupación es qué dinámicas de grupo parecen fáciles de reproducir y cuáles no. Por supuesto, no hay nada intrínsecamente malo en la sociología o en el estudio de las dinámicas de grupo, siempre y cuando no nos fijemos en ellas antes que en la Escritura. Es decir, no debemos tratar de edificar iglesias sobre el poder de la sociología (psicología de grupos y dinámicas sociales) —que no es más que otra forma de edificar sobre la carne y no sobre el Espíritu— aunque los objetivos sean buenos. Edificamos sobre la Palabra y el Espíritu, no sobre la carne (2 Cor. 4:1-6; 10:4). Desafortunadamente, veremos que los métodos estilo MPI de hecho pasan por alto principios bíblicos clave a favor de plantar iglesias con estructuras ligeras y fáciles de replicar. En realidad, el «ADN» del crecimiento saludable de la iglesia no se encuentra en la sociología de la dinámica de grupo aplicada a las estructuras de la iglesia. El «ADN» de la reproducción y la sostenibilidad está *contenido en el mensaje del evangelio*. Las iglesias sanas y que se reproducen serán el resultado si impartimos el mensaje completo de Cristo. Es a través del poder intrínseco de la Palabra que «... por la palabra verdadera del evangelio, que ha llegado hasta vosotros, así como a todo el mundo, y lleva fruto y crece...» (Col. 1:5-6).

Cuando Pablo se despide de los ancianos de Éfeso, les recuerda que «no he rehuido anunciaros todo el consejo de Dios [...]. de noche y de día, no he cesado de amonestar con lágrimas a cada uno. Y ahora, hermanos, os encomiendo a Dios, y a la palabra de su gracia, que tiene poder para sobreedificaros y daros herencia...» (Hech. 20:27-32). Gracias a la profunda enseñanza de Pablo, puede encomendar con confianza la iglesia de Éfeso al cuidado de Dios. Los métodos del tipo MPI nos dicen que eliminemos todos los elementos no reproducibles. Pero aquí, un elemento claramente no reproducible —el ministerio de un hombre con el don misionero de Pablo— aporta un gran beneficio a la iglesia. Puede que la iglesia de Éfeso no sea capaz de reemplazar a Pablo, pero él les ha dejado una comprensión plena de «todo el consejo de Dios». Esta comprensión es autosuficiente y continuará edificándolos mucho después de que Pablo se haya ido.

C. Aversión a la enseñanza

La cuidadosa enseñanza de Pablo proporcionó una base sólida para la iglesia de Éfeso. Desafortunadamente, los métodos del estilo MPI ven a los maestros capacitados como una desventaja. ¿Por qué? Así es. Porque no son rápidamente replicables. Un misionero puede entrenar a líderes de una o dos iglesias. Pero si cada iglesia se duplica cada seis meses, entonces el misionero pronto será incapaz de mantenerse al día. En poco tiempo, los únicos «líderes» serán nuevos creyentes que han recibido una orientación introductoria a la Palabra por parte de nuevos creyentes igualmente inexpertos que no han sido entrenados para enseñar. No es de sorprender que los métodos estilo MPI minimicen el papel de los misioneros y maestros. En sus versiones más extremas, prohíben totalmente la enseñanza. Esto puede sonar increíble. Pero no lo es. David y Paul Watson escriben: «Cuando trabajamos con personas perdidas, tenemos que evitar caer en el papel de explicar la Escrituras».[47] Según los Watson, «el formador de discípulos no hace ninguna de las cosas tradicionales requeridas por el discipulado tradicional. No predica ni enseña».[48] Otros defensores del estilo MPI están de acuerdo:

> La suposición generalizada… de que los maestros capacitados son fundamentales para el crecimiento de la iglesia es algo que el modelo MPI intenta superar a propósito.[49]

> El sembrador de iglesias, como extranjero en la cultura, debe permanecer en un segundo plano y minimizar la transmisión cultural.[50]

47 Watson y Watson, *Contagious Disciple Making*, 149.

48 Watson y Watson, *Contagious Disciple Making*, 127.

49 Ted Esler, *Coming to Terms: Two Church Planting Paradigms*, *International Journal of Frontier Missiology* 30/2 (verano de 2013): 69.

50 Younoussa Djao, *Los movimientos de plantación de iglesias: Una llave de oro para las misiones en África. CPM Journal* (enero-marzo de 2006): 86.

En cambio, los métodos del estilo de la MPI se basan en «grupos de descubrimiento» o «estudios bíblicos de descubrimiento».[51,52,53] En estos grupos, los buscadores y los nuevos creyentes descubren la verdad directamente de la Palabra. En lugar de recibir ayuda de misioneros o maestros, confían en el Espíritu Santo para responder sus preguntas. Steve Smith, un conocido defensor de *T4T*, cuya obra presentamos en el capítulo 2, escribe: «El grupo aprende [...] junto mientras todos hacen preguntas del texto y piden al Espíritu Santo que les dé comprensión».[54] Otros defensores del estilo de la MPI comparten la opinión de Smith:

> ... aprende a recurrir a la Escritura y a confiar en el Espíritu Santo para responder a las preguntas.[55]

> ... confía en que la Palabra de Dios y el Espíritu Santo son suficientes.[56]

> ... tenemos que evitar caer en el papel de explicar la Escritura... cuando nos ponemos entre la Palabra de Dios y Su pueblo, usurpamos el papel de Dios.[57]

Especialmente en el DMM, la enseñanza directa y el pastoreo son descritos como tan peligrosos, que lo ideal es que los misioneros y los formadores de discípulos estén ausentes de los estudios bíblicos, incluso cuando curiosos *no creyentes* están estudiando juntos la Escritura. Las siguientes citas lo ilustran:

> Deja que los perdidos dirijan los estudios bíblicos.[58]

51 Smith, *T4T*, cap. 19.
52 Garrison, *Church Planting Movements*, 61.
53 Watson y Watson, *Contagious Disciple Making*, 101.
54 Smith, *T4T*, cap. 14.
55 Watson y Watson, *Contagious Disciple Making*, 150.
56 Trousdale, *Movimientos milagrosos*, 183.
57 Trousdale, *Movimientos milagrosos*, 103-4.
58 «Lección 12: Planificar y ejecutar», 1, consultado el 20 de junio de 2019, https://dmmovements.net/en/Lesson%2012%20-%20Plan%20and%20Implement.pdf. Distribuido en los cursos de DMM de *CityTeam*.

Si decides que es necesario asistir al grupo, dirígelo solo de una a tres semanas y, a continuación, cede el turno de formulación de preguntas (facilitación) a alguien dentro del grupo.[59]

El forastero… no importa si es expatriado o local… entrenará a una o dos personas del grupo… y no asistirá al grupo.[60]

No facilites todos los grupos… Mi amigo facilitó la primera reunión con el joven. El joven fue inmediatamente y replicó el encuentro con su familia. Mi amigo nunca conoció a la familia del joven. Desde la primera reunión, mi amigo convirtió al joven en el líder del grupo.[61]

Capacita al líder y evita intervenir en el grupo.[62]

Dado que los métodos de estilo MPI fueron desarrollados en gran medida por coordinadores estratégicos *no residentes*, no es de extrañar que no vean la necesidad de un sistema en el que un misionero esté presente. Se supone que los incrédulos «literalmente… se conducirán a sí mismos a Cristo».[63] Se recomienda cierto pastoreo tras bastidores para garantizar que los grupos de estudio bíblico no caigan en el error. Pero siendo realistas, es imposible vigilar de cerca a los grupos de estudio bíblico cuando se insta al sembrador de iglesias a mantenerse alejado de las reuniones del grupo, y cuando se espera

59 «Proceso de descubrimiento de grupos», en *DMM Training*, Chiang Mai, Tailandia, enero de 2015, CityTeam.

60 «Lección 8: Iniciar grupos de descubrimiento», 5, consultado el 20 de junio de 2019, https://dmmovements.net/en/Lesson%208%20-%20Starting%20Discovery%20Groups.pdf. Distribuido en los cursos de DMM de *CityTeam*.

61 Watson y Watson, *Contagious Disciple Making*, 135.

62 David Watson, 16 de marzo, notas del seminario, «*My Friend Just Asked, "What About God?" —Now What?*» consultado 1 de mayo 2019, http://moredisciples.com/wp-content/uploads/2016/04/March-16-Webinar-David-Watson.pdf.

63 *David Watson's Testimony*, narrado por David Watson, *Accelerate Training*, consultado el 3 de enero de 2019, https://www.acceleratetraining.org/index.php/resources/61-david-watson-s-testimony-90-min-mp3/file.

que se multipliquen cada pocos meses. Anteriormente vimos lo escasa que puede ser esa participación cuando David Watson habló de «627 iglesias iniciadas... sin evangelista, solo audio Biblias».[64] ¿Es suficiente un pastoreo tan limitado para que las nuevas iglesias crezcan de forma saludable? Una vez más, vemos que las estructuras rápidamente replicables forman el «ADN» fundamental de los métodos de estilo MPI. Como era de esperar, ya que los métodos de estilo MPI se desarrollaron en la IMB, estas estructuras representan un caso extremo del gobierno de las iglesias bautistas: cada congregación es independiente de la supervisión externa, autosuficiente y autónoma.

Pero ¿es esto bíblico?

Comencemos de nuevo afirmando lo que es bueno. En primer lugar, es sano que la gente crezca en su comprensión de la Palabra de Dios hasta que puedan navegar en gran medida por su cuenta.

Históricamente, los misioneros han enseñado a aquellos que esperaban alcanzar. Han tratado de trabajar por su cuenta. En segundo lugar, estoy de acuerdo con los promotores de MPI y DMM en que los grupos interactivos de estudio bíblico proporcionan una forma maravillosa de aprender sobre la Escritura. Sin embargo, estos grupos no son —como a veces se insinúa[65]— la única alternativa a las aburridas conferencias. De hecho, muchos estilos de enseñanza pueden ser eficaces siempre y cuando los alumnos sigan participando.[66] Dudo que muchos misioneros en la historia hayan preferido enseñar en monólogos; las personas que conozco intentan enseñar en los entornos más participativos posibles. Claro que se *puede* enseñar de forma aburrida y poco atractiva. Pero eso no significa que toda enseñanza sea innecesaria, o que el aprendizaje deba producirse enteramente a través del autodescubrimiento. En cualquier esfuerzo —incluido

64 *David Watson´s Testimony.*

65 David Watson, *What about Teaching and Preaching in Disciple-Making Movements?* consultado 10 de marzo, 2017, https://www.davidlwatson.org/2013/08/27/what-about-teaching-and-preaching-in-disciple-making-movements/.

66 David Sousa, *How the Brain Learns*, 4th ed. (Thousand Oaks, CA: Corwin, 2011), 101.

seguir a Cristo— se necesita una buena dosis de ayuda en los aspectos básicos para adquirir la independencia y el dominio suficientes para guiar nuestro propio aprendizaje. A los niños hay que enseñarles a contar —lenta y meticulosamente— antes de que sean capaces de hacer álgebra o demostraciones geométricas por sí mismos. ¿Podría ocurrir lo mismo con los nuevos creyentes?

Sorprendentemente, Watson cita a Jesús para validar la oposición del DMM a la enseñanza: «Y serán todos enseñados por Dios. Así que, todo aquel que oyó al Padre, y aprendió de él, viene a mí» (Juan 6:45).[67] ¿Pero qué clase de guía da Dios? ¿Nos ayuda a interpretar correctamente la Escritura cuando estamos confundidos? De hecho, cuando examinamos este pasaje, Jesús no está afirmando que Dios *siempre* nos mostrará cómo interpretar correctamente la Escritura. Más bien, Jesús responde a un grupo de personas que dudan de Él señalando que solo los que han sido «enseñados por Dios» (v. 45) podrán creer en Él. Este pasaje muestra que Dios hace posible que creamos en Cristo, pero no dice que nos dará respuestas correctas cuando intentemos interpretar la Escritura por nuestra cuenta.

En numerosos momentos de mi vida espiritual, he interpretado la Escritura incorrectamente al estudiarla con amigos. Lo he hecho aun cuando he orado para que Dios nos guíe a la verdad. Estoy seguro de que tú también lo has hecho. La historia de la iglesia nos muestra que los creyentes guiados por el Espíritu son perfectamente capaces de malinterpretar la Biblia. Pedro advierte que «… los indoctos e inconstantes tuercen, como también las otras Escrituras, para su propia perdición» (2 Ped. 3:16).[68] La falta de enseñanza puede ser algo peligroso. Estoy tan agradecido de no haber tenido que interpretar el libro de Romanos con algunos de mis amigos al principio de mi

67 Watson, Notas del seminario, 16 de marzo, 3.

68 Aquí la versión cita «indoctos e inconstantes». La palabra griega —*amatheis*— está relacionada con el verbo *mathēteuo (enseñar, hacer un discípulo).* En el mundo antiguo, un aprendiz o discípulo *(mathētēs)* aprendía de un maestro, por lo que la traducción de «indocto» puede captar mejor el significado.

desarrollo espiritual. Al poner a los nuevos creyentes en tal situación, la «obsesión por la rápida reproducibilidad» de los métodos de estilo MPI «abrevia efectivamente el proceso de enseñanza de una manera que no aprecia suficientemente la profundidad doctrinal de la Palabra y el tiempo necesario para cimentar a los nuevos creyentes en ella».[69]

Watson no estaría de acuerdo. Nos asegura que los grupos de estudio bíblico «se conducen a sí mismos a Cristo» y «en pocas semanas, estos grupos son más ortodoxos que la mayoría de los estudios bíblicos cristianos».[70] Pero debemos recordar: Watson prefiere ausentarse de estos estudios bíblicos después de las primeras reuniones. No puede haber asistido a más de unos pocos de los miles de estudios bíblicos que afirma que nacieron de su ministerio. Así que, ¿cómo podría saber siquiera si encuentran su camino hacia la ortodoxia? Además, muchos líderes nacionales no parecen estar de acuerdo con la opinión de Watson. El pastor indio Harshit Singh advierte contra las iglesias no instruidas que están «cristianizadas» pero entienden poco el evangelio:

> Toda iglesia joven necesita formación bíblica y teológica… Pero he aquí el problema. La formación y la educación teológicas llevan tiempo. La cristianización dice que estamos en una situación bélica y que no tenemos tiempo porque tenemos que llegar a millones, y el tiempo se acaba. Son alarmistas. Cualquier educación teológica estructurada, formal o informal… se desprecia como una pérdida de tiempo, recursos, ralentiza el movimiento y ejerce una terrible influencia occidental.[71]

69 George A. Terry, *Una Misiología de los Medios Excluidos: Un análisis del esquema T4T para la evangelización y el discipulado, Themelios* 42/2 (2017): 351.

70 *David Watson´s Testimony.*

71 Harshit Singh, *How Western Methods Have Affected Missions in India, 9Marks' First Five Years Conference*, Columbus, OH, 4 de agosto de 2017. Consultado el 3 de mayo de 2019, https://www.9marks.org/message/how-western-methods-have-affected-missions-in-india.

El misiólogo John Massey informa que otros pastores y líderes nacionales comparten estas preocupaciones:

> Un líder de campo de IMB, responsable de desarrollar un programa de formación para pastores en Asia Oriental, encuestó a veintiún pastores de grandes iglesias y redes de iglesias sobre sus mayores necesidades. Todos dijeron sin dudarlo: «¡Nuestros pastores necesitan formación!». También comentaron: «Nuestras iglesias están siendo atacadas por sectas y falsas enseñanzas. Nuestros pastores no entienden bien cómo aplicar la teología»... El presidente de un seminario del sudeste asiático, muy comprometido con la formación de pastores en ese mismo país y profundo conocedor de la situación eclesiástica, afirmó: «Estamos perdiendo 10 000 iglesias al año a manos de las sectas».[72]

Según Massey, las juntas misioneras persuadidas por metodologías del estilo MPI argumentan que dicha formación es innecesaria. Se niegan a enviar maestros misioneros, a pesar de que esta negativa es «contraria a las necesidades sentidas de los nacionales».[73] Sin duda, no es prudente imponer nuestras convicciones a los nacionales a menos que tengamos un imperativo bíblico para hacerlo. De hecho, la Escritura se inclina en sentido contrario. La enseñanza directa es una clara tradición del Nuevo Testamento:

- Jesús enseñó directamente a lo largo de Su ministerio (p. ej., el Sermón del Monte; Mat. 4:23; 11:1; 11:7-30; 12:25 y ss.; 13:3-52; 15:10-11; 18:1-35; 23:1-39; 24:4–25:46; Luc. 5:16-22; 9:11, etc.).
- Los apóstoles enseñaban públicamente (Luc. 9:6; Hech. 2; 3; 5:42).
- La pauta de Pablo en cualquier ciudad nueva era ir primero a enseñar públicamente en las sinagogas u otros lugares públicos

72 John David Massey, *Theological Education and Southern Baptist Missions Strategy in the Twenty-First Century*, *Southwestern Journal of Theology* 57/1 (otoño de 2014): 6.

73 Massey, *Theological Education and Southern Baptist Missions Strategy*, 7.

de oración (Hech. 13:5, 14, 44; 14:1; 16:13; 17:1-3; probablemente 18:5). Enseñó públicamente en Atenas (Hech. 17:22ss.) y en la escuela de Tirano (Hech. 19:9). Enseñó directamente a la familia de Lidia, explicándoles lo suficiente como para que, tras una sola sesión con ellos, fuera apropiado el bautismo (Hech. 16:13-15). En Hechos 20, cuando repasa los años pasados en Éfeso, Pablo dice que ha «pasado predicando el reino de Dios» entre ellos (v. 25) y que no ha «rehuido anunciaros todo el consejo de Dios» (v. 27) y que ha enseñado «públicamente y por las casas» (v. 20).

- Esteban (Hech. 6:10), Felipe (Hech. 8:5-6) y Apolos (Hech. 18:28) enseñaron públicamente.
- Pablo exhorta a Timoteo a enseñar (1 Tim. 6:2; 2 Tim. 2:2; 4:2).
- Pablo exhorta a Timoteo a confiar el mensaje a otros que sean capaces de enseñar (1 Tim. 3:2).

A lo largo de la Escritura, nunca vemos grupos de buscadores o nuevos creyentes a los que se deja «descubrir» la verdad por sí mismos con la ayuda del Espíritu Santo. Incluso las parábolas de Jesús implican una enseñanza directa. La verdad se oculta en acertijos a aquellos cuyos oídos están cerrados, pero Jesús proporciona directamente tanto las historias como sus explicaciones a Sus discípulos. Cuando Sus discípulos le piden explicaciones (ver, por ejemplo, Mat. 13), no les hace preguntas capciosas (¿Qué creen que significa?) y les deja que descubran la verdad, como aconsejarían los métodos al estilo de la MPI. Simplemente les dice lo que significan las parábolas.

¿Por qué, entonces, los métodos de estilo MPI intentan restringir la enseñanza?

Para ser justos con quienes defienden métodos más nuevos, debemos examinar algunas de sus preocupaciones específicas sobre la enseñanza de los misioneros. Quizás los patrones de enseñanza del Nuevo Testamento no sean aplicables para nosotros hoy. ¿Hay razón para creer que los misioneros dañarán a la iglesia enseñando de maneras que los misioneros del Nuevo Testamento no enseñaron? Los defensores de los métodos estilo MPI expresan dos preocupaciones principales.

En primer lugar, les preocupa que si los misioneros enseñan o responden preguntas, esto pueda llevar a las nuevas iglesias a depender de los misioneros y no de Dios. Así, los nuevos creyentes deben ser «guiados a estudiar directamente la Palabra de Dios y encontrar sus propias respuestas. Así que no los sermoneamos ni les enseñamos. Solo hacemos preguntas. Practiquen NO responder preguntas».[74] Trousdale coincide: «Tenemos que evitar caer en el papel de explicar la Escritura... Cuando nos interponemos entre la Palabra de Dios y Su pueblo, usurpamos el papel de Dios».[75]

En segundo lugar, a los defensores de los métodos del estilo MPI les preocupa que los misioneros puedan introducir elementos culturales foráneos. Esto «obliga a los nuevos creyentes a cambiar sus formas culturales por otras ajenas» e «introduce elementos foráneos en la vida de la iglesia que no pueden reproducirse localmente... Estos invasores extranjeros pueden paralizar un movimiento de plantación de iglesias».[76] Por supuesto, los misioneros inmaduros y egoístas pueden enseñar a las iglesias a depender de ellos de forma perjudicial. Además, los misioneros transculturales imprudentes pueden introducir sus propias formas culturales en una nueva iglesia, y con efectos devastadores. Pero eso no significa que debamos suponer que esto ocurrirá necesariamente.

Los métodos de estilo MPI cometen tres errores clave en el papel que otorgan a los misioneros.

En primer lugar, no ven la enseñanza como un don del Espíritu a través del cual el Espíritu generalmente actúa. Por el contrario, los métodos de estilo MPI ven sistemáticamente a los maestros en la iglesia

74 Lección 8: Iniciar grupos de descubrimiento, 5.

75 Trousdale, *Miraculous Movements*, 103–4.

76 Garrison, *Church Planting Movements*, 253.

como usurpadores egoístas del papel del Espíritu Santo. Como escribió uno de los principales defensores de los métodos estilo MPI, una de las principales razones por las que «estamos perdiendo la batalla» se debe a que «los pastores y los líderes son egoístas y tratan de mantener el control sobre el reino de Dios... al no delegar autoridad o dar poder a los nuevos creyentes».[77] De alguna manera, la enseñanza en la iglesia se coloca en competencia directa con la obra del Espíritu Santo:

> Pablo... dejó atrás grupos de creyentes que maduraban, se extendían y se multiplicaban. ¿Por qué? Confiaba en que el Espíritu sería su maestro, no Pablo.[78]

> Cualquier programa de discipulado que crea una dependencia del maestro humano en lugar del siempre presente maestro del Espíritu está condenado.[79]

Pero la Escritura no indica que debamos elegir entre escuchar a un «maestro humano» o escuchar al Espíritu. El Espíritu da maestros humanos a Su Iglesia (Ef. 4:11). En lugar de actuar directamente, al margen de los humanos, el poder del Espíritu fluye a través de Su pueblo. El Espíritu no reveló el significado de Isaías 53 al eunuco etíope. Envió a Felipe para que se lo explicara. Del mismo modo, el ángel no explicó el evangelio a Cornelio. Dios envió a Pedro para que se lo explicara. Así como el Espíritu actuó a través de la humanidad de Jesús —a través de Sus palabras humanas, Su presencia humana, Su tacto humano (1 Jn. 1:1-2)—, hoy nosotros somos el cuerpo de Cristo en el mundo, y el Espíritu actúa para revelar a Dios a través de nosotros. Los maestros no están tratando de «usurpar el papel de Dios».[80] Son personas en las que Dios actúa y a través de las cuales actúa.

77 Geisler, *Rapidly Advancing Disciples*, 17.
78 Smith, *T4T*, cap. 4.
79 Smith, *T4T*, cap. 4.
80 Trousdale, *Miraculous Movements*, 104.

... no hay ninguna indicación en la Escritura de que debamos elegir entre escuchar a un «maestro humano» o escuchar al Espíritu. El Espíritu da maestros humanos a Su iglesia (Ef. 4:11).

En segundo lugar, los métodos de estilo MPI pasan por alto el énfasis de la Escritura en la enseñanza sólida. Jonathan Leeman nos recuerda:

> Pablo, sin duda, está interesado en la «sana» enseñanza y doctrina. Utiliza este término cinco veces con Timoteo y otras cinco con Tito (1 Tim. 1:10; 6:3; 2 Tim. 1:7, 13; 4:3; Tit. 1:9, 13; 2:1-2, 8).[81]

La insistencia de Pablo en que los ancianos sean capaces de dar una enseñanza «sana» muestra que hay cualidades que la enseñanza debe poseer antes de que pueda edificar a la iglesia. No sirve cualquier enseñanza: la enseñanza sana requiere que se conozca *bien* la Escritura. Leeman explica:

> ¿Qué es exactamente la sana enseñanza? ¿Es simplemente leer el texto bíblico? No, Pablo le dice a Tito que enseñe «la sana doctrina» (RVR1960) o «la sana enseñanza» (NTV) o «de acuerdo con la sana doctrina» (NBLA) o «lo que es correcto» (TLA). Un hombre no se limita a leer un texto. Explica, interpreta, da el significado (ver Neh. 8:8) y, hasta cierto punto, aplica un texto. D. A. Carson describe útilmente la predicación fiel como «re-revelación».[82] Los apóstoles y profetas revelaron la Palabra de Dios una vez. Un

81 Jonathan Leeman, *Don't Fire Your Church Members: The Case for Congregationalism* (Nashville: B&H Academic, 2016), 137.

82 D. A. Carson, *Challenges for the Twenty-First Century Pulpit*, en *Preach the Word: Essays on Expository Preaching: In Honor of R. Kent Hughes*, ed. Leland Ryken y Todd A. Wilson. Leland Ryken y Todd A. Wilson (Wheaton, IL: Crossway, 2008), 176-77, citado en Leeman, *Don't Fire Your Church Members*, 137.

sermón fiel no dice algo nuevo; vuelve a revelar esa misma Palabra a un público nuevo.[83]

En tercer lugar, los métodos MPI exageran la importancia de las diferencias culturales. Consideran a los misioneros como *forasteros culturales*, inherentemente incapaces de entrar plenamente en otra cultura o comprenderla, y no como *inmigrantes culturales*, que están en un viaje hacia otra cultura y que con el tiempo aprenderán a comprenderla e interactuar con ella en gran medida sin problemas.

Por eso Younoussa Djao, partidario de la MPI, puede decir: «El sembrador de iglesias, como extranjero en la cultura, debe permanecer en un segundo plano y minimizar la transmisión cultural».[84] Pero esto tiene un problema: no concuerda con los datos del Nuevo Testamento. Pablo enseñó a los gentiles sin contaminarlos culturalmente. ¿Era Pablo un infiltrado cultural? Pablo hablaba griego con fluidez, pero muchas de las ciudades y zonas que visitó, como Perge (Hech. 2:10; 13:13), Asia Menor (Hech. 2:9) y Licaonia (Hech. 14:11) tenían sus propias lenguas, al igual que Roma (latín). Aunque Pablo había crecido en un mundo dominado por paganos, las culturas y los sistemas religiosos del Imperio romano eran tan variados como para que se familiarizara con todos ellos.[85] La cultura gentil no le resultaba natural a Pablo, pero él seguía enseñando a los creyentes gentiles. Del mismo modo, los apóstoles judíos en Jerusalén dieron enseñanzas para que las siguieran los gentiles (Hech. 15:19-21). Como embajadores de Cristo, no debemos suponer que nuestra enseñanza traerá contaminación cultural a la

83 Leeman, *Don't Fire Your Church Members*, 137.

84 Djao, *Church Planting Movements*, 86.

85 Ver John Bostock y H. T. Riley, eds., *The Natural History of Pliny the Elder* (Londres: Taylor & Francis, 1855), 7:24. El Imperio romano era mucho más heterogéneo culturalmente que el Mediterráneo y el norte de África en la actualidad. Roma se expandió en poco tiempo por una vasta zona que estaba formada principalmente por pequeños estados y ciudades-estado, mucho más fragmentados que los actuales Estados-nación. Por ejemplo, en la región del Ponto —que ahora forma parte de la región turca del Mar Negro— se hablaban al menos veintidós lenguas.

iglesia. Por el contrario, debemos aprender a traspasar las barreras culturales, como hizo Pablo (1 Cor. 9:21-23), y enseñar de forma culturalmente apropiada.[86]

Una orden a enseñar

No debemos tener miedo de enseñar. Los defensores del estilo MPI, como Watson, advierten que cuando los misioneros enseñan, «una iglesia dependerá del formador de discípulos. Esto no es saludable. Limita severamente el potencial de una iglesia y en el peor de los casos puede matar a una nueva iglesia antes de que tenga la oportunidad de desarrollarse».[87]

Pero el libro de Proverbios señala que la enseñanza de los sabios nos ayuda a convertirnos en adultos maduros e independientes. Los sabios saben cuándo dejarnos encontrar respuestas por nosotros mismos y cuándo proporcionarnos respuestas. En algunos casos, la instrucción directa de los sabios es *esencial* para nuestro bienestar; no dejamos a nuestros hijos solos con sus amigos para que descubran cómo relacionarse con el sexo o el alcohol. Del mismo modo, algunas partes de la vida espiritual de los nuevos creyentes son peligrosas si se manejan mal, y no debemos dejar que descubran estos peligros por sí mismos. Necesitamos recordar Proverbios 13:14: «La ley del sabio es manantial de vida». Necesitamos recordar Proverbios 9:9: «Da al sabio, y será más sabio». El hombre que escucha la instrucción es bendecido, no limitado, ni excesivamente dependiente.

Si seguimos el modelo de la Escritura, veremos a los misioneros como embajadores a través de los cuales el Espíritu obra y enseña, dando a la nueva iglesia un fundamento inquebrantable (Mat. 7:24-25). A medida que los misioneros enseñen de manera sabia y madura, el evangelio llegará profundamente a los corazones de los nuevos

86 Como veremos con más detalle en el capítulo 6, hay que tener cierta precaución cuando nuestra enseñanza afecta a las prácticas culturales de la gente. Sin embargo, incluso en estos casos, la enseñanza puede ser necesaria.

87 Watson y Watson, *Contagious Disciple Making*, 173.

creyentes, preparándolos para depender de Dios mucho después de que el misionero —y otros «elementos irreproducibles»— hayan desaparecido.

D. El *oikos* y la persona de la paz

Dado que la participación misionera es «ajena a la iglesia y no es fácil de reproducir»,[88] los métodos de MPI se basan en gran medida en el evangelismo *oikos*, popularizado por Thomas Wolf, profesor de misiones y evangelismo en el Seminario Gateway, afiliado a los bautistas del sur.[89,90] El evangelismo *oikos* evita evangelizar a individuos aislados y también evita el evangelismo de masas. En cambio, Wolf sostiene que el patrón del Nuevo Testamento es evangelizar dentro del *oikos,* que es simplemente la palabra griega para «hogar». Wolf amplía un poco esta palabra para referirse a la red social existente de un individuo. La clave para llegar al *oikos* es que los misioneros descubran a una «persona de paz» que difunda la buena nueva en su red social. Según Wolf, la «persona de paz» debe satisfacer tres criterios: debe ser *receptiva* al mensajero; debe tener una *reputación* que ayude a difundir el mensaje;[91] y debe proporcionar referencias, es decir, debe introducir al misionero en su amplia red social de relaciones.[92,93] En cada grupo de nuevos creyentes, es la «persona de paz» la que funciona como conducto principal del crecimiento de la iglesia. Así lo describe Watson:

88 Garrison, *Church Planting Movements*, 196.

89 Thomas A. Wolf, *Oikos Evangelism: The Biblical Pattern*, en *Win Arn*, ed., *The Pastor's Church Growth Handbook* (Pasadena: Church Growth Press, 1979), 110–17.

90 Dan White Jr. y J. R. Woodward, *The Church as Movement: Starting and Sustaining Missional-Incarnational Communities* (Downers Grove, IL: InterVarsity Press, 2016), 100.

91 En algunos casos, incluso puede bastar con una mala reputación. Por ejemplo, la mala reputación del endemoniado de Gerasa ayuda a que la gente tome nota cuando Jesús lo libera de varios demonios.

92 White y Woodward, *Church as Movement*, 100.

93 Algunos métodos de estilo MPI utilizan un conjunto diferente de criterios para identificar a la persona de la paz. DMM, por ejemplo, cambia los criterios a abierto, hambriento y que comparte (Watson y Watson, *Contagious Disciple Making*, 135). Pero en general, como en el caso del DMM, los criterios utilizados son similares a los de Wolf.

> El formador de discípulos tiene una tarea: encontrar a la «persona de paz»… Si no hay «persona de paz», sigues adelante… Se nos pide orar por cosechadores. La «persona de paz» será este cosechador. Capacitamos a esta persona para que sea el formador de discípulos de su comunidad.[94]

Otro partidario del MPI coincide con Watson en la preeminencia de esta tarea: «Dios te ha dado una misión: encontrar a la persona de la paz».[95]

Cuando recordamos cómo los métodos del estilo de MPI insisten en la rapidez y restan importancia al papel del misionero, este énfasis en la persona de paz tiene sentido. Es casi inevitable. Es importante señalar: la persona de paz no es inicialmente un creyente. De hecho, *puede que nunca llegue a ser*lo.[96] Para ser persona de paz, basta con que abra su red social al evangelio. Pero debido a la exigencia de un crecimiento rápido, *aunque la persona de paz se convierta* en creyente, tendrá poco tiempo para madurar antes de que se le anime a convertirse en «formador de discípulos para su comunidad».[97]

Encontrar a la persona de paz es tan imperativo que se nos dice que *no* ministremos personas con redes relacionales limitadas:

> Irse cuando no se encuentra una persona de paz es algo de lo que nadie quiere hablar. Sin embargo… si no nos vamos, puede que no encontremos a la persona de paz en la siguiente familia, grupo de afinidad o comunidad.[98]

94 Watson y Watson, *Contagious Disciple Making*, 128.

95 Kevin Greeson, *Jesus on Entry Strategies, Church Planting Movements*, consultado el 10 de agosto de 2018, http://www.churchplantingmovements.com/index.php/vert5parts/vertentry/103-jesus-on-entry-strategies#comment-6.

96 Por ejemplo, ver «Lección 7: Encontrar hogares de paz», 2, consultado el 20 de junio de 2019, https://dmmovements.net/en/Lesson%207%20%20Finding%20Households%20of%20Peace.pdf. Hace referencia a Publio como una persona de paz porque parece abrir su red social a Pablo, pero Publio no parece convertirse en creyente (Hech. 28:7-10).

97 Watson y Watson, *Contagious Disciple Making*, 128.

98 Watson y Watson, *Contagious Disciple Making*, 138.

> Evita dedicar tanto tiempo a las relaciones con otros creyentes y «personas que no son de paz» perdidas que no puedas dar prioridad a la búsqueda de personas de paz entre tus conocidos y aquellos con los que te encuentras.[99]

> Si los discípulos de Jesús no encontraban una persona de paz, debían marcharse a otra ciudad en lugar de quedarse en una zona improductiva para el ministerio.[100]

Una vez más, empecemos por afirmar lo que es bueno. En primer lugar, los misioneros siempre han sabido que los evangelizadores talentosos de una cultura suelen ser más eficaces que ellos. También han sabido que su tiempo y esfuerzos son limitados. Así que deberíamos alegrarnos cuando personas dentro de la cultura reciben el mensaje y lo difunden entre su círculo social. En segundo lugar, Jesús dice tanto a los apóstoles como a los setenta y dos que busquen a los hijos de paz (Mat. 10:12-13; Luc. 10:5-7) y que se alojen con ellos.[101]

Desgraciadamente, la búsqueda de personas de paz que practican y fomentan los misioneros del estilo de MPI va mucho más allá de las instrucciones de Jesús. Hace al menos cuatro suposiciones infundadas:

1. Una persona de paz desempeñará un papel central tanto en la apertura de su comunidad al evangelio como en el discipulado de su comunidad después de que crean en el evangelio.
2. Podemos identificar de antemano quiénes serán personas de paz y quiénes no.

99 *Lesson 7: Finding Households of Peace*, 4.

100 Jerry Trousdale y Glenn Sunshine, *The Kingdom Unleashed* (Murfreesboro, TN: DMM Library, 2015), cap. 7.

101 «En cualquier casa donde entréis, primeramente decid: Paz sea a esta casa. Y si hubiere allí algún hijo de paz, vuestra paz reposará sobre él; y si no, se volverá a vosotros. Y posad en aquella misma casa, comiendo y bebiendo lo que os den; porque el obrero es digno de su salario. No os paséis de casa en casa» (Luc. 10:5-7).

3. Deberíamos ser cautelosos a la hora de invertir fuertemente en personas a las que no identificamos como personas de paz.
4. Debemos animar rápidamente a las personas de paz a que empiecen a enseñar y discipular a sus comunidades.

Consideremos cada uno de estos supuestos.

En cuanto al primero, los Evangelios se limitan a describir a una persona de paz como alguien que proporciona un techo a los discípulos de Jesús y está abierto a escuchar su mensaje. No hay ningún indicio de que estas personas vayan a desempeñar un papel clave en la apertura de su círculo social al evangelio. No hay absolutamente nada que diga que ayudarán a discipular a las iglesias que se formen en respuesta a la predicación de los apóstoles. Simplemente no se encuentra en ninguna parte del testimonio bíblico.

En segundo lugar, es peligroso suponer que podemos saber a través de quién va a trabajar Dios. Se nos dice que «hay que capacitar a las potenciales personas de paz».[102] Se nos dice que los plantadores de iglesias «normalmente pueden identificar a la persona de paz a las pocas horas de entrar en el pueblo».[103] Pero las primeras impresiones pueden ser engañosas. Cuando le dicen a Ananías que vaya a curar a Saulo (Hech. 9:13), Ananías protesta. Saulo no parece en absoluto un hombre de paz. Pero como Ananías, estamos limitados en nuestro entendimiento. No podemos ver cosas futuras. No conocemos el estado de los corazones de las personas. Entonces, ¿quién puede decir a quién Dios usará o no usará? A menos que seamos —como Ananías— profetas que reciben visiones de Dios, es posible que no nos demos cuenta de que teníamos suposiciones erróneas sobre personas que hemos descartado. Después de todo, Ananías solo hizo lo correcto después de que Dios se lo indicara directamente. En resumen, no debemos confiar en nuestro juicio sobre personas que acabamos de conocer.

102 Watson y Watson, *Contagious Disciple Making*, 135.

103 David Watson y Paul Watson, *A Movement of God among the Bhojpuri of Northern India*, en *Perspectives on the World Christian Movement: A Reader*, ed. Ralph D. Winte y Steven C. Hawthorne (Pasadena, CA: William Carey Library, 2009), 697–700.

En tercer lugar, si pasamos por alto a las personas que no parecen ser personas de paz, es posible que dediquemos poco tiempo y esfuerzo a la única oveja perdida. Esto es precisamente lo contrario de cómo Jesús ejerce Su ministerio. Él nos recuerda que *cada* oveja perdida merece una búsqueda exhaustiva (Luc. 15:1-7). Jesús se alegró de reunirse con Nicodemo, a pesar de que éste acudió a Él a solas por la noche, demasiado asustado para ser visto por los demás. Lo último que Nicodemo quería era abrir su círculo social a Jesús. Pero aun así, Jesús lo atendió. Del mismo modo, Jesús podría haber rechazado a los niños cuyas madres querían que los bendijera, y haber centrado Su energía más «estratégicamente» en encontrar personas de paz. Pero no lo hizo. A veces, Jesús y los apóstoles atendían a quienes abrían puertas al evangelio en sus comunidades (por ejemplo, Jesús y la mujer junto al pozo; Pedro y Cornelio). Pero *nunca consta que trataran de discernir quiénes podrían ser porteros de una comunidad y luego trabajar exclusivamente con esas personas.* Simplemente comparten el evangelio con quien quiera escuchar. Algunas de estas personas pueden compartirlo dentro de sus comunidades; otras, no. Jesús y Sus discípulos no tienen prisa. No necesitan encontrar personas eficaces en los círculos sociales para que el evangelio avance. Su mensaje tiene poder para avanzar; no necesita la ayuda de la ingeniería social (Col. 1:5-6).[104] Confían la difusión del evangelio a la soberanía de Dios, por lo que son libres de ministrar a quienquiera que Él ponga en su camino.

En cuarto y último lugar, la Escritura indica que no debemos nombrar nuevos creyentes para el liderazgo, sino que debemos esperar a que crezcan en fe, conocimiento y carácter (1 Tim. 3:1-13; Tito 1:5-9). Más adelante hablaré de la extraña interpretación de estos versículos por parte de los métodos estilo MPI.

104 «Por la palabra verdadera del evangelio, que ha llegado hasta vosotros, así como a todo el mundo, y lleva fruto y crece también en vosotros».

E. Discipulado basado en la obediencia

Los defensores de los métodos estilo MPI reconocen que el Nuevo Testamento exige que los líderes de la iglesia sean maduros (1 Tim. 3:1-13; Tito 1:5-9). También argumentan que el *tiempo en la fe* no tiene relación con la madurez. Según Watson, «la madurez como creyente se define por la obediencia, no por el tiempo».[105]

En los métodos del estilo MPI, un nuevo creyente puede ser considerado maduro siempre y cuando parezca obedecer. Es por eso que los métodos estilo MPI descartan los paradigmas tradicionales, caracterizándolos como iteraciones ineficaces del «discipulado basado en el conocimiento». En su lugar, esperan introducir el «discipulado basado en la obediencia».[106,107] Esto no es sorprendente. Recuerda: el «ADN» central de los métodos estilo MPI se centra en la replicabilidad rápida. Dar tiempo a los nuevos creyentes para que crezcan en su conocimiento de Dios a través de la Escritura simplemente no es factible. En su lugar, los métodos del estilo MPI esperan que la madurez espiritual se pueda lograr inmediatamente a través de un «compromiso inicial de morir al yo» que se traduce en obediencia.[108] Se espera que esta obediencia cree oportunidades para que Dios actúe: «Cuando la gente obedece —incluso los perdidos— el Espíritu Santo empieza a validar la verdad de la Biblia», lo que lleva a una mayor fe y obediencia.[109] Así que para los defensores del estilo MPI, la obediencia *inicia* el proceso de crecimiento espiritual. La fe y el conocimiento de Dios son el resultado.

Una vez más, debemos afirmar lo que es bueno. La obediencia forma parte de la vida cristiana. «Todo aquel que es nacido de Dios, no practica el pecado, porque la simiente de Dios permanece en él;

105 David Watson, *Let's Bake a Cake*, *CPM Journal* (enero-marzo 2006): 30.

106 Smith, *T4T*, cap. 4.

107 Del mismo modo, David y Paul Watson afirman que los problemas de la iglesia hoy en día son el resultado de «enseñar conocimiento, no obediencia» (Watson y Watson, *Contagious Disciple Making*, 46).

108 Watson y Watson, *Contagious Disciple Making*, 46.

109 Trousdale y Sunshine, *Kingdom Unleashed*, ch. 15.

y no puede pecar, porque es nacido de Dios» (1 Jn. 3:9). Además, cuando obedecemos a Dios —como hizo Naamán, cuando se lavó en el Jordán (2 Rey. 5:14-15)—, Él se muestra fiel, y nuestra fe en Él crece.

Pero ¿significa esto que el discipulado *comienza* con la obediencia o se *basa* en la obediencia? Los críticos del discipulado basado en la obediencia están preocupados porque «no es un discipulado basado en el evangelio o en la gracia. La base de nuestra relación de discipulado con el Señor Jesús, según el DBO (discipulado basado en la obediencia), es nuestra propia obediencia».[110] Esto les preocupa, confunde el papel de la gracia y las obras en la vida cristiana. Se olvida que «la justicia y la salvación son dadas gratuitamente por Dios, meramente por gracia, solo por los méritos de Cristo».[111]

Los promotores de los métodos estilo MPI no están de acuerdo. Argumentan que el concepto de discipulado basado en la obediencia se basa en la premisa de que «la salvación tiene dos partes, la justificación y la santificación. Nuestra justificación viene solo por la gracia de Dios; no tenemos absolutamente ninguna parte en ella… Pero nuestra santificación es muy diferente… Nuestra obediencia es parte integral del proceso de santificación personal. Llegamos a ser como Cristo obedeciendo al Padre».[112] Como sugiere el título del *discipulado*

110 Esta preocupación se ve exacerbada por las confusas citas de los promotores de los métodos de estilo MPI. David y Paul Watson afirman que «la fe se define como ser obediente» (Watson y Watson, *Contagious Disciple Making*, 15), dejando a los críticos preocupados de que:

> ellos argumentan consistentemente… que esta «fe» es «obediencia». Han convertido el evangelio, sin intención, confiamos, en «justificación por gracia a través de la obediencia a Cristo». (Chad Vegas, *A Brief Guide to DMM*, Radius International, consultado el 7 de enero de 2019, https://www.radiusinternational.org/a-brief-guide-to-dmm/)

111 *Heidelberg Catechism: Revised according to the Originals* (Sioux Falls, SD: Pine Hill Press, 1979), Q&A 21, citado en Chad Vegas, *A Brief Guide to DMM*, Radius International, consultado el 7 de enero de 2019, https://www.radiusinternational.org/a-brief-guide-to-dmm/.

112 Trousdale y Sunshine, *Kingdom Unleashed*, cap. 15. Cuando Trousdale y Sunshine mencionan «santificación personal», debemos suponer por el contexto que se están

basado en la obediencia, creen que «la obediencia es el fundamento del discipulado» y del crecimiento espiritual.[113]

Aquí entramos en terreno complicado, pero es fundamental que entendamos claramente el error del discipulado basado en la obediencia. En la Escritura, la fe —no la obediencia— es el fundamento tanto de nuestra justificación como de nuestro crecimiento espiritual. Pablo reprende a la iglesia de Galacia por olvidar esto:

> Esto solo quiero saber de vosotros: ¿Recibisteis el Espíritu por las obras de la ley, o por el oír con fe? ¿Tan necios sois? ¿Habiendo comenzado por el Espíritu, ahora vais a acabar por la carne? (Gál. 3:2-3)

En la Escritura, la fe —no la obediencia— es el fundamento tanto de nuestra justificación como de nuestro crecimiento espiritual.

Cuando «escuchamos con fe» por el poder del Espíritu Santo, crecemos. Aunque nunca lleguemos a ser totalmente perfectos de este lado de la eternidad, el Espíritu ha comenzado en nosotros un proceso de «ser perfeccionados», para usar la frase de Pablo. En otras palabras, la obediencia en la vida cristiana viene a través de la fe en Dios forjada por el Espíritu. Por eso Pablo nos llama a la «obediencia *a la fe*» (Rom. 1:5). Por eso Hebreos 11 afirma que «por la fe Abraham obedeció» (Heb. 11:8), y «por la fe Rahab la ramera no pereció juntamente con los desobedientes» (Heb. 11:31). Y quizás

refiriendo al crecimiento continuo en la madurez cristiana, no —como los escritores del Nuevo Testamento suelen usar el término «santificación»— al acto ya completado por el cual Dios ha apartado a Sus santos para sí («ya habéis sido lavados, ya habéis sido santificados» [1 Cor. 6:11]). No señalo esta diferencia para ser quisquilloso, sino porque debemos entender el uso que pretenden para entender lo que quieren decir.

113 Trousdale y Sunshine, *Kingdom Unleashed*, cap. 15.

más conmovedor, «por la fe Abraham, cuando fue probado, ofreció a Isaac; y el que había recibido las promesas ofrecía su unigénito [...], pensando que Dios es poderoso para levantar aun de entre los muertos...» (Heb. 11:17, 19).

Este último ejemplo nos ayuda a comprender por qué la fe debe preceder a la obediencia. Abraham no habría podido ofrecer a Isaac si no hubiera creído que Dios haría lo correcto y cumpliría Su promesa respecto a Isaac. Lo mismo vale para nosotros: si no confiamos en que Dios cuidará de nosotros —tanto aquí como en el más allá— no seremos capaces de obedecerle cuando el costo sea alto. Hasta que Dios haga crecer la fe en nuestros corazones, podemos tener el deseo de hacer lo que es correcto, pero no tenemos la capacidad de llevarlo a cabo (Rom. 7:18). La obediencia no es el fundamento de nuestro discipulado; la fe lo es. ¿Qué es la fe? No es un salto a ciegas en la oscuridad, como a menudo se sugiere. Más bien, la fe encuentra su fundamento en el conocimiento de Dios. Confiamos en Él porque lo *conocemos*. Pablo puede confiar alegremente en Dios ante la muerte porque sabe en quién ha creído (2 Tim. 1:12). «Las ovejas le siguen, porque conocen su voz» (Juan 10:4).

En la Escritura, pues, la madurez en la fe llega a medida que crecemos «en la gracia y el conocimiento de nuestro Señor y Salvador Jesucristo» (2 Ped. 3:18). Aprendemos a confiar en Dios conociéndolo, igual que aprendemos a confiar en nuevos amigos conociéndolos. ¿Qué le gusta? ¿Qué desprecia? ¿Cómo es Él? ¿Qué quiere de nosotros y para nosotros? Necesitamos tiempo para aprender las respuestas a estas preguntas. Tenemos que escuchar cómo Dios se nos revela. Por eso nuestra madurez está tan ligada al conocimiento de Su Palabra. Como dice el autor de Hebreos:

> Porque debiendo ser ya maestros, después de tanto tiempo, tenéis necesidad de que se os vuelva a enseñar cuáles son los primeros rudimentos de las palabras de Dios; y habéis llegado a ser tales que tenéis necesidad de leche, y no de alimento sólido. Y todo aquel que participa de la leche es inexperto en la palabra de justicia,

> porque es niño; pero el alimento sólido es para los que han alcanzado madurez, para los que por el uso tienen los sentidos ejercitados en el discernimiento del bien y del mal. Por tanto, dejando ya los rudimentos de la doctrina de Cristo, vamos adelante a la perfección (Heb. 5:12–6:1)

Nota que la madurez viene de la práctica constante en la palabra de justicia. La práctica constante toma tiempo, por supuesto. Implica saber más que «doctrina elemental».[114] Observa también que es en este tiempo cuando deben ser maestros. Dicho de otro modo, el *tiempo* se considera un componente de la madurez.

La madurez no se alcanza simplemente insistiendo en la importancia de la obediencia, ni siquiera estableciendo fuertes estructuras de rendición de cuentas que nos ayuden a obedecer. Muchas religiones han intentado lograr la obediencia de esta manera, y los resultados siempre están lejos de lo que esperamos del discipulado cristiano. La tentación de confiar en nuestras propias obras fue una trampa para las iglesias del Nuevo Testamento, y ha seguido siéndolo a lo largo de la historia de la Iglesia. El discipulado basado en la obediencia debilitará las defensas de la gente contra esta tentación. Nuestra posición ante Dios se basa enteramente en la obra consumada de Cristo y, como vimos antes, maduramos en nuestra vida cristiana tal como empezamos: por la fe, por el poder del Espíritu (Gál. 3:2-3).

114 De hecho, en casi todos los lugares en los que el Nuevo Testamento habla de madurez en la fe, supone que el pensamiento o el conocimiento bíblico son parte fundamental de la madurez. Por ejemplo:

> … a quien anunciamos, amonestando a todo hombre, y enseñando a todo hombre en toda sabiduría, a fin de presentar perfecto en Cristo Jesús a todo hombre. (Col. 1:28)
>
> Así que, todos los que somos perfectos, esto mismo sintamos. (Fil. 3:15)
>
> Hermanos, no seáis niños en el modo de pensar, sino sed niños en la malicia, pero maduros en el modo de pensar. (1 Cor. 14:20)
>
> … hasta que todos lleguemos a la unidad de la fe y del conocimiento del Hijo de Dios, a un varón perfecto, a la medida de la estatura de la plenitud de Cristo. (Ef. 4:13)

Ahora bien, el Espíritu no se limita a pasar por alto nuestra humanidad mientras nos hace madurar. Más bien, el Espíritu nos capacita para crecer a través de nuestras facultades humanas a medida que aprendemos sobre Dios. De nuevo, este aprendizaje lleva tiempo. No podemos comprometernos a obedecer y convertirnos de repente en cristianos maduros, igual que un niño no puede comprometerse a crecer y convertirse de repente en un adulto maduro. Es más, nuestra voluntad de obedecer puede ser sincera, pero es inestable. Cristo advierte a Pedro que «el espíritu a la verdad está dispuesto, pero la carne es débil» (Mat. 26:41). Aunque Pedro deseaba fervientemente estar junto a Jesús (Mat. 26:35; Juan 13:37) —aunque incluso corrió riesgos, como atacar a la guardia del templo con una espada (Juan 18:10)—, al final negó a Cristo tres veces. Tanto la iglesia de Galacia como la de Éfeso obedecieron de manera impresionante al principio, pero su obediencia decayó:

> Me temo de vosotros, que haya trabajado en vano con vosotros [...]. ¿Dónde, pues, está esa satisfacción que experimentabais? Porque os doy testimonio de que si hubieseis podido, os hubierais sacado vuestros propios ojos para dármelos (Gál. 4:11, 15).

> ... arrepiéntete, y haz las primeras obras... (Apoc. 2:5).

Basar nuestro crecimiento espiritual en un compromiso intenso de obediencia invierte el orden. Se corre el riesgo de fomentar el celo por Dios, pero no conforme al conocimiento de Dios (Rom. 10:2). Pero el conocimiento de Dios es lo verdaderamente valioso. Incluso Pablo consideró su celo y su obediencia intachable como pérdida. ¿Por qué? «Por la excelencia del conocimiento de Cristo Jesús» (Fil. 3:6-8). Tal conocimiento toma tiempo para crecer, y los métodos estilo MPI no tienen tiempo que perder. Su ADN insiste en el crecimiento rápido, porque las iglesias deben multiplicarse.

F. Promoción de nuevos creyentes y no creyentes al liderazgo

Debido a que se piensa que la madurez es inmediatamente posible, los defensores del estilo MPI cometen otro error: nombran a nuevos creyentes para pastorear y dirigir a otros nuevos creyentes. Watson escribe: «La madurez como creyente es definida por la obediencia, no por el tiempo... El entrenamiento de liderazgo comienza desde el momento en que un fundador de iglesias inicia un estudio bíblico. Se espera que cada nuevo creyente sea un líder».[115]

Las funciones de liderazgo se asignan de forma orgánica, reflejando cómo se relacionan naturalmente las personas entre sí: «Cada *oikos* tiene líderes naturales. No elegimos a los líderes. Solo los identificamos.[116] Pero si no observamos a las personas a medida que maduran, ¿cómo podemos distinguir a los líderes de un grupo de los líderes espirituales? No es fácil, sobre todo al principio, discernir si los creyentes aparentes serán buena tierra, o si se secarán bajo la dura luz del sol o serán ahogados por la maleza. ¿Alguno de nosotros querría que nuevos creyentes pastorearan nuestras iglesias en casa? ¿Permitiríamos que nuestras iglesias nombraran pastores de nuestros jóvenes a nuevos creyentes que *parecieran obedientes*? Sabemos muy bien las tragedias que podrían resultar.

Los problemas inherentes al nombramiento de nuevos creyentes para el liderazgo se agravan cuando, como es el caso en los métodos de estilo MPI, los misioneros que los nombran luchan con «limitaciones lingüísticas significativas».[117] ¿Cómo pueden los misioneros medir la madurez de los nuevos creyentes si no pueden entender la mayor parte de lo que se dice? En el capítulo 6 veremos lo significativas que suelen ser sus limitaciones lingüísticas. Por último, la promoción de

115 Watson, *Let's Bake a Cake*, 30.

116 James Nyman, *Stubborn Perseverance: How to Launch Multiplying Movements of Disciple and Churches among Muslims and Others* (Mount Vernon, WA: Missions Network, 2017), 39.

117 David F. Hunt, *A Revolution in Church Multiplication in East Africa: Transformational Leaders Develop a Self-Sustainable Model of Rapid Church Multiplication* (DMin diss., Bakke Graduate University, 2009), 129.

nuevos creyentes al liderazgo «parece contradecir lo que Pablo dice sobre las calificaciones de los supervisores».[118] Le escribe a Timoteo que un supervisor «no un neófito, no sea que envaneciéndose caiga en la condenación del diablo» (1 Tim. 3:6).

Steve Smith y Steve Addison abordan este pasaje sosteniendo que los criterios de Pablo para el liderazgo en 1 Timoteo 3:1-13 solo se aplican a las iglesias maduras. Para probar este punto, afirman que Tito 1:5-9 ofrece un conjunto de criterios más relajados para los líderes de las nuevas iglesias.[119] Curiosamente, esta distinción no se indica en ninguna parte del texto, e incluso Tito incluye cualidades como capaz de instruir en la sana doctrina e irreprochable. Es difícil imaginar que estas sean cualidades de los nuevos creyentes.[120] Así que cambiar la autoridad «en el primer mes» al «líder espiritual natural del grupo», como las metodologías al estilo MPO sugieren[121] es prematuro e imprudente. Lo mismo debería decirse de esperar que los nuevos creyentes discipulen a otros nuevos creyentes y planten nuevas iglesias pocos meses después de su conversión.

No estoy seguro por qué los métodos de estilo MPI cometen un descuido tan flagrante. Tal vez no entienden bien lo que significa «que también pueda exhortar con sana enseñanza». Mientras los nuevos creyentes puedan explicar a sus amigos que el perdón viene a través de la muerte de Jesús, los métodos estilo MPI suponen que están capacitados para guiar. Un manual de estilo MPI aconseja enviar a los nuevos creyentes a plantar nuevas iglesias después de solo tres estudios bíblicos: «Vayan y anunciad la buena nueva a todos los que encuentren para que también ellos reciban el don gratuito de la salvación de Dios y escapen del juicio».[122] Su capacidad para proclamar

118 Steve Smith y Steve Addison, *The Bible on Church Planting Movements, Mission Frontiers* (marzo/abril 2011): 1.

119 Smith y Addison, "Bible on Church Planting Movements," 1.

120 ¿Cómo habrían tenido tiempo de aprender la sana doctrina? ¿Cómo, sin observarlos a lo largo del tiempo, sabríamos que sus vidas eran irreprochables?

121 Watson y Watson, *Contagious Disciple Making*, 130.

122 Geisler, *Rapidly Advancing Disciples*, 9, 42.

las buenas nuevas se basa en que han aprendido el «método 2-3-4»,[123] que intenta explicar el evangelio en cinco minutos o menos y que trata «escapar del juicio» como la suma total de la salvación.[124,125] Pero el mensaje de las buenas nuevas tiene algo más. Sí, por la muerte y resurrección de Jesús escapamos del juicio. ¡Aleluya! Pero hay más. A través de la muerte y resurrección de Jesús, también somos liberados del poder del pecado sobre nuestras vidas financieras, nuestras vidas familiares, nuestras vidas emocionales, nuestras vidas sexuales y nuestras vidas sociales. ¿Cómo van a plantar iglesias los nuevos creyentes cuando *no han escuchado aún las enseñanzas de Jesús —y mucho menos han llegado a confiar en ellas— en muchos ámbitos de su vida?*

Tristemente, se pone peor. Los métodos del estilo MPI incluso animan a los *no creyentes* a liderar si parecen decididos a obedecer la Escritura. James Nyman cuenta la historia de Aysha, una mujer que ha leído algunas historias sobre Jesús y los profetas e informa haber obedecido a la Biblia discutiendo menos con su marido.[126] A Aysha ni siquiera se le pregunta si ha confiado en Cristo como su Salvador o si sabe lo que podría significar confiar en Cristo como su Salvador antes de que se le pida que entrene a Wati, otra mujer

123 El método 2-3-4 intenta ayudar a los nuevos creyentes a explicar la expiación en términos básicos (juicio, arrepentimiento, muerte de Jesús, resurrección) en cinco minutos o menos (Geisler, *Rapidly Advancing Disciples*, 41). No ofrece más orientación sobre la esencia del evangelio, ni intenta discipular a nuevos creyentes. No obstante, se considera claramente una base base adecuada para comenzar a plantar iglesias, ya que supone que «si dicen que sí», el evangelista inmediatamente «comenzará la iglesia en su casa...». (9, 42).

124 De hecho, en contextos en los que la gente nunca ha oído el mensaje de Cristo, es poco probable que una presentación de cinco minutos sea suficiente para que la mayoría de la gente entienda incluso los temas básicos de la expiación de Cristo. Al principio, la gente no tendrá ni idea —o tendrá ideas equivocadas— de lo que significa la Escritura cuando habla de Dios, del pecado, del sacrificio, de Jesús, del perdón, de la vida eterna, etc. A medida que expliquemos cada concepto, tendremos que interactuar con la gente y responder a sus preguntas para que sean capaces de entender. Si no nos tomamos el tiempo para responder a estas preguntas, ¿podemos realmente imaginar que seremos capaces de enviarlos como evangelistas entusiastas y eficaces?

125 Geisler, *Rapidly Advancing Disciples*, 38.

126 Nyman, *Stubborn Perseverance*, 122–24.

no creyente, mientras Wati dirige estudios bíblicos con su familia. Como parte de este acuerdo, Aysha debe decidir si la familia de Wati «tiene conceptos erróneos sobre la fe en Jesús» para determinar qué historias bíblicas debería estudiar la familia de Wati.[127] El problema con todo esto debería ser obvio: la propia Aysha no ha profesado su fe en Jesús y no está familiarizada con la mayor parte de la Biblia.[128] ¿Cómo puede evaluar si la familia de Wati tiene «conceptos erróneos sobre la fe en Jesús»? Como Aysha dice haber «obedecido» la Escritura discutiendo menos con su marido, se supone que está en camino de la madurez, aunque no hay indicios de que haya obedecido el mandamiento más fundamental de Jesús de arrepentirse de una vida pecaminosa apartada de Dios. Tal vez dejó de discutir con su marido simplemente porque estaba cansada de ello. ¿Quién sabe? Uno solo puede preguntarse por qué un descuido tan enorme pasa desapercibido. ¿Llevaría demasiado tiempo investigar esos detalles? Supongo que esperar a que Aysha profese la fe ralentizaría el movimiento, y el movimiento debe avanzar a toda costa.

Conclusión

Creo en los movimientos evangelizadores. Creo en el poder del Espíritu para impulsar el evangelio a través de la sociedad y convertir multitudes a Cristo. Hechos registra el inicio de un movimiento que acabaría extendiéndose por todo el Imperio romano. Pero ni siquiera los movimientos de la iglesia primitiva —con los milagros que los acompañaban y los relatos de primera mano sobre Jesús— crecieron a las velocidades vertiginosas e insostenibles que exigen los métodos misioneros actuales. Se produjeron en gran medida a través de un crecimiento constante y responsable. Cuando intentamos

127 Nyman, *Stubborn Perseverance*, 320.

128 Para que los lectores no se imaginen que el enfoque de Nyman es inusual entre los profesionales del estilo MPI, es importante señalar que su libro recibe grandes elogios de David Garrison, David Watson, Steve Smith, Steve Addison, Kevin Greeson, Stan Parks, Curtis Seargant y muchos otros promotores del estilo MPI.

diseñar una multiplicación rápida, nos arriesgamos demasiado. En su lugar, debemos centrarnos primero en plantar iglesias sanas y solo en segundo lugar en la capacidad de cada iglesia para multiplicarse. Los métodos del estilo MPI se apresuran a saltar los pasos críticos en este proceso, exprimiendo el tiempo[129] para acercar las metas futuras más de lo que realmente están. Si utilizamos sus métricas como prueba de éxito, la historia de las misiones está plagada de fracaso tras fracaso. El misionólogo Jim Massey está de acuerdo:

> Si los misiólogos tuvieran que evaluar a William Carey y a Adoniram Judson según la estrategia de la MPI, ambos recibirían una mala calificación. Ambos hombres dedicaron sus vidas con un gran sentido de urgencia a cumplir el llamado de Dios, pero tardaron años en producir sus primeros convertidos. No evitaron la larga, lenta y ardua tarea de aprender el idioma, adaptarse a su cultura, desarrollar relaciones, hacer discípulos, traducir la Biblia al idioma de la gente, plantar iglesias y formar líderes. No formaron a los líderes en principios de multiplicación rápida, sino en principios que les permitieran conocer, enseñar y predicar contextualmente la Biblia, desarrollar una cosmovisión cristiana que socavara lo pagano de su cultura y plantar iglesias reales con líderes reales. ¿Pueden exprimirse alguna vez estos componentes críticos de una estrategia misionera holística?... Exprimir el tiempo para el misionero parece ser un enfoque excesivamente pragmático e incluso impaciente de la plantación de iglesias diseñado para lograr los máximos resultados en el menor período de tiempo... Cuando guiados por la rapidez y el pragmatismo... la calidad y la sostenibilidad... siempre se verán sacrificadas. En la metodología MPI,

129 Garrison, *Church Planting Movements*, 243. Garrison utiliza la frase «arrugar el tiempo» en referencia a la famosa novela de ciencia ficción de Madeleine L'Engle *A Wrinkle in Time* [Un viaje en el tiempo]. En la novela de L'Engle, el tiempo fluye normalmente en línea recta, pero al «arrugar» esta línea, el presente puede acercarse a los acontecimientos del futuro lejano, lo que nos permite eludir el tedioso proceso de esperar a que pase el tiempo.

los resultados rápidos priman a corto plazo sobre la sostenibilidad a largo plazo.[130]

Tiene razón. Como veremos con mayor profundidad en los siguientes capítulos, el modelo bíblico no se centra en la velocidad y los números. No minimiza la importancia del idioma, la cultura y otros factores humanos en el ministerio. No apresura a los nuevos creyentes a través del proceso de discipulado, ni empuja a los misioneros y maestros entrenados fuera del camino porque no pueden ser fácilmente replicados. Por el contrario, el modelo del Nuevo Testamento describe a los misioneros como embajadores de Cristo que conocen profundamente Su mensaje y tienen la sabiduría necesaria para comunicarlo claramente a través de las fronteras culturales. Esta sabiduría no puede reproducirse rápidamente, pero con el tiempo se reproducirá y sostendrá por sí misma. Una enseñanza sabia que aplique «todo el consejo de Dios» (Hech. 20:27) a los corazones y las mentes de los nuevos creyentes es el «ADN» bíblico de una sana reproducibilidad.

Por desgracia, la mayoría de los jóvenes misioneros de hoy no están siendo preparados para enseñar profunda y lentamente. Los que lo hacen pueden ser acusados de tener el «síndrome de la cabeza parlante»,[131] es decir, de estar enamorados del sonido de su propia voz. No es de extrañar que pocos se dediquen seriamente a adquirir competencias profesionales. ¿Qué sentido tendría, cuando se les enseña a verse a sí mismos de una forma tan auto despreciativa: figuras torpes que necesitan desesperadamente apartarse del camino[132] de lo que Dios está haciendo y cuya implicación debe ser cuidadosamente vigilada para que no introduzca una peligrosa dependencia o contaminación cultural en la iglesia? Con esta perspectiva, ¿por qué

130 Massey, *Wrinkling Time in the Missionary Task*, 110–11.

131 Watson, *What about Teaching and Preaching in Disciple-Making Movements?*

132 Steve Addison, *David Watson Author of Contagious Disciple Making, Movements with Steve Addison*, pódcast de audio, 16 de noviembre de 2015, https://podcastaddict.com/episode/65667146.

se preocuparían los misioneros de recibir formación bíblica o de pasar años aprendiendo el idioma y la cultura? En los próximos capítulos analizaremos cuánto tiempo y esfuerzo deben invertir los misioneros para ejercer su ministerio con excelencia. Por ahora, basta con señalar que en todo esto existe la posibilidad de una profecía autocumplida. Los misioneros con poca profundidad de conocimiento de la Escritura y poca capacidad lingüística para expresar el conocimiento que tienen es probable que no sean capaces de comunicar «todo el consejo de Dios» (Hech. 20:27). Tales hombres y mujeres pueden resultar tan ineficaces en el discipulado profundo y a largo plazo como se les imagina.

Por supuesto, la tragedia no es solo que los misioneros tengan miedo de ministrar, sino que puedan evadir sus responsabilidades de plantación de iglesias a nuevos creyentes —o incluso a no creyentes— que aún no tienen una base sólida en la fe. Una vez más, se trata de un fallo de responsabilidad profesional. ¿Qué sucede cuando empujamos a la gente a construir hacia arriba antes de sentar una base sólida? Los edificios se derrumban y la gente resulta herida o incluso muere. Del mismo modo, cuando no nos tomamos el tiempo para discipular a los jóvenes creyentes hacia la madurez, los hacemos presa fácil de los falsos maestros, cuyas ideas engañosas pueden atrapar no solo a estos nuevos creyentes, sino a todos los que los siguen. El misionero puede reportar estadísticas exponencialmente explosivas en su país. Sin embargo, lo que en realidad ha producido puede ser un distrito quemado por el evangelio, o, peor aún, un circo de herejías donde una generación de personas está inoculada contra el verdadero evangelio porque fue engañada por un sustituto.

Los métodos tipo MPI tienen muchos defectos. ¿Significa esto que Dios no puede obrar a través de los misioneros que los utilizan? Por supuesto que no. Dios puede obrar a través de *cualquier* método, y debemos alegrarnos dondequiera que lo veamos obrar. Pero Dios puede obrar a través de *cualquier cosa* que hagamos: buena o mala, sabia o imprudente. Por lo tanto, el hecho de que Dios pueda obrar a través de un método no es razón suficiente para basar en él nuestras estrategias ministeriales. No podemos darnos el lujo de tomar atajos bajo la suposición de que el Espíritu Santo «corregirá nuestros enfoques defectuosos de plantación de iglesias».[133] En realidad, puede que Dios no se complazca en recoger los pedazos si ingenuamente dependemos de métodos que prometen el éxito mientras eluden las responsabilidades bíblicas. Un curso de acción más sabio y humilde es simplemente construir nuestras iglesias y estrategias ministeriales sobre las cosas que Dios nos ha instruido explícitamente a construir en Su Palabra. Así que asumamos estas responsabilidades diligente y profesionalmente, abrazando la tarea en toda su plenitud. No debemos preocuparnos si no hay fruto de inmediato. «porque por fe andamos, no por vista» (2 Cor. 5:7). Además, Jesús nos dijo que el reino de los cielos crece como un grano de mostaza. Hoy es pequeño y crece lentamente, pero un día llenará todo el jardín.

133 Tom Steffen, *Flawed Evangelism and Church Planting, Evangelical Missions Quarterly* 34/4 (1998): 428–35.

PARTE DOS

CORRIGIENDO NUESTRO CAMINO

4

Embajadores de Cristo

HEMOS DEDICADO LOS DOS ÚLTIMOS capítulos a ver lo que puede salir mal cuando despojamos a los misioneros de sus responsabilidades y perseguimos la rapidez y el número a toda costa. Ahora me gustaría cambiar de rumbo. ¿Cuál sería un enfoque más saludable? En el capítulo 1, vimos que Dios actúa en los esfuerzos de los misioneros cuando realizan una serie de tareas muy humanas. No deberíamos creer en los temores de los defensores del estilo MPI de que los misioneros ralentizarán o contaminarán la obra de Dios si se aferran a estas tareas hasta cumplirlas. Por el contrario, debemos alentarlos a mirar la Biblia y luego a cumplir con sus responsabilidades profesionalmente y bien. ¿Cómo sería hacer esto? Empecemos por el principio, examinando cómo define la Escritura la tarea misionera. Si queremos que los misioneros trabajen de manera responsable y profesional, ¿cuál es la descripción de su trabajo?

El apóstol Pablo nos da una excelente definición de la tarea misionera cuando dice que «somos embajadores en nombre de Cristo» (2 Cor. 5:20). Pero antes de que podamos entender lo que Pablo quiere decir, tendremos que abordar algunas interpretaciones erróneas comunes de este pasaje. ¿Qué significa ser embajador de Cristo?

Muchos cristianos imaginan que cuando Pablo escribió 2 Corintios 5:20, se dirigía a todos los creyentes y los llamaba a ser algo así como un embajador de marca: una persona designada por una empresa para hacer más atractivos sus productos. ¿A eso se refiere Pablo? ¿Es nuestro trabajo hacer que Jesús sea más atractivo —construir Su marca— siendo personas buenas, decentes y simpáticas que se identifican con Él? Estoy seguro de que Pablo hubiera querido que fuéramos personas buenas, decentes y simpáticas. Pero no es de eso de lo que habla en 2 Corintios.

De hecho, Pablo no dice que *todos* los cristianos sean embajadores de Cristo. En cambio, Pablo utiliza el término «embajadores en nombre de Cristo» específicamente para describirse a sí mismo y a su equipo de misioneros. Y no nos está diciendo que construyamos la marca de Jesús: está reclamando autoridad. En esencia, está diciendo: *«Somos los embajadores de Cristo. Venimos con su autoridad y con Su mensaje. Será mejor que nos escuchen».*

Esto es evidente cuando leemos 2 Corintios más detenidamente. El contexto es claro: un grupo de falsos apóstoles se ha infiltrado en la iglesia corintia. Quieren usurpar la autoridad de Pablo y alterar su mensaje:

> Porque si viene alguno predicando a otro Jesús que el que os hemos predicado, o si recibís otro espíritu que el que habéis recibido, u otro evangelio que el que habéis aceptado, bien lo toleráis; y pienso que en nada he sido inferior a aquellos grandes apóstoles [...]. Porque estos son falsos apóstoles, obreros fraudulentos, que se disfrazan como apóstoles de Cristo (2 Cor. 11:4-5, 13).

A lo largo de la carta, Pablo contrasta la autenticidad de su apostolado con la duplicidad de los falsos apóstoles[1] en un esfuerzo por con-

1 Ver, por ejemplo:

> Pues no somos como muchos, que medran falsificando la palabra de Dios, sino que con sinceridad, como de parte de Dios, y delante de Dios, hablamos en Cristo. (2 Cor. 2:17)

> Antes bien renunciamos a lo oculto y vergonzoso, no andando con astucia, ni adulterando la palabra de Dios, sino por la manifestación de la verdad recomendándonos a toda conciencia humana delante de Dios. (2 Cor. 4:2)

> ¿Son ministros de Cristo? (Como si estuviera loco hablo.) Yo más... (2 Cor. 11:23)

vencer a los corintios de que rechacen su «otro evangelio diferente». En 2 Corintios 5, Pablo espera que recordar a los corintios quiénes son él y su equipo les haga volver al verdadero evangelio. Escribe:

> Conociendo, pues, el temor del Señor, persuadimos a los hombres; pero a Dios le es manifiesto lo que somos; y espero que también lo sea a vuestras conciencias. [...], para que tengáis con qué responder a los que se glorían en las apariencias y no en el corazón. (2 Cor. 5:11-12)

> Y todo esto proviene de Dios, quien nos reconcilió consigo mismo por Cristo, y nos dio el ministerio de la reconciliación; que Dios estaba en Cristo reconciliando consigo al mundo [...], y nos encargó a nosotros la palabra de la reconciliación. (2 Cor. 5:18-19)

Pablo afirma ser embajador porque Dios le ha confiado este mensaje. Continúa con su súplica:

> Así que, somos embajadores en nombre de Cristo, como si Dios rogase por medio de nosotros; os rogamos en nombre de Cristo: Reconciliaos con Dios [...]. Así, pues, nosotros, como colaboradores suyos, os exhortamos también a que no recibáis en vano la gracia de Dios. (2 Cor. 5:20; 6:1)

«Nosotros» se refiere a Pablo y a su equipo misionero, y «os» a la iglesia corintia. Pablo quiere que los corintios vean que su mensaje contiene los verdaderos términos de paz y reconciliación del Rey, y más vale que los corintios presten atención.

En resumen, el término embajadores de Cristo se aplica al equipo misionero de Pablo, no a todos los cristianos, y Pablo lo utiliza para indicar que viene en la autoridad de Jesús con el mensaje de Jesús.

> Me he hecho un necio al gloriarme; vosotros me obligasteis a ello, pues yo debía ser alabado por vosotros; porque en nada he sido menos que aquellos grandes apóstoles, aunque nada soy. Con todo, las señales de apóstol han sido hechas entre vosotros en toda paciencia, por señales, prodigios y milagros. (2 Cor. 12:11-12)

La embajada en el Nuevo Testamento

La función de embajador es un tema importante del Nuevo Testamento. Lo pasamos por alto porque, cuando leemos que Jesús llamó a los doce Sus *apóstoles* (*apostolos*, en griego), imaginamos que debía de estar inventando una palabra totalmente nueva para describir un don espiritual o un cargo que solo existía en la iglesia. Pero la palabra griega *apostolos* ya existía mucho antes de que Jesús naciera. Era una palabra perfectamente secular hasta que Jesús la utilizó. Se refería a algo parecido a un embajador,[2] enviado (*apostellō*) para representar a una nación, con poder para negociar en su nombre.[3] Por ejemplo, el historiador griego Heródoto escribe:

> Entonces, cuando la respuesta de Delfos fue llevada a Aliattes, inmediatamente envió un heraldo a Mileto, ofreciendo hacer una tregua con Traíbulo y los Milesios. Así que el enviado [del griego *apostolos*] fue a Mileto.[4]

El enviado es enviado con poder para negociar una tregua. Del mismo modo, Josefo escribe:

> Porque una delegación de los judíos fue a Roma… para que pidieran la libertad de vivir según sus propias leyes. Ahora bien, el número de los embajadores [del griego *apostellō*] que fueron enviados por la autoridad de la nación era de cincuenta.[5]

Los apóstoles son enviados por una nación y tienen autoridad para representarla y negociar en su nombre. Los apóstoles, por tanto, son

2 Liddell y Scott definen *apostolos* como un mensajero, embajador, enviado (Henry George Liddell y Robert Scott, *An Intermediate Greek English Lexicon* [Oxford: Clarendon, 2000], 107).

3 David Hesselgrave, *Paradigms in Conflict: 10 Key Questions in Christian Mission* (Grand Rapids, MI: Kregel, 2005), cap. 5.

4 Herodotus, *The Persian Wars: Volume 1*, trad. Alfred Denis Godley (Cambridge, MA:W. Heinemann, 1920), libro 1, 21.

5 Josephus, *Antiquities*, trad. William Whiston (Grand Rapids, MI: Kregel, 1999), 579.

similares a los embajadores, y el mensaje que Jesús da a estos apóstoles se centra en el reino venidero de Dios: «El reino de los cielos se ha acercado» (Mat. 10:7). Jesús envía a Sus embajadores a negociar la paz. Sus condiciones de paz deben ser aceptadas, o la destrucción vendrá después.

Por eso, en 2 Corintios, cuando Pablo apela a su autoría, parece tratar indistintamente su condición de «embajadores en nombre de Cristo» (2 Cor. 5:20) y de verdadero apóstol (2 Cor. 12:12). Su deber como embajador de llevar la «palabra de la reconciliación» a los corintios (2 Cor. 5:19) no es diferente de su «apostolado, para la obediencia a la fe en todas las naciones» (Rom. 1:5).[6]

Esto nos ayuda a comprender los dones ministeriales únicos de los apóstoles. Han recibido poderes milagrosos (2 Cor. 12:12), conocen de primera mano el mensaje de Jesús (Hech. 1:21-23) y son testigos de Cristo resucitado (Hech. 1:21; 1 Cor. 9:1). Estas características validan a los apóstoles como embajadores. Pueden decir con credibilidad: «¡He sido enviado por Dios!», porque vienen con señales claras de Dios. Pueden afirmar de forma creíble que conocen el mensaje de Cristo porque han estado allí «todo el tiempo que el Señor Jesús entraba y salía entre nosotros» (Hech. 1:21). Y lo que es más importante, pueden proclamar creíblemente la resurrección porque lo han visto con sus ojos y lo han tocado con sus manos (1 Jn. 1:1). ¿Por qué los primeros cristianos recopilaron los escritos de los apóstoles y de quienes trabajaron directamente con ellos? ¿Por qué trataban esos escritos como sagrada escritura? Porque, como embajadores directos de Cristo, se podía confiar plenamente en que los apóstoles transmitieran Su auténtico mensaje.

Una vez que vemos a los apóstoles como embajadores, algunas de las declaraciones inusuales de Jesús comienzan a tener sentido. Por ejemplo, Jesús les dice a Sus apóstoles:

6 Además, aunque la palabra griega en 2 Cor. 5:20, *presbeuō* (ser embajador), solo se utiliza dos veces en el Nuevo Testamento, su uso refleja el del término apóstol. Se usa una vez para referirse a Pablo (Ef. 6:20) y otra para referirse a Pablo y a su equipo misionero (2 Cor. 5:20). De la misma manera, la palabra apóstol —aunque se refiere con más frecuencia a Pablo y a los doce— también se extiende para describir a los compañeros de equipo misionero de Pablo (Hech. 14:14; 1 Tes. 2:6).

> ... Como me envió el Padre [del griego *apostellō*], así también yo os envío [...]. A quienes remitiereis los pecados, les son remitidos; y a quienes se los retuviereis, les son retenidos (Juan 20:21-23).

Esto no significa que Pedro pudiera tener una discusión con su mujer y amenazarla con retener el perdón de Dios hasta que ella hiciera lo que él quería. Por el contrario, Jesús confía a los apóstoles, como embajadores suyos, la tarea de determinar fielmente quién ha aceptado sus condiciones de paz y, por tanto que debe ser perdonado. En otro lugar, Jesús dice: «El que a vosotros recibe, a mí me recibe; y el que me recibe a mí, recibe al que me envió» (Mat. 10:40). Jesús equipara recibir a los apóstoles con recibirle a Él porque, como embajadores, vienen con Su mensaje, en Su autoridad.

Los Evangelios cuentan la historia de Jesús acercando Su reino y enviando embajadores especiales con Sus términos de paz. Consideremos la Gran Comisión de Jesús:

> Por tanto, id, y haced discípulos a todas las naciones, bautizándolos en el nombre del Padre, y del Hijo, y del Espíritu Santo; enseñándoles que guarden todas las cosas que os he mandado; y he aquí yo estoy con vosotros todos los días, hasta el fin del mundo. Amén. (Mat. 28:19-20)

Los misioneros como embajadores de Cristo hoy

¿Qué tiene que ver esto con las misiones de hoy? Jesús envió a los apóstoles como embajadores a las naciones hace 2000 años, ¿qué tiene que ver con nosotros?

Dios sabía que los once apóstoles de Jesús no cumplirían solos la Gran Comisión. Hoy en día, la Iglesia en su conjunto lleva a cabo su tarea embajadora. Los misioneros entre los no alcanzados están a la vanguardia de estos esfuerzos. Al decir esto, no estoy equiparando a los misioneros con los apóstoles. Espero sinceramente que nadie recoja *mis* escritos y los venere como Escritura. Sin embargo, incluso sin el don único de los apóstoles del Nuevo Testamento, podemos actuar como embajadores en formas más pequeñas y complementarias.[7] Entender a los misioneros como embajadores es útil porque sugiere una definición para la tarea misionera. En el capítulo 1, sugerí que el objetivo del misionero es «establecer iglesias centradas en Cristo que sean lo suficientemente maduras como para multiplicarse y perdurar entre pueblos que han tenido poco o ningún acceso al mensaje de Jesús». El objetivo del misionero pues, *es ir con la autoridad de Cristo, como embajadores de su reino, para comunicar Su mensaje a las naciones.*

Como cualquier rey, Cristo envía embajadores para que comuniquen en Su nombre. De hecho, la comunicación es la suma total de la tarea misionera. David Hesselgrave escribe:

> Si la misión cristiana fuera un juego, la comunicación sería lo más importante. Sin embargo, la misión cristiana es un asunto serio: ¡el asunto del Rey! En ella, los misioneros tienen rango de embajadores. Su tarea especial es cruzar fronteras culturales y de otro tipo para comunicar a Cristo.[8]

Como cualquier rey, Cristo envía embajadores para que comuniquen en Su nombre. De hecho, la comunicación es la suma total de la tarea misionera.

¿Ves cuán marcadamente difiere esto de los métodos estilo MPI? Como vimos, los métodos estilo MPI restringen la comunicación y

7 Los misioneros de hoy podemos actuar como embajadores ante las naciones, pero nuestra condición de embajadores solo es legítima en la medida en que nuestro mensaje se ajuste al mensaje original de los apóstoles tal y como se recoge en sus escritos neotestamentarios. La embajada de los misioneros de hoy es solo una extensión menor y subsidiaria de la obra de los apóstoles y está «juntamente edificados para morada de Dios en el Espíritu» (Ef. 2:20).

8 David Hesselgrave, *Communicating Christ Cross-Culturally: An Introduction to Missionary Communication*, 2nd ed. (Grand Rapids, MI: Zondervan, 1991), 20.

la enseñanza misionera porque se preocupan de que los misioneros sean inherentemente propensos a *comunicar mal* el mensaje de Cristo a través de las líneas culturales. Hesselgrave nos recuerda que los misioneros son embajadores y que la comunicación es su trabajo principal. Por supuesto, la comunicación intercultural tiene sus dificultades. Todos los embajadores tienen que aprender a comunicarse interculturalmente a pesar de estas dificultades. Si los misioneros sirven como embajadores de Cristo, deben ver esto como una responsabilidad profesional.

Comunicar y enseñar no son opcionales. La frase tan citada[9] de que «debemos predicar siempre, y cuando sea necesario, usar palabras» es la sentencia de muerte de la labor misionera. Nunca debemos restar importancia a la necesidad de las palabras. Ciertamente, los misioneros *deben* vivir una vida recta y atractiva que «predique» la Palabra (ver Tito 2:10). Pero eso no basta para que los misioneros cumplan su papel de embajadores de Cristo. Si los embajadores no comunican Su mensaje, entonces no están haciendo su trabajo.

La centralidad de la comunicación en la tarea misionera

Hay muchas maneras en que los cristianos pueden servir a Dios transculturalmente, pero no todas se centran en servir a Cristo como Sus embajadores. Podemos participar en muchos ministerios cristianos que valen la pena, como perforar pozos, proveer cuidado dental, y supervisar préstamos; la lista es interminable. Pero podemos hacer todas esas cosas bien sin compartir nunca el mensaje de Jesús o incluso conocer el idioma lo suficientemente bien como para poder hacerlo. Sin duda, estos ministerios pueden satisfacer necesidades urgentes. Pero si queremos mantener nuestro enfoque como embajadores, tenemos que ser sabios en cuanto a cómo abordar estas necesidades apremiantes y sentidas que nos rodean.

Consideremos este dilema común en el campo misionero. En sus primeros años, ¿debería un equipo de misioneros centrarse menos en

9 Aunque suele atribuirse erróneamente a San Francisco de Asís, esta cita es moderna.

el aprendizaje de idiomas para prestar servicios humanitarios a los pobres? Si se detienen en el aprendizaje de la lengua, pueden obstaculizar su capacidad de comunicar el mensaje de Cristo más adelante. Pero si dedican la mayor parte de su tiempo a aprender el idioma, serán menos capaces —al menos durante un tiempo— de servir a los pobres de forma tangible. La cuestión es sencilla: ¿qué vocación es la principal? Cada cristiano responderá de forma diferente, según su vocación. Pero los misioneros cuyo ministerio y dones giran en torno al servicio *como embajadores de Cristo* deben dar prioridad a la comunicación del mensaje del evangelio sobre todas las demás actividades ministeriales. Por supuesto, deben seguir mostrando compasión por las necesidades de los que los rodean, pero deben participar en *ministerios* en curso[10] para satisfacer esas necesidades solo cuando hacerlo no obstaculice la habilidad de proclamar eficazmente el evangelio o cuando es necesario abrir puertas para su mensaje.[11]

¿Estoy abogando por un enfoque de las misiones basado en «aceptar o arder»? ¿Estoy cambiando el amor holístico de Jesús por un salvacionismo burdo e indiferente al sufrimiento humano que nos rodea? No y no. Me explico.

En primer lugar, el amor de Jesús *es* holístico, pero mi ministerio es limitado, y el tuyo también. En las naciones subdesarrolladas en las que he trabajado, un ministerio verdaderamente holístico habría proporcionado educación, odontología, optometría, tratamiento de aguas, atención médica, servicios de salud mental, servicios de salud pública, desarrollo de infraestructuras y asesoramiento matrimonial y familiar, y mucho, mucho más. Ningún misionero o equipo de misioneros debe engañarse a sí mismo creyendo que es capaz de satisfacer

10 A este respecto, puede ser útil distinguir entre mostrar compasión a los enfermos (por ejemplo, llevar a un vecino enfermo al hospital) y establecer un ministerio continuo de compasión por los enfermos (por ejemplo, dedicar regularmente varias horas del día o de la semana a llevar a los enfermos a los hospitales).

11 Por ejemplo, muchos misioneros acceden a zonas restringidas realizando labores humanitarias. En tales casos, son responsables de realizar el trabajo humanitario que han prometido hacer, pero su ministerio principal como misioneros debe seguir siendo proclamar el evangelio.

todas las necesidades. El amor cristiano exige que estemos dispuestos a hacer lo que podamos para satisfacer las necesidades de quienes nos rodean. Pero para ello, debemos reconocer que lo que podemos hacer es limitado, y debemos priorizar qué necesidades atenderemos. Por ejemplo, cuando se pasa por alto a las viudas en el reparto diario de alimentos, los apóstoles concluyen que «no es justo que nosotros dejemos la palabra de Dios, para servir a las mesas» (Hech. 6:2). ¿No les importaba a los apóstoles que las viudas sufrieran? Claro que les importaba. Buscaron a los hombres más responsables que pudieron para que se ocuparan de ellas. Pero como embajadores de Cristo, su ministerio principal era predicar el mensaje de Jesús. Y como conocer a Jesús es la necesidad más profunda de la gente, se negaron a que otras necesidades se interpusieran en su camino.

Para algunos de nosotros es difícil tratar a Jesús tan abiertamente como la necesidad más profunda de la gente. Un cristiano humanitario afirma en un artículo de opinión que deberíamos «acudir en ayuda de los necesitados y buscar su bienestar, prosperidad y justicia, aunque no se conviertan a nuestra religión».[12] Ciertamente, deberíamos preocuparnos por la gente independientemente de si se convierten o no en creyentes. Pero dado que el bienestar final solo es posible a través de la fe en Jesús, ¿por qué no expresarlo de la manera opuesta? ¿Por qué no decir, sin pedir disculpas, que «ayudamos a los necesitados buscando simplemente que conozcan a Jesús, alcancen o no nuestros estándares occidentales de bienestar, prosperidad y justicia»? Si de alguna manera pudiéramos satisfacer todas las necesidades de las personas en este mundo sin presentarles a Jesús, su mayor necesidad quedaría sin satisfacer. Compartir el mensaje de Cristo debe tener prioridad sobre otros actos de misericordia y justicia: es el único acto que puede satisfacer sus necesidades eternas. Tim Keller lo explica:

12 Jeremy Courtney, *Why Missionaries Shouldn't Pose as Aid Workers*, *CNN*, 17 de agosto de 2016, consultado el 22 de enero de 2019, https://www.cnn.com/2016/08/17/opinions/declassifiedcovertmissionaries/index.html

> La evangelización es el ministerio más básico y radical posible para un ser humano. Esto es cierto no porque lo espiritual sea más importante que lo físico, sino porque lo eterno es más importante que lo temporal.[13]

John Piper lo resume así: «A los cristianos nos preocupan todos los sufrimientos, *especialmente el sufrimiento eterno*».[14]

En segundo lugar, cuando digo que el principal ministerio de los misioneros es proclamar el evangelio, no estoy diciendo que deban ignorar las necesidades humanitarias de la gente. A los cristianos nos preocupan todos los sufrimientos. Y aunque la relación entre la evangelización y otros actos de misericordia es «asimétrica» —la evangelización tiene prioridad— Keller nos recuerda que sigue siendo una relación «inseparable».[15] Al fin y al cabo, las descripciones de los «misioneros tradicionales» que solo quieren convertir a la gente y descuidan sus necesidades tangibles son solo eso: descripciones vanas. No olvidemos que William Carey es hoy más conocido en Calcuta por promover la alfabetización entre los bengalíes, y que el propio Hudson Taylor era médico. La compasión es una parte indispensable de la vida cristiana.

Dicho esto, los cristianos de la mayoría de las vocaciones —desde ingenieros hasta embajadores de naciones extranjeras— no deberían estructurar su *vida vocacional* en torno a la satisfacción de las necesidades humanitarias más tangibles de las personas de su entorno. Por supuesto, deben dar a los pobres y ayudar a sus vecinos cuando surgen necesidades. Pero la vida profesional de un ingeniero se estructura en torno al servicio a la sociedad diseñando bien las carreteras, y la vida profesional de un embajador se estructura en torno al servicio

13 Timothy Keller, *Generous Justice: How God's Grace Makes Us Just* (Nueva York: Penguin, 2010), 139.

14 John Piper, discurso *Making Known the Manifold Wisdom of God through Prison and Prayer, Third Lausanne Congress for World Evangelization*, Ciudad del Cabo, Sudáfrica, 2010, consultado el 1 de febrero de 2021, https://www.desiringgod.org/messages/making-known-themanifold-wisdom-of-god-through-prison-and-prayer. Énfasis añadido.

15 Keller, *Generous Justice*, 139.

a la sociedad negociando la paz entre naciones. Del mismo modo, los misioneros deben ayudar a los pobres, pero no deben estructurar su vida vocacional en torno a esto. Ya tienen una vocación como embajadores de Cristo. Han sido enviados para transmitir Su mensaje y liberar a la gente del sufrimiento eterno. Servirán mejor a los que les rodean si se centran en eso.

Conclusión

Justo antes de ascender al cielo, Cristo dijo a Sus apóstoles: «pero recibiréis poder, cuando haya venido sobre vosotros el Espíritu Santo, y me seréis testigos en Jerusalén, en toda Judea, en Samaria, y hasta lo último de la tierra» (Hech. 1:8). Jesús es claro: el Espíritu Santo habitará en nuestro mensaje y testimonio, en lugar de actuar al margen de él. Como vimos en el capítulo 3, el Espíritu no explica el evangelio al eunuco etíope, sino que conduce a Felipe por el camino de Gaza para que lo haga (Hech. 8:28-40). El ángel que se aparece a Cornelio no le explica el evangelio; le dice que busque a Pedro (Hech. 10:22, 34-43). A lo largo del Nuevo Testamento, el resultado más común de que el Espíritu venga sobre las personas o las llene es que *hablen*.[16]

16 Ver, por ejemplo, las siguientes escrituras:

> Porque no sois vosotros los que **habláis**, sino el Espíritu de vuestro Padre que habla en vosotros. (Mat. 10:20)
>
> Porque el mismo David dijo por el Espíritu Santo: **Dijo** el Señor a mi Señor: Siéntate a mi diestra. (Mar. 12:36)
>
> Elisabet fue llena del Espíritu Santo, y **exclamó a gran voz**... (Luc. 1:41-42)
>
> Y Zacarías su padre fue lleno del Espíritu Santo, **y profetizó, diciendo**... (Luc. 1:67)
>
> El Espíritu del Señor está sobre mí, Por cuanto me ha ungido **para dar buenas nuevas** a los pobres. (Luc. 4:18)
>
> Y fueron todos llenos del Espíritu Santo, y comenzaron a **hablar** en otras lenguas, según el Espíritu les daba que hablasen. (Hech. 2:4)
>
> Y de cierto sobre mis siervos y sobre mis siervas en aquellos días Derramaré de mi Espíritu, y **profetizarán**. (Hech. 2:18)
>
> Y todos fueron llenos del Espíritu Santo, y **hablaban** con denuedo la palabra de Dios. (Hech. 4:31)
>
> Pero no podían resistir a la sabiduría y al Espíritu con que **hablaba**. (Hech. 6:10).

En lugar de pasar por alto los medios de comunicación humanos ordinarios, el Espíritu se comunica a través del pueblo de Dios, y la comunicación es «el problema misionero por excelencia».[17] Dios envía a los misioneros como embajadores. Nos «encargó a nosotros la palabra de la reconciliación» (2 Cor. 5:19). Como bien ha resumido Hesselgrave: «Sea lo que sea el misionero, es un hombre persuadido que persuade a otros».[18.]

Esta tarea es la estrella que guía al misionero.

Y los fieles de la circuncisión que habían venido con Pedro se quedaron atónitos de que también sobre los gentiles se derramase el don del Espíritu Santo. Porque los oían que **hablaban** en lenguas, y que **magnificaban** a Dios. (Hech. 10:45-46)

Entonces Saulo, que también es Pablo, lleno del Espíritu Santo, fijando en él los ojos, **dijo**… (Hech. 13:9-10)

Y habiéndoles impuesto Pablo las manos, vino sobre ellos el Espíritu Santo; y **hablaban** en lenguas, y **profetizaban**. (Hech. 19:6)

17 David Hesselgrave, *Communicating Christ Cross-Culturally*, 23.

18 David Hesselgrave, *Communicating Christ Cross-Culturally*, 87.

5

Comunicación misionera en el Nuevo Testamento

LOS MISIONEROS SON ENVIADOS A comunicar en nombre de Cristo como Sus embajadores. Pero una vez que llegan allí, ¿cómo pueden completar su tarea? En este capítulo analizaremos cómo comunicaban el mensaje de Cristo los misioneros del Nuevo Testamento. En los dos capítulos siguientes, exploraremos lo que los misioneros de hoy pueden aprender de su ejemplo.

En primer lugar, los misioneros del Nuevo Testamento se comunican con claridad

Los misioneros del Nuevo Testamento explican el mensaje evangélico *con claridad para* que pueda ser comprendido. Esta insistencia en la claridad se remonta al Antiguo Testamento. Cuando se reintroduce la Palabra de Dios al pueblo tras el exilio, Esdras y los sacerdotes «hacían entender al pueblo la ley; y el pueblo estaba atento en su lugar. Y leían en el libro de la ley de Dios claramente, y ponían el sentido, de modo que entendiesen la lectura» (Neh. 8:7-8).

Este énfasis en la claridad se refleja en la labor misionera del Nuevo Testamento. Tomemos como ejemplo al apóstol Pablo. En Tesalónica, pasa tres sábados «declarando y exponiendo por medio de las Escrituras, que era necesario que el Cristo padeciese, y resucitase de los muertos» (Hech. 17:3). Pide a los colosenses: «orando también al mismo tiempo por nosotros, para que el Señor nos abra puerta para la palabra, a fin de dar a conocer el misterio de Cristo, por el cual también estoy preso, para que lo manifieste como debo hablar» (Col. 4:3-4). En una carta tras otra, Pablo explica las verdades teológicas de forma ordenada para que su significado quede claro.

La claridad en la comunicación caracteriza a casi todos los maestros y misioneros del Nuevo Testamento.[1] Lucas, miembro de la banda misionera de Pablo, se preocupa por escribir un relato ordenado de la vida de Cristo (Luc. 1:3) para que le quede claro a Teófilo. Lucas nos cuenta en Hechos, la continuación de su Evangelio, que cuando Pedro compartió el evangelio con los gentiles por primera vez, se lo explicó ordenadamente (Hech. 11:4). Hechos está lleno de ejemplos semejantes: Priscila y Aquila se llevaron aparte a Apolos y le explicaron con más exactitud el camino de Dios (Hech. 18:26). El Espíritu envía a Felipe de camino a Gaza para encontrar a un eunuco etíope que está confundido por la Escritura. Esto es lo que sucede a continuación: Felipe corrió hacia él y le preguntó: «¿entiendes lo que lees? Él dijo: ¿Y cómo podré, si alguno no me enseñare?» (Hech. 8:30-31). Felipe aclara entonces al eunuco el significado del pasaje.

Una y otra vez en la Escritura, vemos que Dios no se salta las reglas ordinarias de la comunicación. Espera que entendamos lo que se comunica con claridad, no lo que es confuso e indistinto. Y

1 Digo «casi todos» porque una aparente excepción a esta tendencia es el hecho de que el propio Jesús oculta Su mensaje durante parte de Su ministerio enseñando en parábolas. Sin embargo es importante señalar que Jesús no oculta Su mensaje para evangelizar. Todo lo contrario. Jesús habla en parábolas para evitar que la gente de corazón duro entienda Su mensaje (Mat. 13:13-15; Mar. 4:11-12). Jesús puede estar intentando ocultar Su mensaje y Su identidad a la gente de corazón duro porque sabe que algunos quieren utilizarlo para sus propios fines políticos (Juan 6:10-15), y también porque a estas alturas de Su ministerio, muchos de los que no creen intentan enemistarse con Él y alejar a Sus seguidores (Mat. 12:22-45; Mar. 3:22-30). A veces, puede que tengamos que ser menos claros para no provocar a nuestros enemigos, pero no esperemos que nuestra falta de claridad los lleve a Cristo.

Dios trabaja a través de comunicadores humanos ordinarios para hacer claro Su evangelio. Como vimos antes, Dios envía un ángel a Cornelio, pero no es el ángel quien le explica el evangelio directamente. En cambio, el ángel le dice a Cornelio que vaya a buscar a Pedro (Hech. 10:22).

A un lector poco familiarizado con la situación actual de las misiones se le podría perdonar que se preguntara por qué hago hincapié en el llamado del Nuevo Testamento a comunicar con claridad. Podría parecer demasiado obvio para mencionarlo. Pero la comunidad misionera actual ha descuidado en gran medida el llamamiento a una comunicación clara del evangelio. En el próximo capítulo, exploraremos con más detalle cómo ha sucedido esto, en particular porque los misioneros han restado importancia a la adquisición del lenguaje. También estudiaremos cómo podría ser un enfoque más sano y qué haría falta para que los misioneros dominaran las lenguas en las que ejercen su ministerio.

Dios no se salta las reglas ordinarias de la comunicación. Espera que entendamos lo que se comunica con claridad, no lo que es confuso e indistinto.

En segundo lugar, los misioneros del Nuevo Testamento se comunican con credibilidad

Los misioneros se esfuerzan por comunicar con *claridad para que se* entienda el mensaje. También se esfuerzan por comunicar *con credibilidad para que el mensaje pueda ser* creído. El mensaje se hace creíble para la gente cuando los misioneros lo presentan de forma persuasiva. Pablo dice a los corintios que quiere persuadir a otros (2 Cor. 5:11). Y lo vemos esforzarse por demostrar la credibilidad del evangelio a lo largo del libro de Hechos:

- La predicación de Pablo confundía a los judíos que vivían en Damasco demostrando que Jesús era el Cristo (Hech. 9:22).
- En Tesalónica, Pablo entra en la sinagoga «como acostumbraba, fue a ellos, y por tres días de reposo discutió con ellos, declarando y exponiendo por medio de las Escrituras, que era necesario que el Cristo padeciese, y resucitase de los muertos; y que Jesús, a quien yo os anuncio, decía él, es el Cristo. Y algunos de ellos creyeron» (Hech. 17:2-4). Creyeron en el mensaje de Pablo, al menos en parte, porque exponía argumentos creíbles basados en la Escritura.
- En Corinto, Pablo discutía en la sinagoga todos los sábados, y trataba de persuadir tanto a judíos como a griegos (Hech. 18:4).
- Demetrio dice de Pablo que «no solamente en Éfeso, sino en casi toda Asia, ha apartado a muchas gentes con persuasión, diciendo que no son dioses los que se hacen con las manos» (Hech. 19:26).
- Agripa se da cuenta de que el propósito del discurso de Pablo es persuadirlo para que sea cristiano (Hech. 26:28).

Cada sermón, cada conversación espiritual y cada instancia de evangelización es, al menos en parte, una batalla de ideas. A esto se refiere Pablo cuando escribe: «porque las armas de nuestra milicia no son carnales, sino poderosas en Dios para la destrucción de fortalezas, derribando argumentos y toda altivez que se levanta contra el conocimiento de Dios» (2 Cor. 10:4-5). Así que, citando a J. I. Packer, «Cuando Pablo predicó el evangelio… lo que hacía era enseñar: captar la atención, captar el interés, exponer los hechos, explicar su significado, resolver las dificultades, responder a las objeciones y mostrar cómo el mensaje influye en la vida».[2]

Pablo no es el único misionero del Nuevo Testamento que utiliza la enseñanza persuasiva para convencer a la gente de que su mensaje

2 J. I. Packer, *Evangelism and the Sovereignty of God* (Downers Grove, IL: InterVarsity Press, 2012), 51.

es creíble. Otros misioneros y evangelistas del Nuevo Testamento también trataron de persuadir:

- Apolos «con gran vehemencia refutaba públicamente a los judíos, demostrando por las Escrituras que Jesús era el Cristo» (Hech. 18:28).
- Lucas apela al testimonio de testigos presenciales (Luc. 1:2; Hech. 1:3) y a muchas pruebas (Hech. 1:3) para demostrar la credibilidad de su mensaje.
- Los adversarios de Esteban «no podían resistir a la sabiduría y al Espíritu con que hablaba» (Hech. 6:10).

Por supuesto, para que el mensaje sea creíble, el mensajero también debe serlo. En sus cartas, Pablo da pruebas de su credibilidad: ha visto al Señor resucitado (1 Cor. 9:1); ha hecho señales, prodigios y maravillas como un verdadero apóstol (2 Cor. 12:12); y su carácter es intachable (2 Cor. 11:7-10). Pablo no teme sacar a relucir sus credenciales cuando se ponen en duda: «Para vergüenza mía lo digo, para eso fuimos demasiado débiles. Pero en lo que otro tenga osadía (hablo con locura), también yo tengo osadía» (2 Cor. 11:21). Construye relaciones sólidas en las que la gente sabe que puede confiar en él (1 Tes. 2:11-12). Todo su estilo de vida —si come o no come, si observa días especiales o no— está cuidadosamente calculado para aumentar la credibilidad de su mensaje. Cuando trata de llegar a los judíos, Pablo se comporta como judío (1 Cor. 9:20). Cuando trata de llegar a los gentiles, se sujeta a la ley para ganar a los que están sin ley (1 Cor. 9:20). «A todos me he hecho de todo, para que de todos modos salve a algunos» (vv. 21-22). Pablo no solo se esfuerza por persuadir a la gente de que su mensaje es creíble, sino que su estilo de vida y su identidad social están elaborados de forma estratégica y proactiva para contribuir a su credibilidad. Esto debería ser así para todos los embajadores.

Vale la pena repetirlo: es el Espíritu, no nuestra retórica persuasiva o nuestra vida recta, lo que lleva a la gente a la fe. Y, sin embargo, en lugar de actuar al margen de los esfuerzos de persuasión de Pablo y otros evangelistas del Nuevo Testamento, el Espíritu habita en sus palabras (Ef. 6:17). Lucas nos dice que los adversarios de Esteban «no podían resistir a la sabiduría y al Espíritu con que hablaba» (Hech. 6:10). El Espíritu no pasa por alto la sabiduría de Esteban. Todo lo contrario: el Espíritu *actúa a través de* la sabiduría de Esteban y acelera la razón de sus oyentes para que la reconozcan, hasta que los celos invaden a sus oponentes. La gente que no ha escuchado antes el mensaje del evangelio naturalmente tendrá preguntas. Pero al igual que los de Berea en Hechos 17, los que buscan seriamente respuestas son alabados. Mientras buscan, el Espíritu obra a través del razonamiento y la persuasión humana ordinaria para convencerlos de la verdad del evangelio.

Una vez más, los lectores se preguntarán por qué insisto en la necesidad de un testigo creíble. ¿Realmente merece la pena mencionarlo? De hecho, la comunidad misionera actual ha desestimado en gran medida la necesidad de presentar el evangelio de forma creíble. La mayoría de los misioneros son lo suficientemente diligentes en sus esfuerzos por contar historias sobre Jesús, pero se esfuerzan poco por responder a las preguntas y objeciones sinceras que impiden a sus oyentes creer. A menudo no son conscientes de cuáles son esas preguntas, y puede que ni siquiera se imaginen que es necesario darles respuestas sabias y persuasivas a estas preguntas. En el capítulo 7 veremos por qué ocurre esto y cómo los misioneros pueden empezar a dar un testimonio más creíble.

Tercero, los misioneros del Nuevo Testamento se comunican con audacia

Los misioneros del Nuevo Testamento predican *con claridad*, para que su mensaje sea comprendido, y *con credibilidad*, para que su mensaje sea creído. También predican *con valentía*, para que lo oiga el mayor número posible de personas. Las autoridades hostiles intentan impedir que circule el mensaje evangélico, pero los apóstoles «hablaban con denuedo la palabra de Dios» (Hech. 4:31). Pablo pide a los efesios que oren por él «para dar a conocer con denuedo el misterio del evangelio, por el cual soy embajador en cadenas» (Ef. 6:19-20). La predicación de Pablo se describe como valiente en siete ocasiones diferentes.[3] En dos ocasiones recuerda a los efesios que no ha rehuido a la hora de declararles todo el mensaje (Hech. 20:20, 27). Incluso Bernabé, de quien solemos pensar que es un animador de voz suave debido a su apodo (hijo de consolación), participa en debates enérgicos y habla con valentía junto a Pablo (Hech. 13:46; 14:3).

Esta audacia tiene víctimas. Esteban es martirizado cuando denuncia al Sanedrín. Acusado de hablar contra el templo y la ley (Hech. 6:13), Esteban responde con una acusación: los hombres del Sanedrín han olvidado que el templo es demasiado pequeño para Dios (Hech. 7:48-50), y que ellos mismos no guardan la ley (Hech. 7:53). Es comprensible que el Sanedrín se enfurezca por esto. Años más tarde, Pablo también denuncia audazmente al Sanedrín, lo que le lleva a un prolongado encarcelamiento y a conspiraciones contra su vida.

Por supuesto, los ministros del Nuevo Testamento no solo buscan problemas. Por lo general, Pablo no tiene problema de huir a otro lugar cuando lo persiguen (Mat. 10:23; ver a Pablo seguir esta pauta, por ejemplo, en Hech.14:19-20; 20:1) pero nunca deja de predicar y, cuando llega el momento de la confrontación, habla con valentía (Hech. 22:30–23:11).

Los cristianos del Nuevo Testamento son audaces porque ya no tienen nada que temer. La mayor arma que tenían sus oponentes era el poder de ejecutar a la gente. Simplemente, después de la ejecución y resurrección de Jesús, esto ya no aterrorizaba a los cristianos porque *no funcionó*. Jesús no permaneció muerto, y la Palabra se extendió aún más. Del mismo modo, cuando los cristianos son martirizados en Hechos, la palabra solo cobra impulso. Cuando Esteban es ejecutado, por ejemplo, leemos: «Y puesto de rodillas, clamó a gran voz: Señor, no les tomes en cuenta este pecado. Y habiendo dicho esto, durmió. Y Saulo consentía en su muerte» (Hech. 7:60–8:1). Lucas menciona

3 Hechos 9:27-28; 13:46; 14:3; 19:8; 26:26; 28:31.

a Saulo después de la oración de Esteban porque quiere que veamos que la conversión de Saulo fue la respuesta a la oración de Esteban. Esteban lo ganó todo: fue llamado a la gloria por Cristo mismo. Sus perseguidores, en cambio, no ganaron nada. Con la ejecución de Esteban se pretendía detener la expansión de la iglesia primitiva. No hay palabras para describir el colosal fracaso. Saulo se convirtió en el mayor misionero de la historia. La audaz predicación del evangelio es una situación en la que Esteban sale ganando; lo peor que le puede pasar después de ser ejecutado es estar con Cristo, y eso, como sabemos, es mucho mejor (Fil. 1:23). Y nada puede detener Su mensaje. Con esta esperanza inquebrantable, Pedro y Juan responden a la amenaza del Sanedrín: «Juzgad si es justo delante de Dios obedecer a vosotros antes que a Dios; porque no podemos dejar de decir lo que hemos visto y oído» (Hech. 4:19-20).

Uno puede imaginárselos preguntándose: *¿Realmente esperas intimidarnos? La muerte ya no tiene poder sobre nosotros. ¿Qué van a hacer? ¿Matarnos? Parece que eso ya no funciona tan bien.* Sin duda, los creyentes del Nuevo Testamento sienten miedo a veces —la Iglesia ora para tener valor cuando los sumos sacerdotes y los ancianos amenazan a Pedro y Juan (Hech. 4:29-31)—, pero no se dejan llevar por él. De la misma manera, no debemos sentirnos impulsados por el temor de que nos hagan daño a nosotros o a los nuevos creyentes por decir la verdad con valentía en los momentos apropiados. Los nuevos creyentes pueden ser perseguidos o expulsados de sus comunidades. Nosotros, desde luego, no *buscamos* tales resultados, pero debemos recordar que ni siquiera esto obstaculizará la obra del Espíritu.[4]

4 Es importante no idealizar ni restar importancia a los retos que plantea la persecución. Es que la Iglesia no se está extendiendo rápidamente en muchos países alrededor del mundo. Pero a veces, la persecución es inevitable. Cuando estamos viviendo con sabiduría y madurez y la persecución viene, tenemos que confiar en Dios que incluso si se ralentiza nuestro trabajo en un área, Su reino se beneficiará de otras maneras. En Hechos, cuando la iglesia fue perseguida, la difusión del evangelio se ralentizó en Jerusalén, pero se aceleró en otros lugares (Hech. 8:1-5).

Conclusión

La proclamación desempeña un papel central y necesario para cualquier misionero. En el ministerio de los misioneros del Nuevo Testamento, la claridad, la credibilidad y la audacia trabajaban juntas para avanzar el mensaje del evangelio. El mensaje era enseñado claramente, por lo tanto, podía ser entendido. Porque el mensaje era enseñado con credibilidad, podía ser creído. Como era enseñado con valentía, muchas personas pudieron escuchar. Los misioneros que descuidan cualquiera de estos aspectos solo obstaculizarán su trabajo.

Los misioneros del Nuevo Testamento se comunicaban tan sabia y hábilmente como podían porque sabían que desempeñaban un papel central y necesario. El Espíritu Santo se complace en trabajar a través de los esfuerzos misioneros y en utilizar herramientas humanas —comunicación sabia, razonamiento persuasivo, proclamación audaz— para impulsar el mensaje. También nosotros debemos aceptar la centralidad de nuestra tarea: «a quien anunciamos, amonestando a todo hombre, y enseñando a todo hombre en toda sabiduría, a fin de presentar perfecto en Cristo Jesús a todo hombre; para lo cual también trabajo, luchando según la potencia de él, la cual actúa poderosamente en mí» (Col. 1:28-29).

Que nuestro papel sea central no es motivo de jactancia. Nuestra labor es necesaria porque Dios ha decidido obrar a través de nosotros, no porque seamos especialmente fuertes. Somos débiles, y solo con la bendición de Dios nuestra labor da fruto: «Yo planté, Apolos regó; pero el crecimiento lo ha dado Dios» (1 Cor. 3:6). O, como dice Pablo en otro lugar, «la excelencia del poder sea de Dios, y no de nosotros» (2 Cor. 4:7).

Una vez que hemos transmitido el mensaje del evangelio de forma clara, creíble y audaz, podemos dejar el resultado de nuestro trabajo en las manos de Dios. Debemos recordarlo para no sentirnos abrumados. Nuestro mensaje «no llegó a vosotros en palabras solamente, sino también en poder, en el Espíritu Santo y en plena certidumbre» (1 Tes. 1:5). En Hechos 13 vemos un ejemplo de cómo funciona esto.

Vemos un ejemplo de esto en Hechos 13. Después de que Pablo hablara con denuedo (Hech. 13:46) en Antioquía de Pisidia y razonara cuidadosamente a partir de la Escritura, Lucas concluye que «creyeron todos los que estaban ordenados para vida eterna» (Hech. 13:48). Pablo proclamó fielmente el evangelio y dejó el resto en manos de Dios. La Palabra de Dios se basta a sí misma para separar a los que se salvan de los que se pierden. Isaías describe así su eficacia:

> Porque como desciende de los cielos la lluvia y la nieve, y no vuelve allá, sino que riega la tierra, y la hace germinar y producir, y da semilla al que siembra, y pan al que come, [11] así será mi palabra que sale de mi boca; no volverá a mí vacía, sino que hará lo que yo quiero, y será prosperada en aquello para que la envié. (Isa. 55:10-11).

6

Comunicar con claridad hoy

EN LA MAYORÍA DE LAS vocaciones es necesario cierto grado de preparación o formación. Pero por alguna razón, tendemos a pensar que las misiones requieren mucha menos formación que otras vocaciones. Claro, los médicos, los dentistas y los mecánicos necesitan una preparación formal. ¿Pero los misioneros? No tanto.

Por un lado, esto tiene sentido. Gran parte de nuestra formación ocurrirá «en el trabajo». No se puede replicar hasta llegar allí. Pero si queremos ser misioneros capaces, necesitamos dominar un conjunto sustancial de habilidades. Recuerda: hemos sido enviados como embajadores. En el mundo secular, los embajadores suelen ser personas muy inteligentes. Su preparación incluye el desarrollo de un conocimiento detallado de los intereses de su propia nación, los intereses de las naciones a las que son enviados, y cómo —en un idioma y cultura que no son nativos de ellos— pueden comunicar su mensaje de la manera más persuasiva y convincente posible.

Como vimos en el capítulo anterior, los misioneros del Nuevo Testamento se esforzaban por comunicarse con claridad, credibilidad y audacia. En este capítulo, veremos cómo podemos prepararnos para comunicarnos *con claridad* hoy. Luego, en el próximo capítulo, veremos qué significa para nosotros comunicar *con credibilidad* y *audacia*.

El reto de una comunicación clara

Cuando mi bisabuelo llegó a Estados Unidos procedente de Italia, no sabía ni un poco de inglés. Poco después de llegar, se enfermó y tuvo que ser hospitalizado. No sabía lo que estaba pasando y le aterrorizaba que los médicos pudieran operarlo, así que decidió responder simplemente «No» a todo lo que le preguntaban.

Este plan habría funcionado bastante bien, salvo que... había una amable enfermera que entraba en su habitación todas las mañanas y le hacía una serie de preguntas. «No... no... no», respondía él una y otra vez. No tenía ni idea de lo que decía. Cada mañana parecía más preocupada, y pronto supo por qué: después de varios días anotando en su historial «Sigue sin defecar», ¡trajo a un médico para que le pusiera un enema!

En el mundo actual, nos enfrentamos a retos cada vez mayores cuando intentamos comunicarnos con claridad. La enfermera había estudiado para ser especialista. Tenía que hacer preguntas importantes y transmitir información importante. *Sabía* lo que tenía que comunicar, lo cual es fundamental para que la comunicación sea clara. Pero una barrera lingüística se interpuso en su camino. Lo mismo les ocurre a los misioneros. En nuestro mundo cada vez más multicultural, debemos afrontar estos retos con eficacia si queremos comunicar nuestro mensaje.

Conocer el mensaje

Antes de poder compartir el mensaje de Jesús con claridad, debemos saber cuál es realmente Su mensaje. Como vimos en el primer capítulo, los cristianos de hoy tienden a ver el mensaje de Jesús como un mensaje bastante simple de amor y perdón de los pecados a través de la muerte y resurrección de Cristo. De hecho, las partes fundamentales del mensaje evangélico son sencillas. Sin embargo, esto no significa que carezca de matices o complejidad, ni que las objeciones de la gente sean sencillas o fáciles de abordar.

En los Evangelios, Jesús no habla solo de amor y perdón. También imparte una enseñanza amplia y llena de matices. Responde a preguntas difíciles que surgen de la cultura de Sus oyentes. Les ayuda a superar la complejidad de la relación entre el evangelio y la ley. Del mismo modo, las cartas de Pablo contienen cosas «difíciles de entender, las cuales los indoctos e inconstantes tuercen, como también las otras Escrituras, para su propia perdición» (2 Ped. 3:16). ¿Entiendes? La ignorancia de las complejidades de la Escritura puede llevar no solo a la enseñanza errónea, al daño y al sincretismo, sino incluso a la destrucción. No tenemos más remedio que esforzarnos por comprender cuidadosamente la Palabra.

Debemos esperar que desenredar la vida y las creencias de las personas del pecado y el engaño sea un proceso complicado. En cada paso, por tanto, necesitamos respuestas profundas, no superficiales. Por ejemplo, la gente en Occidente a menudo se opone al cristianismo con preguntas como:

- ¿Por qué Dios prohíbe la actividad sexual en algunas situaciones cuando las personas están enamoradas?
- ¿Cómo puede un Dios amoroso enviar a la gente al infierno?
- ¿Cómo puede haber una sola religión verdadera?
- ¿Cómo puede un Dios bueno permitir el sufrimiento? ¿Cómo ha podido permitir el sufrimiento específico que he padecido?
- ¿Contradice la Biblia pruebas científicas claras?

Los que llegan a la fe también pueden tener que resolver cuestiones complicadas sobre cómo es seguir a Jesús:

- ¿Cómo me relaciono ahora con mi pareja, cónyuge o familiar no creyente?
- ¿Cómo puedo cambiar patrones profundamente arraigados en mi forma de hablar, gastar, sexualidad o consumo de sustancias?
- Si no me salvo por obras, ¿qué papel desempeña la obediencia en mi camino con Cristo?
- ¿Cómo puedo poner la otra mejilla sin permitir que me maltraten?

En otros contextos culturales, las preguntas serán diferentes. En la zona del norte de África en la que trabajo, las personas que se plantean las afirmaciones de Cristo pueden enfrentarse a preguntas como:

- ¿No es pecado dudar de las enseñanzas islámicas? ¿Debería siquiera considerar al Cristo del Nuevo Testamento?
- Si Dios es uno, ¿por qué debo adorar al Padre, al Hijo y al Espíritu Santo?
- ¿Por qué los cristianos niegan el profetismo de Mahoma cuando los musulmanes reconocen a todos los profetas, incluso a Jesús?

Las personas de esa cultura que ponen su fe en Cristo pueden preguntar:

- ¿Cómo quiere Cristo que me relacione con mis múltiples esposas?
- ¿Qué haré si la comunidad me quita a mi familia?
- ¿Cómo comparto lo ocurrido con mi familia y mi comunidad? ¿Cómo afronto el rechazo y los tratos violentos?

Dondequiera que vivas, te encontrarás cara a cara con preguntas difíciles que requieren respuestas cuidadosas. Tanto los buscadores como los nuevos creyentes tendrán dificultades, y las respuestas simplistas y frívolas no serán útiles. Debemos comprender a fondo las enseñanzas de Jesús para responder a las preguntas de la gente de forma sabia y conforme a la Escritura. Somos embajadores, y los embajadores tienen que entender los términos de paz de sus naciones lo suficientemente bien como para aclarar cómo deben aplicarse exactamente en las complejidades de la vida.

Esto incluye comprender que las *buenas nuevas*, tal como las definen los Evangelios, son un mensaje de reconciliación con Dios. Pero esta reconciliación es algo más que el simple hecho de que Dios acepte no echarnos en cara nuestros pecados. Más bien, los Evangelios definen las *buenas nuevas* como «el reino de los cielos se ha acercado»

(Mat. 4:17). ¿Qué significa esto? Entre otras cosas, significa que el reino de Dios —Su generoso reino soberano— se ha acercado y está a nuestra disposición a través de Cristo.

Por supuesto, si todavía estamos bajo el peso de nuestros pecados, entonces difícilmente podría ser una *buena* noticia que el poder de Dios esté al alcance de la mano. Esto explica por qué la expiación de Jesús por nuestros pecados es una parte clave del evangelio cristiano. Él hace posible la salvación. Pero la buena noticia no consiste simplemente en que Jesús aparezca, nos perdone y nos deje a nuestra suerte hasta que un día muramos y nos encontremos en el cielo. Más bien, nuestra salvación también incluye ser rescatados del poder del pecado en nuestra vida cotidiana. A partir de ahora, podemos entrar en una nueva vida en la que conocemos a Dios (Juan 17:3) y vivir como Él nos creó para vivir. Esto traerá libertad y transformación a todas las áreas de nuestras vidas: nuestras finanzas, nuestras vidas familiares, nuestra sexualidad, nuestras amistades, e incluso nuestros sufrimientos.

De hecho, el plan de Jesús para salvar a las naciones incluye enseñar «que guarden todas las cosas que os he mandado» (Mat. 28:20). Debemos enseñar a la gente cómo quiere Jesús que vivan, y lo buena que ha sido siempre esta forma de vida para quienes lo siguen. Debemos ayudarles a ver que, aunque seguir a Jesús es a veces doloroso, nunca hará nuestras vidas más frágiles o vacías. Por el contrario, seguir a Jesús es *profundamente bueno para nosotros, es lo mejor para nosotros* en todos los ámbitos de nuestra vida, en la vida real en la que trabajamos, mantenemos relaciones, nos casamos, criamos a nuestros hijos, nos involucramos en conflictos y pagamos impuestos.

La vida es un lío. ¿Cómo aprendemos a confiar en que Jesús estará con nosotros en medio del desorden, y que Su camino siempre será bueno para nosotros? Leyendo y comprendiendo más profundamente Su Palabra. Los misioneros deben tener un profundo conocimiento de la Escritura para poder usar «bien la palabra de verdad» (2 Tim. 2:15), aplicándola correctamente en medio de las espinosas cuestiones de doctrina y discipulado que inevitablemente surgen. Para muchos misioneros, esto implicará un entrenamiento formal en una escuela bíblica o seminario en el camino al campo. Estos pasos nos retrasan, pero la inversión vale la pena, tanto por el bien de los perdidos como por el bien del mensaje que esperamos proclamar.

Conocer el idioma

El 26 de julio de 1945, cuando la Segunda Guerra Mundial llegaba a su fin, los Aliados se reunieron en Potsdam (Alemania) y lanzaron un ultimátum. La ahora famosa Declaración de Potsdam prometía la «pronta y total destrucción» de Japón si no se rendía inmediatamente. Esta amenaza era cierta: Estados Unidos había terminado recientemente de construir armas nucleares operativas. Algunos historiadores, como Kazuo Kawai, sostienen que Japón se tomó en serio el ultimátum.[1,2] Entonces, ¿por qué, tan solo dos semanas después, Estados Unidos destruyó Hiroshima y Nagasaki con armas nucleares?

Porque el personal de la embajada americana tradujo mal una sola palabra de la respuesta japonesa. Los Aliados creyeron que la palabra *mokusatsu* significaba que el gobierno japonés planeaba «ignorar» la Declaración de Potsdam; en realidad, nos dice Kawai, una traducción mejor habría dicho a los Aliados que Japón planeaba «abstenerse de hacer comentarios» mientras deliberaba sobre ella.

Como embajadores, también cruzamos barreras lingüísticas con un ultimátum, y deberíamos estar atentos al peligro de la falta de comunicación. Si no lo estamos, podríamos asumir erróneamente que la gente ha rechazado a Cristo. O podríamos suponer erróneamente que otros han aceptado a Cristo. ¿Y si no es el mensaje de Cristo lo que han aceptado o rechazado, sino solo nuestra versión mal interpretada del mismo? Ya es bastante difícil explicar el evangelio a nuestros amigos en casa. En los lugares no alcanzados, donde nuestra

1 Kazuo Kawai, *Mokusatsu, Japan's Response to the Potsdam Declaration, Pacific Historical Review* 19/4 (1950): 409–14.

2 David Hesselgrave, *Communicating Christ Cross-Culturally: An Introduction to Missionary Communication*, 2da. ed. (Grand Rapids, MI: Zondervan, 1991), 343.

capacidad de comunicación se ve obstaculizada por las diferencias lingüísticas y culturales, la tarea de comunicación se hace aún más difícil.

Como embajadores, también cruzamos barreras lingüísticas con un ultimátum, y deberíamos estar atentos al peligro de la falta de comunicación. Si no lo estamos, podríamos suponer erróneamente que la gente ha rechazado a Cristo. O podríamos suponer erróneamente que los demás han aceptado a Cristo. ¿Y si no es el mensaje de Cristo lo que han aceptado o rechazado, sino solo nuestra versión mal tartamudeada del mismo?

Las lenguas en común siempre han sido necesarias para la comunicación (ver 2 Rey. 18:26 y ss.; Esd. 4:7). En tiempos de Nehemías, los escribas traducían la ley del hebreo al arameo para ayudar al pueblo a entenderla (Neh. 8:8). En la época de Jesús, los rabinos proporcionaban *targums*, traducciones del Antiguo Testamento hebreo al arameo.[3] Después de la resurrección de Jesús, es notable que el Espíritu capacita a los apóstoles para ser «testigos en Jerusalén, en toda Judea, en Samaria, y hasta lo último de la tierra» (Hech. 1:8), y el primer milagro que realiza es capacitar a los discípulos para predicar en otras lenguas (Hech. 2). Aunque Pablo y otros misioneros del Nuevo Testamento hablan griego con fluidez y no se enfrentan a barreras lingüísticas en sus ministerios, sí traspasan otras barreras culturales para comunicarse con claridad y llegar a las personas en sus propios términos en la medida de lo posible (ver 1 Cor. 9:19-23). Y Pablo reconoce la inutilidad de hablar a la gente en lenguas que no entienden:

3 Philip S. Alexander, *Targum, Targumim*, en *The Anchor Bible Dictionary*, ed. David Noel Freedman (Nueva York: Doubleday, 1992), 6:320–21.

> Así también vosotros, si por la lengua no diereis palabra bien comprensible, ¿cómo se entenderá lo que decís? Porque hablaréis al aire [...]. Pero si yo ignoro el valor de las palabras, seré como extranjero para el que habla, y el que habla será como extranjero para mí. (1 Cor. 14:9, 11)

No debería sorprendernos, por tanto, que cuando encontramos barreras lingüísticas en nuestros ministerios, tengamos que traspasarlas para comunicar el evangelio con claridad.

Los estadistas misioneros de generaciones anteriores así lo entendieron. Daban mucha importancia a la adquisición de idiomas, pues creían que la fluidez era una habilidad profesional sin la cual no se podía ejercer el ministerio con eficacia. He aquí algunos ejemplos:

- Para **William Carey**, uno de los grandes «impedimentos para llevar el evangelio» a los no alcanzados era «lo ininteligible de sus lenguas».[4] Carey es aún hoy conocido en Calcuta y sus alrededores por su labor en lengua bengalí, que incluye la promoción de la alfabetización y la publicación de un diccionario bengalí.
- A su llegada a Birmania, **Adoniram y Ann Judson** pasaban doce horas diarias estudiando birmano.[5] Ann también aprendió siamés, mientras Adoniram aprendía pali y talaing.[6] Su birmano alcanzó tal nivel que, más de cincuenta años después, otro misionero escribiría de su tratado «El equilibrio de oro» que «probablemente ha influido más poderosamente en el pensamiento del pueblo birmano y le ha hecho ver la insuficiencia del budismo que cualquier otra cosa escrita por un extranjero».[7] Su traducción birmana de la Biblia estaba «libre de toda oscuridad

4 William Carey, *An Inquiry into the Obligation of Christians to Use Means for the Conversion of the Heathen* (Leicester, UK: Ann Ireland, 1792), 67.

5 Vance Christie, *Adoniram Judson: Devoted for Life* (Fearn, Escocia, Reino Unido: Christian Focus, 2013), cap. 10.

6 Christie, *Adoniram Judson: Devoted for Life*, caps. 12, 26.

7 Stacy Warburton, *Eastward! The Story of Adoniram Judson* (Warwick, NY: Round Table Press, 1937), 158.

para la mente birmana. Se lee y se entiende perfectamente. Su estilo y dicción son tan selectos y elegantes como el idioma mismo y transmite la mente del Espíritu sin esfuerzo».[8] No era de extrañar que Judson se lamentara de la limitada eficacia de los misioneros a medio plazo que servían durante unos pocos años: «Como de costumbre, no podían ser muy útiles hasta que dominaran el idioma, y eso sería cuestión de años».[9] Cuando Judson regresó a Estados Unidos, había trabajado en birmano durante tanto tiempo que ya no se sentía capaz de expresarse en inglés y pidió que lo excusaran de predicar.[10]

- **John Paton** trabajó en lengua aniwan durante tanto tiempo que, al volver a casa, al igual que Judson, a veces tenía problemas con el inglés. Recuerda una visita a Dundee: «Me pidieron que cerrara la reunión de la mañana con una oración, oré y luego comencé: "Que el amor de Dios Padre", pero ni una palabra más en inglés; todo estaba en blanco excepto las palabras en aniwan, pues hacía tiempo que había empezado a pensar en la lengua nativa, y tras una pausa de muerte, y un silencio doloroso, ¡tuve que terminar con un simple "Amén"!».[11]
- **Hudson Taylor** aconsejó a los recién llegados que «consideren seis u ocho horas diarias sagradas para el Señor y Su obra y que nada les impida dedicar este tiempo (al estudio y práctica del idioma) hasta que puedan predicar con fluidez e inteligibilidad».[12] Rechazó la solicitud de Henry Guinness para la misión al interior de China porque Guinness tenía esposa y tres hijos y

8 Edward Judson, *The Life of Adoniram Judson*, vol. 3 (Filadelfia: American Baptist Publication Society, 1883), 416.

9 Courtney Anderson, *To the Golden Shore: The Life of Adoniram Judson* (King of Prussia, PA: Judson Press, 1987), 409.

10 Habiéndose dedicado exclusivamente a la lengua birmana durante más de treinta años, su facilidad en inglés había disminuido considerablemente. Se consideraba incapaz de hablar en público en Estados Unidos (Christie, *Adoniram Judson: Devoted for Life*, cap. 34).

11 John G. Paton y James Paton, *John G. Paton: Missionary to the Hebrides: An Autobiography* (Nueva York: Revell, 1907), 360.

12 A. J. Broomhall, *Hudson Taylor and China's Open Century, Book Five: Refiner's Fire* (Londres: Hodder & Stoughton, 1985), 230.

había «pocas probabilidades de que pudiera aprender el idioma lo suficientemente bien como para ser tan útil en China como lo era en casa».[13] Taylor reprendió a C. T. Studd y a Arthur y Cecil Polhills por orar por el don de lenguas para poder omitir el estudio del idioma: «Cuán numerosas y sutiles son las artimañas de Satanás para mantener a los chinos ignorantes del evangelio. Si pudiera meter el idioma chino en sus cerebros con un movimiento de la mano, no lo haría».[14] En lo que puede haber sido un acierto a la «obligación de usar medios» de Carey, Taylor se refirió al estudio de idiomas como «un medio necesario».[15]

- **Jim Elliot** le pidió a Elisabeth que se casara con él con una condición: «no hasta que aprendas quichua». No quería que su matrimonio los distrajera del estudio de su nueva lengua y cultura.[16]

Estos hombres y mujeres tuvieron éxito en su labor misionera, al menos en parte, gracias a su notable dedicación a la adquisición del idioma. Convendría señalar que Hudson Taylor persiguió la fluidez de una forma que sus contemporáneos no hicieron.[17]

Pero aprender idiomas no es fácil. De hecho, es tan pesado que a quienes no lo han sufrido les cuesta entenderlo o incluso imaginarlo. El misiólogo e historiador de la Iglesia Gary McGee describe la dificultad del aprendizaje de idiomas:

13 Alvyn Austin, *China's Millions: The China Inland Mission and Late Qing Society, 1832–1905* (Grand Rapids, MI: Eerdmans, 2007), 96.

14 Austin, *China's Millions*, 222.

15 Austin, *China's Millions*, 222.

16 Elisabeth Elliot, *Love Has a Price Tag* (Ann Arbor, MI: Servant, 1979).

17 Taylor empezó a levantarse a las 5 de la mañana para estudiar mandarín incluso antes de partir para China. A su llegada, se alegró de vivir en un barrio peligroso, en vez de entre otros misioneros y expatriados, para poder rodearse de la lengua china. (Howard Taylor y Geraldine Taylor (Mrs. Howard Taylor), *Hudson Taylor's Spiritual Secret* [Peabody, MA: Hendrickson, 2008], 9, 37). Su actitud contrastaba con la de otros misioneros que temían «que los chinos "perdieran el respeto" si los extranjeros "descendían a su nivel"» (Austin, *China's Millions*, 2).

Un misionero en China dijo: «Es un trabajo aburrido pasarse el día diciendo *Ting, Tang,* en cien tonos diferentes». De hecho, «para dominar a fondo la lengua china se necesitaría una cabeza de roble, pulmones de bronce, nervios de acero, una constitución de hierro, la paciencia de Job y la vida de Matusalén». Otro misionero se quejó: «Ningún hombre blanco podría jamás enredar su lengua en las largas palabras indias que parecen haber estado creciendo desde el diluvio de Noé, tan largas y tan inmensas son en tamaño».[18]

Yo lo he vivido. Después de haber aprendido dos dialectos del árabe y una lengua tribal, puedo decirles que, por mal que suenen, las citas anteriores ni siquiera se acercan a transmitir la pesadez mental de mis años de estudio de idiomas. J. C. R. Ewing, un destacado líder misionero del siglo XIX en lo que hoy es Pakistán, advirtió a los nuevos misioneros que aprender idiomas asiáticos sería «el trabajo de toda una vida. Ninguna persona con menos de cinco años de duro estudio puede hablar a los pueblos de las tierras orientales como debiera».[19] Si Ewing está en lo cierto, entonces los angloparlantes que aprenden lenguas asiáticas deben imaginarse que dominar estos idiomas puede llevar más horas de estudio que terminar la carrera de medicina.

Por supuesto, aprender un idioma relacionado con la propia lengua materna —un angloparlante aprendiendo español, por ejemplo; o un araboparlante aprendiendo hebreo— es más fácil. Pero incluso esto requiere una cantidad considerable de estudio. Hoy en día, la mayoría de los misioneros se ven inmersos en contextos lingüísticos muy distintos al suyo. Cada vez más, deben dominar dos idiomas para poder comunicarse. No es sorprendente que su aprendizaje a menudo se estanca mucho antes de adquirir incluso niveles bajos de competencia. Pocos de los misioneros que he conocido se dedican a

18 Gary McGee, *Shortcut to Language Preparation? Radical Evangelicals, Missions, and the Gift of Tongues, International Bulletin of Missionary Research* 25/3 (2001): 118.

19 McGee, *Shortcut to Language Preparation*, 118.

aprender idiomas como si su ministerio dependiera de ello. La gran mayoría dedica uno o dos años de estudio a tiempo parcial antes de que se espere de ellos que pasen a otras responsabilidades más «importantes».

Está claro que los tiempos han cambiado. En el primer capítulo, vimos cómo David Garrison describe el «secuencialismo»: «Los misioneros piensan naturalmente en pasos secuenciales. Primero, se aprende el idioma, luego se desarrollan relaciones con la gente, luego se comparte un testimonio, luego se ganan y discipulan conversos, luego se les atrae a una congregación».[20]

Este enfoque, concluye Garrison, es «mortal» para los esfuerzos de plantación de iglesias.[21] De hecho, el enfoque preferido por Garrison es enviar «misioneros no residentes» que vivan a distancia de las personas a las que esperan llegar y, por tanto, *no puedan* aprender bien sus lenguas:[22] Garrison escribe:

> Los primeros indicios apuntan a que el misionero «no residente» es capaz de cambiar una situación de estancamiento evangelístico con notable prontitud. [...] Cuanto más sano y diverso sea el mundo de los recursos cristianos, más vital será el enfoque misionero no residente.[23]

Por supuesto, Garrison no está *en contra del* aprendizaje de idiomas. De hecho, nunca he conocido a un misionero que no afirme, al menos nominalmente, su importancia. Sin embargo, en el norte de África, donde trabajo, la inmensa mayoría de los misioneros no alcanzan el nivel de un niño de siete años.

20 Garrison, *Church Planting Movements*, 243.

21 David Garrison, *Church Planting Movements: How God Is Redeeming a Lost World* (Bangalore, India: WIGTake Resources, 2007), 243.

22 V. David Garrison, *The Nonresidential Missionary*, vol. 1 of Innovations in Mission (Monrovia, CA: MARC, 1990).

23 David Garrison, *An Unexpected New Strategy: Using Nonresidential Missionaries to Finish the Task, International Journal of Frontier Missiology* 7/4 (1990): 107.

Te preguntarás: ¿Por qué? La respuesta es tan sencilla como desalentadora: la mayoría de los misioneros consideran que el aprendizaje de idiomas es «importante», pero no vital. Útil, sí, pero no esencial. Pocos misioneros entienden —como vimos en el capítulo 4— que, como embajadores, la comunicación es su principal tarea. Las generaciones anteriores de misioneros creían que sería poco realista y poco profesional esperar que Dios colmara las lagunas de comunicación cuando solo habían adquirido una familiaridad superficial con las lenguas en las que trabajaban.[24]

Lo experimenté de primera mano. En mi primer misión en el extranjero, formé parte de un equipo que dirigía un centro de enseñanza de inglés y cursos de informática. Después de varios meses allí, mi nivel de árabe era funcional, pero no muy bueno; había alcanzado el nivel de un niño de seis años. En ese momento, sin embargo, me pidieron que dejara de estudiar el idioma para ayudar a enseñar inglés. Cuando me negué, un alto dirigente de mi organización me dijo que dedicarme de lleno al estudio de idiomas era moralmente incorrecto. Me explicó que su árabe no era fuerte y que Dios no necesitaba que el mío tampoco lo fuera. Luego me dijo que no estaba bien que dedicara tanto tiempo a aprender árabe cuando había estudiantes de inglés en el centro del equipo a los que podría evangelizar. Esa presión para seguir adelante solo se intensifica después de que un misionero aprende el idioma suficiente para «funcionar» en la vida cotidiana. Al final, me permitieron seguir estudiando el idioma,[25] pero a muchos nuevos misioneros no se les da esa opción. He conocido a más de una pareja cuyos líderes se negaron a permitirles permanecer en el campo a menos que redujeran drásticamente sus estudios de idiomas. Entrar en el ministerio prematuramente puede reportar beneficios a corto plazo, pero solo a costa de la eficacia a largo plazo.

24 Tom Steffen, *Flawed Evangelism and Church Planting*, *Evangelical Missions Quarterly* 34/4 (1998): 428-35.

25 Esto se debió en parte a la deferencia de los jefes de campo hacia mi iglesia de origen, que insistió en que continuara estudiando el idioma hasta alcanzar un alto nivel de fluidez.

Una vez más, los líderes de las historias anteriores probablemente reconocerían que la adquisición de idiomas es importante. Pero solo palabras no bastan. Debido al intenso trabajo que implica el aprendizaje de idiomas, nada que no sea un apoyo incondicional y sacrificado para el aprendizaje de idiomas —haciendo planes concretos y esperando un compromiso intenso hasta que se logre un dominio de alto nivel del idioma— permitirá a los nuevos misioneros dominar sus idiomas de ministerio.

Como vimos en el capítulo 3, los métodos de misión más populares hoy en día parecen perseguir la velocidad a toda costa. Por lo tanto, no es sorprendente que tienen poca paciencia para aprender idiomas. Es muy preocupante que, en el mejor de los casos, solo apoyen el aprendizaje de idiomas a medias. A continuación citaré algunos ejemplos. Al hacerlo, compara esta lista de misioneros con la anterior:

- Steve Smith describe así el nacimiento de su metodología de *Formación de formadores* (T4T): «En mi limitado lenguaje, derramé mi corazón sobre la Gran Comisión... Les ayudé a darse cuenta de que era su responsabilidad llevar el evangelio a otros valles del Ina»[26]. Smith nunca termina esta historia mencionando que dominar el idioma local también podría ser útil, ni explica cómo —en el contexto de su «idioma limitado» y una relación a corto plazo con las personas a las que se dirigía— podía saber si la comprensión a la que habían llegado los Ina era profunda o genuina, o si incluso serían capaces de «llevar el evangelio» a otros.
- Un popular folleto analiza las «mejores prácticas» en *los Movimientos de plantación de iglesias (MPI)*. El autor describe el trabajo con hombres «de cada una de las cuatro principales lenguas maternas de nuestra región».[27] Esto plantea interro-

26 Smith, *T4T*, cap. 5.

27 Wilson Geisler, *Rapidly Advancing Disciples: A Practical Implementation of Current Best Practices* (2011), 89, consultado el 12 de agosto de 2018, http://www.churchplantingmovements.com/images/stories/resources/RapidilyAdvancingDisciples_(RAD)_Dec_2011.pdf.

gantes porque simplemente no es posible que los misioneros adquieran altos niveles de competencia en cuatro idiomas. Así que debemos suponer que estos misioneros trabajaban a través de una *lengua comercial*.[28] Declaraciones como éstas no se compensan en ningún sitio con afirmaciones sobre la necesidad de la adquisición de lenguas.

- David Watson es el principal diseñador del *Movimiento formador de discípulos* (DMM). En su libro, admite: «No tenía la inclinación por mantener la ropa nueva y el idioma perfecto. Tuve que aprender de otra manera».[29] Cuenta que solo pasó dieciocho meses viviendo en la India.[30] Además, vivió en Delhi,[31] no entre los hablantes de bhojpuri en los que se centraba su ministerio. Podemos concluir razonablemente que podría haber adquirido una capacidad de conversación limitada en hindi, pero no podría haber progresado mucho con el bhojpuri, y su estudio se habría ralentizado aún más por el hecho de que afirma haber cursado simultáneamente un programa de doctorado en sánscrito, ¡mientras aprendía también hindi y bhojpuri![32,33]
- Otro autor destacado del DMM, Jerry Trousdale, habla de una pareja «esposada por el idioma y las barreras culturales» que

28 Un lenguaje comercial es un «lenguaje puente» que los hablantes nativos de diferentes lenguas pueden utilizar para comunicarse entre sí, especialmente en situaciones comerciales. Sin embargo, al no ser la lengua materna de los hablantes, su dominio puede ser muy limitado. Por ejemplo, el *tok pisin* sirve como lengua comercial entre las tribus de Papúa Nueva Guinea.

29 David Watson, en David Watson y Paul Watson, *Contagious Disciple Making: Leading Others on a Journey of Discovery* (Nashville: Thomas Nelson, 2014), 11.

30 David Watson, *David Watson: My Journey with Disciple Making Movements*, *Movements with Steve Addison*, pódcast de audio, 29 de agosto de 2016, consultado el 3 de enero de 2019, http://www.movements.net/blog/2016/08/29/121-david-watson-myjourney-with-disciple-making-movements.html.

31 Victor John y David Coles, *Bhojpuri Breakthrough: A Movement That Keeps Multiplying* (Monument, CO: WIGTake, 2019), 8.

32 *David Watson's Testimony*, narrado por David Watson, *Accelerate Training*, consultado el 3 de enero de 2019, https://www.acceleratetraining.org/index.php/resources/61-davidwatson-s-testimony-90-min-mp3/file.

33 David Watson, *David Watson: My Journey with Disciple Making Movements.*

vio a más de cien personas venir a Cristo en su primer año en el campo.[34] Sus dos libros nunca mencionan la importancia del aprendizaje de idiomas.[35,36] Tal silencio, como se suele decir, es ensordecedor.

- En una historia de éxito del DMM ampliamente publicitada, David Hunt se trasladó a Etiopía en 2005 y casi de inmediato comenzó a supervisar talleres de plantación de iglesias.[37] Hunt no vio la necesidad de estudiar las lenguas locales porque «se necesitan años para que alguien aprenda a comunicarse en la lengua del corazón de otro pueblo». Esta pérdida de tiempo puede evitarse «si el sembrador de iglesias con importantes limitaciones lingüísticas discipula al iniciado y éste lleva el mensaje a la gente».[38] Desafortunadamente, Hunt no explica cómo el sembrador de iglesias podrá «discipular al iniciado» o verificar el éxito del ministerio del iniciado sin conocer su idioma. De hecho, como veremos en el capítulo 8, trabajar con creyentes nacionales puede ser una estrategia ministerial extremadamente eficaz. Pero en otras ocasiones, puede crear ilusiones de éxito. Después de todo, sin conocer su idioma, será difícil evaluar lo que está sucediendo.
- Mike Shipman, diseñador del método *Any-3*, no fomenta el aprendizaje de idiomas. En su lugar, aboga por utilizar «un traductor para trabajar las barreras lingüísticas».[39] Pero trabajar con traductores es tedioso y, por lo general, mucho más propenso a errores de lo que podríamos imaginar. En muchas partes del

34 Jerry Trousdale, en Trousdale y Sunshine, *Kingdom Unleashed*, cap. 13.

35 Jerry Trousdale, *Miraculous Movements: How Hundreds of Thousands of Muslims Are Falling in Love with Jesus* (Nashville: Thomas Nelson, 2012).

36 Trousdale y Sunshine, *Kingdom Unleashed*.

37 David F. Hunt, *A Revolution in Church Multiplication in East Africa: Transformational Leaders Develop a Self-Sustainable Model of Rapid Church Multiplication* (DMin diss., Bakke Graduate University, 2009), 58.

38 Hunt, *Revolution in Church Multiplication in East Africa*, 129–30.

39 Mike Shipman, *Any 3: Anyone, Anywhere, Anytime* (Monument, CO: WIGTake Resources, 2013), cap. 7.

> mundo no alcanzado, los traductores están poco familiarizados con la lengua materna del misionero, lo que hace casi imposible una comunicación con matices. De hecho, a menos que el propio traductor sea un creyente maduro, es posible que no entienda los conceptos que el misionero está tratando de comunicar y será incapaz de explicarlos en su propia lengua. Además de todo eso, comunicarse a través de un traductor dificulta las relaciones. Es lento y poco natural. No puede hacerse en privado. Esto dificulta el establecimiento de relaciones estrechas.

Algo va mal cuando los pensadores misioneros que más se publican cuentan alegremente historias de ministrar con un «idioma limitado» y trabajar a través de traductores, pero nunca subrayan la importancia del aprendizaje de idiomas en situaciones normales. El aprendizaje de idiomas requiere una costosa autodisciplina, y los misioneros que no comprendan su importancia tendrán poca motivación para perseverar. Las historias anteriores se cuentan como si debiéramos *suponer* que Dios actúa a través de misioneros que nunca aprenden los idiomas.

Pero apliquemos este supuesto a otras situaciones. Supongamos que tienes problemas matrimoniales o familiares. ¿No querrías ver a un consejero que hablara tu mismo idioma? Al fin y al cabo, las conversaciones sobre problemas de pareja suelen ser complicadas y confusas. O digamos que estás invirtiendo en montar un negocio en el extranjero. Si se juega mucho dinero, ¿no contratarías representantes de atención al cliente que entendieran el idioma y la cultura de sus clientes? Al fin y al cabo, las conversaciones sobre problemas empresariales suelen ser complicadas y confusas. ¿Entiendes lo que quiero decir? Doy por sentado que discipular a nuevos creyentes será *al menos* tan complejo como aconsejar a matrimonios en dificultades o atender a clientes insatisfechos. Después de todo, el discipulado incluye tratar con problemas familiares y prácticas de negocios ¡que a menudo son complicados y confusos!

Por supuesto que Dios *puede* obrar a través de nuestro «lenguaje limitado», y Dios *puede* obrar a través de los traductores. No estoy escribiendo para condenar a los autores anteriores, ni para insinuar que Dios no hizo nada a través de ellos. Simplemente estoy sugiriendo *que no podemos saber realmente lo que Dios está haciendo en las vidas de las personas a las que ministramos* si no estamos familiarizados con su lengua y su cultura. No tenemos que ir muy lejos para encontrar ejemplos de esto. Un amigo que trabajó en Papúa Nueva Guinea durante varios años me habló una vez de un sacerdote católico que de vez en cuando viajaba río arriba para administrar los sacramentos a las tribus que se encontraban por el camino. Este sacerdote solo conocía la lengua comercial de la gente y no era consciente de que estos pueblos tribales simplemente habían añadido a los santos católicos a la lista de seres espirituales de su visión animista del mundo. En muchas ocasiones, esperaban robarle objetos porque creían que les otorgarían poder espiritual o protección. En su visión del mundo, el sacerdote tenía poder espiritual. Sus estatuas de María tenían poder espiritual. Pero también lo tenían los árboles y los espíritus que llenaban el cielo, los ríos y los animales de la selva circundante. No me malinterpreten: el sacerdote había comunicado algunas ideas espirituales nuevas a esta gente. Pero carecía de la capacidad lingüística para ayudarles a resolver la tensión que estas ideas suponían para sus sistemas de creencias anteriores. En este caso, la doctrina del sacerdote no subvertía su visión pagana del mundo, sino que quedaba subsumida en ella. Donde la profundidad lingüística está ausente, el sincretismo suele estar presente.[40] La gente es capaz de una enorme

40 Una de las consecuencias de esta situación, que tiene un fuerte efecto en el mundo misionero actual, es la creencia común de los musulmanes de que los cristianos adoran a Dios, a Jesús y a María. Como joven que crecía en una cultura politeísta, Mahoma había interactuado con cristianos y parece haber creído que esto reflejaba el trinitarismo. Es posible que las sectas locales cristianas incluyeran a María como miembro de la Trinidad. Si fue así, la doctrina de la Trinidad se sincretizó con la cosmovisión politeísta de la época. Sin embargo, no se encuentra evidencia histórica para tal afirmación. Lo más probable es que Mahoma simplemente malinterpretara las enseñanzas de las comunidades cristianas locales. Si es así, entonces la cosmovisión politeísta de

cantidad de pensamientos, y no basta con decirles que abandonen viejas creencias: necesitamos la capacidad lingüística para aprender y explicar en qué difieren esos puntos de vista de la Escritura y por qué la Escritura es creíble.

En este punto, suelo oír una objeción: «Un momento. ¿Estás diciendo que los misioneros no deberían *intentar* compartir las buenas nuevas sobre Jesús hasta que alcancen un alto nivel de conocimiento del idioma?». No, no estoy diciendo eso. De hecho, estoy haciendo una afirmación más sorprendente: a efectos prácticos, simplemente *no* podemos comunicar las buenas nuevas sobre Jesús hasta que alcancemos un alto nivel de conocimiento de la lengua. No es una cuestión de *si debemos*, sino de si *podemos*; no de conveniencia, sino de capacidad. Del mismo modo, la cuestión principal no es si los estudiantes de medicina de primer año *deben* practicar la medicina, sino si *pueden hacerlo* con algún tipo de eficacia. Por supuesto que no pueden. Porque aún no saben cómo.

En este punto, suelo oír una objeción: «Un momento. ¿Estás diciendo que los misioneros no deberían intentar compartir las buenas nuevas sobre Jesús hasta que alcancen un alto nivel de conocimiento del idioma?». No, no estoy diciendo eso. De hecho, estoy haciendo una afirmación más sorprendente: a todos los efectos prácticos, simplemente no podemos comunicar la buena noticia de Jesús hasta que alcancemos un alto nivel de competencia lingüística.

---

su cultura había influido claramente en su percepción de las enseñanzas cristianas. En cualquier caso, la falta de enseñanzas cristianas y de Escritura cristiana disponibles en árabe permitió una comprensión sincretizada del cristianismo. El islam rechaza con razón este entendimiento sincretizado, pero solo lo hace para sustituirlo por una nueva y fatalmente sincretizada interpretación de Jesús, en la que las tradiciones cristianas sobre Jesús se combinan con el monoteísmo antitrinitario musulmán. El Jesús reinventado que surge es un mero profeta que niega su propia divinidad.

Me temo otro malentendido. No estoy diciendo que los misioneros que no dominen el idioma no deban hablar nunca de cosas espirituales en sus primeros meses y años. En general, deberían sentirse libres de comunicar cualquier verdad espiritual que puedan comunicar con claridad. Pero para aquellos que no han luchado por dominar un idioma extranjero, puede ser difícil imaginar cuán limitados serán estos misioneros en sus etapas tempranas e intermedias. «Dios es grande» y «Jesús es bueno» puede que sea lo mejor que sepan decir. Es probable que no puedan entablar ninguna conversación profunda.

En pocas palabras, para explicar el evangelio de forma comprensible necesitamos algo más que un lenguaje sencillo. La frase «Jesús murió por tus pecados» no ayudará a nuestros oyentes si no podemos seguirla —de forma que la entiendan— con respuestas a las siguientes preguntas: ¿Quién es Jesús? ¿Qué son los pecados? ¿Y por qué este Jesús tuvo que morir por estos pecados?

En mis primeros meses y años de estudio de idiomas, hablaba a menudo de Dios. Hablaba de mi gratitud. Hablaba de Su amor y Su bondad. Me gusta pensar que mis amigos y vecinos sabían que yo era una persona espiritual. Pero decir «Gracias, Señor» cuando te ocurre algo maravilloso no es lo mismo que compartir el evangelio. Dios puede elegir usarnos en estas primeras etapas. A veces, podemos encontrarnos con personas que simplemente están *listas*, como fruta esperando a ser arrancada. Mi amigo Ahmad se convirtió en creyente cuando dos misioneros que no hablaban árabe ni su lengua tribal le dieron una Biblia en árabe. Pero esto ocurrió cuando Ahmad ya estaba profundamente desilusionado con el islam y buscaba respuestas. La mayoría de la gente necesitará *mucha* más ayuda que él. E incluso en casos como éste, nuestra falta de fluidez plantea peligros reales. Ahmad quedó en una situación espiritualmente peligrosa. Su crecimiento espiritual se vio gravemente obstaculizado y sufrió mientras luchaba, solo y a veces sin éxito, contra las falsas enseñanzas y las tentaciones de la carne que pretendían destruir su alma.

Si esperamos ejercer nuestro ministerio con profesionalismo y eficacia, no debemos utilizar historias como la de Ahmad como modelo. Tomar atajos y esperar que Dios arregle el problema es mala idea. Muchos misioneros nunca se esfuerzan por alcanzar altos niveles de fluidez porque sobrestiman la regularidad con la que Dios actúa al margen de la fluidez lingüística. Han escuchado historias en las que el Misionero A se presentó ante el Pueblo No Alcanzado B y —de alguna forma, contra todo pronóstico— Dios obró un milagro. Ojalá estas historias no fueran tan seductoras, porque pintan un panorama poco realista y crean expectativas poco realistas.

Ciertamente, existen algunos nichos de funciones en el campo de las misiones para quienes nunca dominen el idioma. Los esfuerzos misioneros en diversos entornos dependerán del trabajo de pilotos, mecánicos de aviación, personal de internados, médicos y coordinadores de logística. Estas funciones son cruciales para el éxito del ministerio en general, y debemos honrar a quienes las desempeñan. Pero no dejan de ser *funciones especializadas*. Las personas que las desempeñan son esenciales precisamente porque permiten que otros se concentren en proclamar el evangelio. Otros misioneros deberían aprovechar esta ventaja y centrarse en mantener un alto nivel de competencia en las lenguas en las que ejercen su ministerio. En gran parte del campo misionero actual, vemos la tendencia contraria; los que adquieren altos niveles de competencia son la excepción a la regla.

¿Hasta qué punto es «fluido»?

Hablemos un momento de la fluidez. ¿Qué tan fluidos deben ser los misioneros antes de cambiar su enfoque principal del aprendizaje del idioma al ministerio?

La fluidez es un concepto escurridizo. Está relacionado con la palabra «fluido», que significa que el discurso *fluye* sin que el hablante tenga que pararse a pensar cada palabra. Sin embargo, la verdad es que la *fluidez* es una zona gris. Después de unos meses en un nuevo idioma, un misionero puede ser capaz de negociar con fluidez los precios en el mercado. Al cabo de un año, puede que se sienta cómodo hablando de temas más complejos con amigos cercanos.[41] Pero pueden pasar años antes de que pueda hablar con fluidez, negociar el humor, los sentimientos y los conceptos espirituales en situaciones menos controladas, como en un grupo de amigos donde la gente habla rápido, coloquialmente y con mucha emoción.

Para evangelizar y discipular de forma fiable a los pueblos no alcanzados, no solo debemos hablar con fluidez sus lenguas, sino también ser expertos en ellas. Puede que nunca lleguemos a tener la facilidad de los hablantes nativos, pero deberíamos aspirar a ser capaces de desenvolvernos con soltura en una amplia gama de situaciones, desde las bromas rápidas y cotidianas hasta los temas más difíciles y personales. Nuestra capacidad lingüística nunca debe ser el factor limitante en una conversación importante. No solo debemos conocer el significado de las palabras, sino también sus matices. Debemos ser capaces de interactuar con humor. Tenemos que entender el lenguaje corporal y los símbolos culturales: qué es apropiado y qué no lo es, qué comunica decepción, agresión y respeto. Debemos ser capaces de tomar las riendas de la conversación cuando nos toca hablar, y saber *cuándo* nos toca hablar a nosotros. Tenemos que entender cómo se cuentan las historias. Tenemos que ser capaces de reproducir la cadencia adecuada del lenguaje.

Explicar cómo aprender un idioma de forma eficaz y cómo alcanzar un nivel de fluidez adecuado queda fuera del alcance de este libro. Pero por ahora, quiero hacer tres observaciones fundamentales.

En primer lugar, lo ideal son las estrategias de inmersión lingüística centradas en el enriquecimiento del vocabulario y la comprensión

41 La fluidez de los estudiantes de idiomas cuando hablan con amigos íntimos suele ser mayor que cuando lo hacen con desconocidos. Esto se debe a que pasar mucho tiempo juntos les permite familiarizarse mucho más con sus *idiolectos* (dialectos personales, compuestos por los patrones de habla, el vocabulario preferido, las expresiones y la gramática de cada persona, vocabulario, expresiones y gramática) que con la lengua en general.

auditiva. Aquellos que no estén familiarizados con este tipo de estrategias podrían empezar por examinar el *Growing Participator Approach* (Enfoque del participante en crecimiento)[42] o *Becoming Equipped to Communicate* (Equiparse para comunicar).[43] Los enfoques de inmersión lingüística bien diseñados permiten a los nuevos misioneros desarrollar una profunda familiaridad con la cultura a la vez que estudian el idioma.

En segundo lugar, la inmersión por sí sola —incluso con un tutor cualificado— no bastará para que la mayoría de los adultos alcancen un alto nivel de competencia. La mayoría de los misioneros también se beneficiarán de la formación en adquisición lingüística antes de salir al campo, o de la detallada gramática y fonética de la lengua que están aprendiendo.[44]

42 *Growing Participator Approach*, https://www.growingparticipation.com.

43 Mike Griffis y Linda Mac, *Becoming Equipped to Communicate: A Practical Guide for Learning a Language and Culture* (Baulkham Hills, New South Wales: AccessTruth, 2015).

44 Contrariamente a la creencia popular, la mayoría de los adultos no aprenden bien un idioma automáticamente simplemente por estar rodeados de él. Los adultos son capaces de aprender otras lenguas, pero su cerebro es menos flexible que el de los niños, y el entorno en el que pueden sumergirse no les proporciona el mismo tipo de educación o instrucción que los padres dan a sus hijos. Los misioneros pueden beneficiarse de la formación en adquisición de idiomas, incluida la formación en gramática, análisis del discurso y fonética. Esto se debe a que nos aferramos sin darnos cuenta a patrones con los que estamos familiarizados. La formación en estas áreas ayuda porque:

- Otras lenguas suelen tener patrones gramaticales profundamente diferentes de los nuestros, y no basta con sumergirse en una nueva lengua para aprenderla. Se necesita ayuda gramatical específica de la lengua o formación para analizar la gramática.
- También es difícil dominar nuevos modelos discursivos: ¿cómo empiezan y acaban las historias? ¿Cuál es la cadencia de una lengua? ¿Cómo sé cuándo me toca hablar?
- Ver Christophe Pallier, Laura Bosch y Nuria Sebastian-Galles, *A Limit on Behavioral Plasticity in Speech Perception*, Cognition 64 (1997): B9-B17. Nuestra percepción de los sonidos se endurece en la infancia, y muchos adultos tienen dificultades para percibir sonidos que no están presentes en su lengua materna. Por ejemplo, a muchos inmigrantes chinos en Occidente les cuesta diferenciar entre los sonidos «l» y «r», aunque para un hablante nativo de inglés son sonidos totalmente distintos. Del mismo modo, los nativos de habla inglesa que aprenden árabe tendrán dificultades para distinguir entre ت y ط.

En tercer lugar, muchos misioneros nunca alcanzarán la fluidez de un hablante nativo. Por lo tanto, no aconsejo que esperemos tanto tiempo antes de abandonar el aprendizaje de idiomas a tiempo completo para dedicarnos plenamente al ministerio. Por el contrario, yo aconsejaría que, antes de abandonar el aprendizaje de idiomas a tiempo completo, los misioneros deberían aspirar a un nivel de al menos competencia *media avanzada* según las directrices de ACTFL.[45] El aprendizaje concentrado del idioma no debe cesar en

45 *ACTFL Proficiency Guidelines 2012* (Alexandria, VA: American Council on the Teaching of Foreign Languages, 2012). Para dar una idea básica de cómo es la capacidad lingüística de nivel medio-avanzado, cito a continuación descripciones de capacidades orales de nivel medio-avanzado. Para obtener una idea más completa del nivel medio avanzado —incluidas descripciones de la comprensión auditiva, la lectura y la escritura de nivel medio avanzado—, los lectores pueden consultar las directrices de ACTFL:

> Los hablantes del subnivel intermedio avanzado son capaces de desenvolverse con soltura y confianza en un gran número de tareas comunicativas. Participan activamente en la mayoría de los intercambios informales y en algunos formales sobre una variedad de temas concretos relacionados con el trabajo, la escuela, el hogar y las actividades de ocio, así como temas relacionados con acontecimientos de actualidad, públicos y de interés personal o relevancia individual.
>
> Los hablantes de nivel intermedio avanzado demuestran la capacidad de narrar y describir en los principales marcos temporales del pasado, presente y futuro, proporcionando un relato completo, con un buen control del aspecto...
>
> Los hablantes medios avanzados pueden afrontar con éxito y relativa facilidad los retos lingüísticos que plantea una complicación o un giro inesperado de los acontecimientos que se produce en el contexto de una situación rutinaria... Para ello suelen emplear estrategias comunicativas como el circunloquio o la reformulación. El discurso de los hablantes de nivel medio-avanzado que realizan tareas de nivel avanzado se caracteriza por una gran fluidez. Su vocabulario es bastante extenso, aunque principalmente de carácter genérico, excepto en el caso de un área particular de especialización o interés. Su discurso puede seguir reflejando la estructura de párrafo oral de su propia lengua más que la de la lengua meta.
>
> Los hablantes medios avanzados participan en conversaciones sobre una variedad de temas conocidos, tratados de forma concreta, con mucha exactitud, claridad y precisión, y transmiten el mensaje que pretenden sin tergiversaciones ni confusiones... Cuando se les pide que desempeñen funciones o traten temas propios del nivel superior, suelen disminuir la calidad y/o la cantidad de su discurso.

este punto, y es esencial que la capacidad lingüística no se estanque aquí. Sin embargo, dejar de estudiar a tiempo completo puede ser estratégico, ya que se ha alcanzado un nivel de idioma lo suficientemente alto como para que el misionero pueda ejercer libremente su ministerio. En este nivel, el desarrollo del idioma continuará de forma natural, ya que el hablante lo utiliza en una amplia variedad de circunstancias de la vida cotidiana.

Si el objetivo es alcanzar este nivel de fluidez, es probable que el estudio del idioma dure muchos años, y la estimación de Hudson Taylor del tiempo diario necesario —de seis a ocho horas diarias en un programa de estudio inmersivo bien diseñado— es una buena indicación del tipo de dedicación que se requerirá. Según mi propia experiencia, el estudio del idioma comienza a acelerarse realmente cuando un misionero pasa más de ocho horas diarias inmerso en la interacción con el idioma al nivel de la «zona de crecimiento».[46]

Esto es más difícil de lo que parece. Muchos misioneros que han experimentado la vida de campo se tomarán la cabeza desesperados. No pretendo criticar ni agobiar a los misioneros con tareas imposibles. Intento recordarles que, de una forma u otra, *debemos* alcanzar un alto nivel de competencia lingüística si queremos compartir el evangelio con claridad. Sé que hay muchos obstáculos. Los tutores lingüísticos fijos pueden ser difíciles de encontrar. Puede que tengamos que viajar inesperadamente debido a guerras o disturbios civiles, o para renovar nuestras visas, o para hacer frente a crisis familiares. Algunos nos enfrentamos a temporadas de desarrollo empresarial que nos obligan a reducir nuestras horas semanales de concentración en la adquisición de idiomas. Podemos hacer frente a estos obstáculos cuando surjan, y no debemos sentirnos culpables por hacerlo. La

46 Cuando estamos en nuestra «zona de crecimiento», utilizamos la lengua al límite o cerca del límite de nuestras capacidades. Así, después de un año de estudio de la lengua, saludar a un tendero y comprar azúcar no es una actividad propia de la zona de crecimiento. Sentarse con un amigo y mantener una conversación tomando el té sí lo es.

vida es complicada, e incluso nuestros planes mejor trazados pueden venirse abajo. En algunos momentos, tendremos que contentarnos con lo que es posible, no con lo que es ideal. Pero dentro de los límites de una flexibilidad razonable, debemos hacer lo que podamos para mantener el dedo en el renglón.

Estudiar idiomas a tiempo completo puede resultar especialmente difícil o poco práctico para las madres, sobre todo cuando sus hijos son pequeños. En este sentido, debemos ser especialmente flexibles. En ocasiones, las madres tardarán mucho más tiempo en dominar el idioma, y en lugares donde lo ideal sería que el ministerio se desarrollara en más de un idioma, puede que las madres necesiten concentrar la mayor parte de su energía en el idioma que sea más importante. La mayoría de las madres sobre el terreno apreciarán mucho todo lo que podamos hacer para animarlas en estas situaciones.

Dado que algunos países no conceden visas para estudiar idiomas, no siempre es posible hacerlo a tiempo completo. Así que, en algunos casos, puede ser importante que los misioneros hagan progresos significativos en su aprendizaje del idioma antes de entrar en el país.

La motivación disminuye con el paso de los años. Es mayor en los primeros años de ministerio. Por eso, los que no progresan inmediatamente en la adquisición del idioma se acomodan fácilmente a un «enfoque de goteo lento», en el que aprenden poco a poco. Además, son pocas las actividades ministeriales que pueden emprenderse con la misma eficacia antes de adquirir el idioma que después. Por lo tanto, siempre que sea posible, el estudio de la lengua debe iniciarse de manera agresiva al comienzo del ministerio.

Pocas personas —incluidos los misioneros— tienen la motivación interna para seguir estudiando idiomas a tiempo completo durante años y años. Puede ser necesaria cierta responsabilidad para cultivar el crecimiento. Los jefes de equipo ayudarán a sus miembros pidiéndoles que registren las horas que se proponen estudiar. Esta sugerencia suele molestar a la gente; parece exagerado pedir a los misioneros que «informen sus horas». Tales objeciones solo aumentan mi preocupación. No es una cuestión de motivación, sino de disciplina, y no tenemos por qué oponernos a ella. En el mundo profesional es normal tener que rendir cuentas. ¿Por qué habríamos de imaginar que estamos por encima de esto?

Una misionera se quejó una vez de que el seguimiento de sus horas le hacía sentir que «el número de horas que estudio al día es lo único que importa». Bueno, no es *lo único* que importa. Pero cuando se trata de aprender un idioma, el número de horas dedicadas al estudio importa mucho, igual que el número de kilómetros recorridos cuando se entrena para una maratón. Las horas dedicadas al estudio de un idioma no son *lo importante*, por supuesto. Son la disciplina que nos lleva a nuestro objetivo real. Podemos tener la mejor de las motivaciones, pero una vez en el extranjero: un poco de sueño, un poco de sopor, un poco de navegación por Internet... y antes de que nos demos cuenta días enteros desaparecerán en un abrir y cerrar de ojos.

Traducción

Además de aprender un idioma y una cultura lo suficientemente bien como para compartir el evangelio, en muchos casos puede ser necesario traducir la Escritura a ese idioma. La traducción en sí es una tarea que requiere meses de formación técnica y años de trabajo lento y cuidadoso. En algunos casos, hacerlo puede exigir crear un alfabeto y promover la alfabetización. Todavía hay lenguas con decenas de miles de hablantes que carecen de alfabeto escrito.

Ofrecer una traducción exacta y legible de la Biblia es de suma importancia. Sabemos por la historia que pequeños errores de traducción pueden causar enormes problemas. Cada vez más, los misioneros recurren a estrategias de traducción a la lengua materna, en las que un misionero que solo habla una lengua comercial dirige simultáneamente varios equipos de ayudantes de traducción locales que traducen la Escritura a sus propias lenguas.[47] Pero a estos ayudantes

47 Karl J. Franklin, *Bible Translation and Small Languages in the Pacific: Ten Years Later, International Journal of Frontier Missiology* 29/2 (verano de 2012): 82–89.

de traducción rara vez se les examina para comprobar su competencia bilingüe en la lengua comercial utilizada para la comunicación con los misioneros; no siempre son creyentes; y a menudo carecen de familiaridad con conceptos cristianos cruciales.

En tales casos, inevitablemente tendrán que esforzarse por traducir con precisión ideas que no entienden del todo. Por supuesto, los traductores intentan eliminar las principales imprecisiones, pero el potencial de error y opacidad aumenta cuando el misionero solo puede utilizar una lengua comercial para comprobar la traducción final. Se perderán matices y a menudo se introducirán ideas extrañas. Incluso cuando una traducción es gramaticalmente correcta, si sus ideas e historias no se cuentan con fluidez, los lectores nativos pueden perder interés y dejar sus Escrituras en la estantería. La calidad es más importante que la rapidez, y en cualquier traducción bíblica —sobre todo en las traducciones a lenguas que nunca antes han traducido la Biblia— debemos valorar más la profesionalidad que la productividad.

Conclusión

La comunicación clara es importante. En última instancia, es el Espíritu de Dios quien convence a las personas de pecado. Sin embargo, para hacerlo, se vale de nuestras capacidades humanas de comunicación. Las generaciones pasadas de misioneros comprendieron esto y se esforzaron por dominar las lenguas en las que trabajaban para poder comunicar el evangelio con claridad. La fuerza misionera actual lo ha olvidado en gran medida. Nos contentamos, en su mayor parte, con trabajar con traductores —que a veces ni siquiera entienden las ideas que traducen— y con contar con tropiezos las pocas historias sobre Jesús que nos permiten nuestras limitadas capacidades lingüísticas. Nuestra negligencia en el aprendizaje de idiomas pretende ahorrar tiempo y energía, maximizar la eficiencia. Pero aunque nuestro enfoque descuidado sea bienintencionado, es desacertado y poco profesional. Maximizar la eficiencia —comunicando al mayor número de personas posible, lo más rápido posible— supone el riesgo de comunicar de forma poco clara y de comprometer el mensaje. Dios nos ha enviado como embajadores para comunicar Su evangelio a los perdidos. Por su bien y por el bien del evangelio, debemos comunicarlo con la mayor fluidez y claridad posibles.

7

Credibilidad y audacia hoy

HAY MOMENTOS EN LA VIDA en que todo cambia. Cuando un misionero por fin puede desenvolverse a un alto nivel en la lengua y la cultura en la que vive, su vida experimenta una transición significativa. Empieza a sentirse más seguro, más en casa. Puede manejar las situaciones en las que se encuentra con mucha más facilidad que antes. Sus amistades se profundizan, ya que ahora tiene las herramientas para conocer y ser conocido más profundamente. Su ministerio se amplía. Ahora, en lugar de limitarse a hacer *comentarios* espirituales, es capaz de mantener *conversaciones* espirituales. Puede adentrarse con confianza en temas y valores relacionados con la visión del mundo. Su lenguaje no es perfecto —es dolorosamente consciente de ello— pero no es un obstáculo cuando aborda cuestiones espirituales. Ya no es un forastero cultural, aunque su apariencia todavía lo marca como extranjero. Se ha inmerso en la cultura, de modo que puede participar en ella sin problemas.

Tiene una red de relaciones de gran alcance y cada vez es más aceptado por quienes lo rodean. Su ministerio cambia. Cada vez más, en lugar de ser entrenado por otros, está ministrando *a otros* cuando Dios le da la oportunidad. A medida que esto sucede, es capaz de compartir su fe con claridad y —si el Señor abre los corazones para creer— discipular a nuevos creyentes. En medio de todos los cambios, su tarea principal sigue siendo la misma. Sigue siendo, ante todo, un embajador que lleva el mensaje de Cristo. Pero ahora puede comunicar ese mensaje con mayor claridad.

Sin embargo, como vimos en el capítulo 5, la claridad por sí sola no basta. La claridad permite que la gente entienda el mensaje de Cristo. Eso es vital. Pero si quieres que la gente escuche y crea el mensaje de Cristo, también debes compartirlo con valentía y presentarlo de forma creíble.

Credibilidad

La cultura y la cosmovisión

Hace años, una mujer mayor que vivía en el desierto, al sur del Sahara, llegó a querer a mi compañera de trabajo «Beth» como a una hija.

—Un día —le dijo a Beth—, viajaré a Estados Unidos para conocer a tu familia.

Beth se rio.

—Estados Unidos está muy lejos. No creo que puedas llegar hasta allá.

—Montaré en mi burro—, respondió la mujer.

—¡Pero hay un océano en medio, un montón de agua!

La mujer se lo pensó. Entonces concluyó:

—Esperaré hasta la estación seca.

Está claro que Beth y esta mujer del sur del Sahara tenían visiones del mundo diferentes. Lo que tenía todo el sentido para la amiga de Beth no tenía ningún sentido para ella.

Para muchos, el mensaje de Jesús no tiene sentido práctico. No es creíble. Tenemos que ser conscientes de ello para poder presentarlo de forma creíble y hacer frente a las diversas objeciones y malentendidos.

He aquí algunas cuestiones importantes que los misioneros deben plantearse:

- ¿En qué contradice el mensaje de Jesús supuestos arraigados y creencias profundamente arraigadas?
- En caso de contradicción, ¿será la historia tan extraña que parezca ridículamente falsa, salvo para el más abierto de los oyentes?

- ¿Cómo podemos ayudar a la gente a superar estos callejones sin salida cuando se producen?

Solo podemos responder a estas preguntas cuando estamos lo suficientemente familiarizados con la cultura y la visión del mundo como para comprender sus creencias e interactuar con ellas.

Debido a la intensa atención que requiere la adquisición de la lengua, la he abordado por sí sola, con escasa referencia al aprendizaje cultural. Pero lengua y cultura están siempre entrelazadas. La lengua forma parte de la cultura. Es el mejor medio para conocer una cultura. La palabra «cultura» se utiliza mucho. Pero ¿qué significa? A grandes rasgos, una cultura está formada por todas las formas de vida y de ver el mundo que tienen diferentes grupos de personas. Abarca «diferencias lingüísticas, políticas, económicas, sociales, psicológicas, religiosas, nacionales, raciales y de otro tipo».[1] Sin un conocimiento profundo de una cultura, es casi imposible entablar relaciones profundas y de confianza. Al fin y al cabo, tenemos que aprender una larga lista de cosas:

- cómo funcionan las amistades
- qué es ofensivo
- qué transmite respeto
- cómo se presentan las opiniones
- cómo se gestionan los conflictos
- cómo se relacionan los hombres y las mujeres
- lo que la gente teme
- lo que esperan
- cómo se dan y reciben los regalos
- cómo se viste y come la gente respetable y cómo se acicala

Podría seguir, pero espero entiendas. Cada interacción y cada conversación conllevan matices culturales y suposiciones. Rara vez

1 David Hesselgrave, *Communicating Christ Cross-Culturally: An Introduction to Missionary Communication*, 2da. ed. (Grand Rapids, MI: Zondervan, 1991), 100.

pensamos en ello cuando estamos «en casa». Pero cuando estamos sobre el terreno, la disonancia cultural puede llegar a ser abrumadora. Hasta que no sepamos instantánea e intuitivamente qué comunicará cada uno de nuestros comportamientos en una amplia variedad de situaciones, seremos involuntariamente una fuente de incomodidad o incluso de ofensa.

Queremos aumentar nuestra fluidez cultural por una razón principal: compartir el evangelio de forma comprensible. Esto significa que, a medida que aprendemos sobre la cultura de un pueblo, debemos centrarnos especialmente en aprender su visión del mundo. La palabra «cosmovisión» se usa mucho. Cuando la utilizo, me refiero al conjunto de supuestos más o menos incuestionables que determinan las creencias y valores de un grupo de personas. Discernir la visión del mundo de alguien significa plantearse preguntas como: ¿Existen Dios o los dioses? ¿Existe un mundo espiritual? ¿Cómo surgió el mundo que conocemos? ¿Qué somos los seres humanos? ¿Qué «debemos» hacer? ¿Qué hace que la vida sea buena?

La mayoría de la gente vive sin ser consciente de su visión del mundo. David Hesselgrave define las cosmovisiones como «sistemas de pensamiento; suposiciones sobre la naturaleza del mundo; las formas en que los distintos pueblos "ven" el mundo».[2] El teólogo N. T. Wright dice que las cosmovisiones son «aquello *a través de* lo cual, no *a lo* cual, una sociedad o un individuo miran normalmente».[3] Como un par de lentes, las cosmovisiones permiten a las personas procesar todo lo que les rodea. Todos tenemos estos «lentes», y el hecho de que podamos movernos por el mundo con más o menos éxito con ellas puestas no hace sino reforzar nuestra confianza en que estamos viendo con precisión lo que realmente existe. No nos damos cuenta de que nuestra realidad puede estar sustancialmente teñida

2 David Hesselgrave, *Worldview, Scripture, and Missionary Communication, International Journal of Frontier Missiology* 14/2 (abril-junio 1997): 79–82.

3 N. T. Wright, *The New Testament and the People of God*, vol. 1 de *Christian Origins and the Question of God* (Londres: Society for Promoting Christian Knowledge, 1992), 125.

por los lentes que llevamos puestos. Es una lástima, porque la visión del mundo «abarca todas las percepciones humanas profundas de la realidad, incluida la cuestión de si existen o no los dioses y, en caso afirmativo, cómo son y cómo se relacionan con el mundo».[4] Rara vez cuestionamos nuestras creencias más profundas sobre el mundo.

Es importante destacar que las cosmovisiones no son simplemente un conjunto de creencias abstractas («Dios existe»; «Dios es bueno»), ya que el mundo en sí no es abstracto. El mundo es concreto y real, por lo que las partes más fundacionales de nuestras visiones del mundo son historias concretas que nos dicen por qué las cosas son como son. Tim Keller escribe: «Todas las personas viven alguna historia mental del mundo que da sentido a sus vidas».[5] Estas historias moldean nuestras vidas de manera profunda. Impulsan nuestras acciones. Satanás no engañó a Eva diciéndole que Dios era malo, sino contándole una historia en la que Dios intentaba oprimirla. Del mismo modo, en Oseas, Israel recurre a los ídolos porque le han hecho creer una historia falsa:

> Porque su madre se prostituyó; la que los dio a luz se deshonró, porque dijo: Iré tras mis amantes, que me dan mi pan y mi agua, mi lana y mi lino, mi aceite y mi bebida [...]. Y ella no reconoció que yo le daba el trigo, el vino y el aceite, y que le multipliqué la plata y el oro que ofrecían a Baal (Os. 2:5, 8).

Desde las parejas enamoradas hasta las naciones en guerra, todo el mundo se mueve por una historia.

La historia bíblica cuenta cómo Dios creó el mundo para que fuera bueno; cómo la humanidad cayó en el pecado; cómo Dios eligió a un pueblo especial para sí y le dio la ley; cómo amó a ese pueblo aunque se alejara de Él; y cómo finalmente envió a Su Hijo para morir por

4 N. T. Wright, *New Testament and the People of God*, 123.

5 Timothy Keller, *Every Good Endeavor: Connecting Your Work to God's Work* (Nueva York: Penguin, 2012), 157.

ellos y resucitar para que pudieran vivir con Él para siempre. Por el contrario, una historia secular podría decirnos que la materia y la energía se unieron de forma un tanto arbitraria, y que el mundo que conocemos se desarrolló enteramente a través de procesos mecánicos y científicos sin ningún propósito superior o significado espiritual. Historias como estas conforman las creencias y actitudes de las personas sobre sí mismas, Dios y el mundo que las rodea. Como misioneros, nuestro trabajo consiste en subvertir las historias engañosas en las que la gente ha creído con la verdadera historia de la Escritura.

Para ello, debemos tomarnos en serio las historias y las visiones del mundo de las personas. Las ideas que se interponen entre las personas y la fe en Dios no son *meras* excusas. A menudo, las personas están realmente engañadas. Sencillamente, no pueden creer en Dios hasta que no se corrijan esos engaños. Nuestro trabajo, entonces, es ayudar a la gente a ver las inconsistencias en sus creencias, y ver cómo las historias que están siguiendo les llevarán a una falta de realización y, finalmente, incluso a la ruina. En Oseas, por ejemplo, Dios subvierte la historia de Israel de que la adoración de ídolos la había llevado a la prosperidad:

> Por tanto, yo volveré y tomaré mi trigo a su tiempo, y mi vino a su sazón, y quitaré mi lana y mi lino que había dado para cubrir su desnudez. Y ahora descubriré yo su locura delante de los ojos de sus amantes, y nadie la librará de mi mano (Os. 2:9-10).

Una vez que Israel se ha dado cuenta de lo profundamente engañada que estaba, es capaz de escuchar la historia de Dios:

> Pero he aquí que yo la atraeré y la llevaré al desierto, y hablaré a su corazón (Os. 2:14).

El proceso de subvertir las falsas historias y creencias de la gente con la verdad se denomina a menudo *pre-evangelismo*. ¿Cómo podría funcionar para nosotros hoy en día? En Occidente, por ejemplo, podríamos ayudar a la gente a ver las incoherencias del relativismo moral. Podríamos mostrar lo vacía de contenido de la vida humana y cómo destruye las relaciones y a las personas. También podríamos tener que cuestionar ideas preconcebidas e historias que pintan el mensaje cristiano como necio, cruel o irrelevante. Por ejemplo, consideremos estas afirmaciones comunes a las que hay que hacer frente:

- La ciencia ha refutado los relatos milagrosos de la Biblia.
- El cristianismo enseña que debemos odiar a los homosexuales.
- Las enseñanzas de Jesús no son diferentes de las enseñanzas de cualquier otra religión.

En el mundo musulmán, podríamos preguntarnos si un Dios santo es realmente capaz de despreciar el pecado tan a la ligera como la gente imagina. Quizás tengamos que cuestionar otras ideas preconcebidas. Estas son algunas de las que oigo a menudo:

- Se cambió el Nuevo Testamento.
- La vida humana es demasiado profana para que Dios se involucre en ella.
- Los cristianos no son monoteístas; adoran a Dios, a Jesús y a María.
- El cristianismo permite la promiscuidad.

Es muy difícil cuestionar las visiones del mundo de los demás antes de haberlas tomado lo suficientemente en serio como para entenderlas. Los misioneros y maestros del Nuevo Testamento deberían ser capaces de interactuar con las ideas de sus oyentes. En la predicación de Pablo contra la idolatría en Atenas se vislumbra esta capacidad:

1. Pablo identifica el politeísmo como un área fundamental en la que la cosmovisión de los ateos difiere de la Escritura.
2. Pablo señala las peligrosas incoherencias del politeísmo: ¿cómo podría un dios necesitar que los humanos le sirvieran o le

construyeran templos, cuando de hecho Dios creó todas las cosas (Hech. 17:24-25)? Dios no pasará por alto tal ignorancia para siempre (vv. 30-31).

3. Pablo presenta la historia bíblica como una alternativa: Dios no es un ídolo creado por manos humanas. Al contrario, creó a la humanidad. Los hombres son Sus hijos, y un día resucitará a los muertos y juzgará a toda la humanidad. Pablo expone sus argumentos de un modo que los ateos están en condiciones de entender. Argumenta a partir de lo que ya saben —que puede haber un Dios o dioses desconocidos (v. 23)—, e incluso toma prestadas palabras de un poeta griego (v. 28) cuyos escritos habrían formado parte de los «textos de sabiduría» atenienses. Su familiaridad con la cultura griega le permite abordar su visión del mundo de formas que los griegos encontrarían persuasivas, o al menos plausibles.

Podemos seguir una pauta similar esforzándonos por comprender cómo las creencias de la gente contrastan con la Escritura, señalando las incoherencias y los peligros, y presentando la verdad de manera que nuestros oyentes estén en condiciones de entenderla.

Por desgracia, el pensamiento misionero moderno tiende a descartar todo esto. Muchos dicen que no es necesario conocer en detalle la cultura y las creencias de la gente antes de compartir el evangelio con ellos. De hecho, se nos advierte que incluso puede ser perjudicial. Ya he citado esto, pero vale la pena repetirlo. Uno de los líderes misioneros más destacados de la actualidad afirma: «Nos parece mejor ser un poco "tontos" que ser demasiado listos, ya que la pericia en la cultura local puede provocar una actitud defensiva».[6] Pero hasta que no entendamos lo que la gente cree, ¿cómo podremos comprometernos con ellos o responder a sus preguntas? Como dice el proverbio: «Al que responde palabra antes de oír, le es fatuidad y oprobio» (Prov. 18:13).

6 Mike Shipman, *Any-3: Lead Muslims to Christ Now! Mission Frontiers* (julio/agosto de 2013): 22.

El difunto Nabeel Qureshi escribe sobre lo profundamente convencido que estaba de sus creencias musulmanas. Pero entonces sus amigos cristianos empezaron a compartir el evangelio con él. Así es como describió lo que sucedió después:

> Cuanto más compartía mis opiniones, más me confirmaba en mi fe. [...] Me di cuenta de que nadie tenía nada que rebatir a mis opiniones.[7]
>
> Recuerdo muchas *jumaa khutbas*, clases en campamentos juveniles, libros de educación religiosa y sesiones de estudio del Corán dedicadas a refutar la Trinidad. Todos enseñaban lo mismo: la Trinidad es politeísmo apenas velado.[8]
>
> Todas las personas a las que quería y respetaba me enseñaron a rechazar la Trinidad, y eso, combinado con la incapacidad de los cristianos para explicarla, hace que sea fácil ver por qué la repulsión a la Trinidad formaba parte integrante de mi identidad islámica. Lo mismo ocurre con casi todos los musulmanes practicantes.[9]

A continuación describe sus sentimientos respecto a la Biblia: «Sabía en mi interior que la Biblia había sido alterada».[10] Y más tarde:

> Estaba convencido de que el Corán resistiría el escrutinio. Nadie en la *ummah*[11] dudaba de su inspiración divina... Sabíamos que el Corán era tan perfecto y milagroso que nadie se atrevería a cuestionarlo. [...] Considerábamos que nuestros argumentos eran incontrovertibles.[12]

7 Nabeel Qureshi, *Seeking Allah, Finding Jesus: A Devout Muslim Encounters Christianity* (Grand Rapids, MI: Zondervan, 2014), 88.
8 Qureshi, *Seeking Allah, Finding Jesus*, 191.
9 Qureshi, *Seeking Allah, Finding Jesus*, 191.
10 Qureshi, *Seeking Allah, Finding Jesus*, 133.
11 La comunidad islámica.
12 Qureshi, *Seeking Allah, Finding Jesus*, 228.

Lo que se desprende de las citas anteriores es el retrato de un joven profundamente convencido —a través de «dos décadas de enseñanza islámica»— de que el evangelio cristiano era un engaño. Tiene en su mente y en su conciencia objeciones sinceras al mensaje de Cristo. Sin ayuda para superar estas objeciones, simplemente *no podía* confiar en el Jesús de la Biblia. No le bastaba con ser querido por amigos cristianos o con oír historias que ilustraran la belleza del carácter de Jesús, del mismo modo que tener buenos amigos paganos que contaran bonitas historias sobre sus dioses no bastaría para hacernos creer en Zeus.

La curiosidad y el poderoso intelecto de Qureshi le permitieron investigar estas cuestiones más a fondo de lo que lo haría la mayoría de la gente. Pero casi todas las personas se enfrentarán a preguntas similares, aunque no pasen años investigando las fuentes primarias para responderlas. Debemos comprender las barreras intelectuales y emocionales que se interponen entre la gente y Jesús, y debemos estar preparados para abordarlas.

Trabajo en el norte de África musulmán. La mayoría de los misioneros que he conocido no pueden —ni siquiera en su propia lengua materna— explicar lo básico de lo que *entendemos* sobre la Trinidad, y mucho menos presentar esta doctrina de forma que sus amigos y vecinos musulmanes puedan entender. En general, los misioneros que he conocido desconocen las grandes diferencias que existen entre el monoteísmo cristiano y el monoteísmo musulmán. Pocos tienen siquiera una familiaridad básica con el Corán, los hadices o la *sira*. Pocos saben siquiera qué son los *sira*.[13] Del mismo modo, pocos conocen el sabor local del islam en las zonas en las que trabajan. ¿Qué *imanes* son los más influyentes? ¿Qué escuelas de pensamiento islámico representan? Además, tienen escasos conocimientos históricos que respalden sus afirmaciones de que el Nuevo Testamento permanece inalterado —otro gran escollo para los musulmanes— ni conocen los

13 Los sira son biografías tradicionales de Mahoma, y sus relatos son textos religiosos fundamentales para muchos musulmanes.

pasajes del Corán que sugieren que el Nuevo Testamento es fiable e incluso animan a leerlo.

Con frecuencia, los misioneros pierden el tiempo discutiendo temas no fundamentales. Por ejemplo, suelen entablar diálogos sobre la injusticia de la poligamia, una práctica aprobada por el islam. Pero discutir con hombres musulmanes sobre la poligamia no es más útil para compartir el evangelio de lo que sería en Occidente exigir a la gente que deje de acostarse con sus novias o novios. Ciertamente es una conversación para el discipulado, pero no es por donde se empieza a introducir el evangelio. También he visto muchos misioneros hablar con musulmanes sobre si nos salvamos por obras o por gracia. Esto es difícil, porque la visión musulmana de la salvación es algo complicada. En muchas formas del islam, la entrada en el paraíso depende hasta cierto punto de nuestras obras, pero en última instancia Dios muestra misericordia a quien le place. Por eso, a los musulmanes les cuesta percibir un conflicto entre la salvación por las obras o por la gracia. La mayoría de los misioneros no saben cómo sentar las bases necesarias para ayudar a sus amigos a comprender hasta qué punto la doctrina cristiana de la salvación por la gracia difiere de la enseñanza musulmana.

Los misioneros en otras partes del mundo —incluso en otras partes del mundo musulmán— se enfrentarán a problemas diferentes que deben entender y abordar. Pero la cuestión está clara: los misioneros deben invertir mucho tiempo en comprender las creencias de la gente antes de intentar convencerlas del mensaje de Cristo. Cualquier embajador enviado a una nación extranjera haría todo lo posible por comprender a fondo el pensamiento y los motivos de su nuevo hogar. No vería esto como algo opcional, o como ir más allá. Lo vería como su responsabilidad profesional.

Ganarse el derecho a ser escuchado

Por supuesto, nadie necesita cuestionar las credenciales de un embajador político. Cuando Estados Unidos, por ejemplo, envía un embajador a México, el gobierno mexicano tiene claro quién es ese embajador y quién lo envía. Pero como misioneros, nuestras pretensiones y nuestras credenciales son más dudosas. Afirmamos llevar un mensaje de Dios. Muy bien, pero otros también lo han afirmado, ¡y la mayoría de ellos están locos! ¿Por qué iba a escucharnos nadie? Ciertamente, nuestro *mensaje* debe ser convincente, pero a menos que nosotros mismos también seamos creíbles, es posible que nuestro mensaje ni siquiera sea escuchado.

La credibilidad no se establece fácilmente cuando compartimos un mensaje que se enfrenta a creencias y valores culturales. El antropólogo Paul Hiebert explica: «Una de las características principales de la cultura es que es especialmente resistente a los intentos manipuladores de cambiarla desde el exterior».[14] Los recién llegados a una cultura son percibidos intrínsecamente como actores sospechosos y potencialmente siniestros, especialmente cuando ofrecen críticas. Esto es especialmente cierto cuando las críticas se dirigen a partes de la cultura de las personas que son fundamentales para su sentido de la identidad.[15]

Obviamente, la mayoría de los misioneros son extranjeros. Pero con el tiempo pueden llegar a ser percibidos como «uno más de los nuestros», al menos hasta el punto de ser «alguien que nos comprende» y «alguien que está de nuestro lado». Este fue un eje central del ministerio de Pablo (1 Cor. 9:20-21).

Pero debemos ganarnos el derecho a ser escuchados. Y esto requiere paciencia. Sospecho que algunos protestarán. David Garrison lo hace. Escribe que no necesitamos ganarnos «el derecho a compartir nuestra fe. Jesús se ganó ese derecho cuando murió en la

14 Paul G. Hiebert, *Transforming Worldviews: An Anthropological Understanding of How People Change* (Grand Rapids, MI: Baker Academic, 2008), 32.

15 Por ejemplo, el animismo es una cosmovisión que contradice al cristianismo en múltiples niveles. Sin embargo, muchos animistas tribales no ven parte de su identidad como «miembros del sistema religioso animista, que difiere del sistema cristiano». En cambio, la mayoría de los musulmanes o hindúes sí ven su identidad, en parte, como miembros de sistemas religiosos que están en contradicción con el cristianismo. Esto aumentará el nivel de resistencia que ofrecen cuando los cristianos critiquen sus visiones del mundo.

cruz por nosotros».[16] Esto es cierto en cierto sentido, pero mientras que Jesús nos ganó el derecho a compartir nuestra fe, eso puede no darnos el derecho en la mente de nuestros oyentes a ser tomados en serio. Entonces, ¿cómo nos ganamos el derecho a ser escuchados? Se me ocurren algunas cosas.

Debemos esforzarnos por ser personas de carácter que sean conocidas y reconocidas como tales (2 Cor. 11:7-10). Debemos cultivar relaciones de amor y confianza como hizo Pablo. Esto es lo que dijo a los efesios: «... Vosotros sabéis cómo me he comportado entre vosotros todo el tiempo, desde el primer día [...] sirviendo al Señor con toda humildad...» (Hech. 20:18-19). A los tesalonicenses les escribió: «Vosotros sois testigos, y Dios también, de cuán santa, justa e irreprensiblemente nos comportamos con vosotros los creyentes; así como también sabéis de qué modo, como el padre a sus hijos, exhortábamos y consolábamos a cada uno de vosotros» (1 Tes. 2:10-11).

Qureshi está de acuerdo en que cultivar una relación es vital. Reflexionando sobre «David», un cristiano que compartió el evangelio con él, escribe: «Una amistad sólida es fundamental. Una relación superficial puede romperse bajo la tensión del desacuerdo».[17] La amistad de David con Qureshi le dio derecho a decir verdades difíciles sin correr el riesgo de que Qureshi abandonara la amistad. Desde el punto de vista de Qureshi, su amistad con David le permitió cuestionar y examinar por primera vez sus creencias musulmanas. Qureshi describe su educación: «Las preguntas suelen verse como un desafío a la autoridad».[18] Y más adelante: «El acto de cuestionar el liderazgo es peligroso... Las acciones correctas e incorrectas se evalúan socialmente, no individualmente. Así pues, la virtud de una persona viene determinada por su grado de adecuación a las expectativas sociales, no por una determinación individual de lo que está

16 David Garrison, *Church Planting Movements: How God Is Redeeming a Lost World* (Bangalore, India: WIGTake Resources, 2007), 177.

17 Qureshi, *Seeking Allah, Finding Jesus*, 190.

18 Qureshi, *Seeking Allah, Finding Jesus*, 76.

bien y lo que está mal».[19] Hasta que conoció a David, Qureshi no había tenido muchas ganas de hacer preguntas y seguirlas hasta sus últimas consecuencias.

En segundo lugar, dado que las personas tienden a experimentar *alienación* cuando se encuentran con culturas *ajenas*, abrazamos las culturas en las que ejercemos nuestro ministerio en la medida de lo posible. Al hacerlo, reflejamos el ejemplo de Pablo:

> Por lo cual, siendo libre de todos, me he hecho siervo de todos para ganar a mayor número. Me he hecho a los judíos como judío, para ganar a los judíos; a los que están sujetos a la ley (aunque yo no esté sujeto a la ley) como sujeto a la ley, para ganar a los que están sujetos a la ley; a los que están sin ley, como si yo estuviera sin ley (no estando yo sin ley de Dios, sino bajo la ley de Cristo), para ganar a los que están sin ley. (1 Cor. 9:19-21)

Los misioneros de éxito a lo largo de la historia han seguido el ejemplo de Pablo. La *China Inland Mission* de Hudson Taylor fue llamada «la misión de los seguidores» por su entusiasta aceptación de la cultura china.[20] Abrazar la cultura de un pueblo les permite ver lo bien y lo realista que puede vivirse nuestra fe en *su propio mundo y su propia cultura.* No la verán como una fe ajena que solo tiene sentido en una cultura ajena. Qureshi describe lo necesario que es esto cuando reflexiona sobre la experiencia de los inmigrantes musulmanes en Occidente:

> Esperan que los occidentales sean cristianos promiscuos y enemigos del islam... Sus diferencias culturales y sus ideas preconcebidas a menudo hacen que permanezcan aislados de los occidentales... En las raras ocasiones en que alguien invita a un musulmán a su casa,

19 Qureshi, *Seeking Allah, Finding Jesus*, 108.

20 Vance Christie, *Hudson Taylor: Founder, China Inland Mission* (Uhrichsville, OH: Barbour, 1999), 151.

> las diferencias culturales y de hospitalidad pueden hacer que el musulmán se sienta incómodo... Simplemente hay demasiadas barreras para los inmigrantes musulmanes para que los cristianos las comprendan... Solo la excepcional mezcla de amor, humildad, hospitalidad y persistencia puede superar estas barreras.[21]

Audacia

Si nos esforzamos por comunicar el mensaje de Jesús con claridad, para que se entienda, y con credibilidad, para que se crea, también debemos esforzarnos por hablar con valentía, para que lo oiga el mayor número posible de personas. Podemos aprender mucho sobre hablar con valentía de métodos modernos como los *Movimientos de plantación de iglesias (MPI)* y los *Movimientos formadores de discípulos (DMM)*. Estos enfoques enfatizan la búsqueda de personas interesadas en un círculo de relaciones cada vez más amplio, en lugar de dedicar años a profundizar en unas pocas amistades cercanas con la esperanza de que finalmente abran sus corazones a nuestro mensaje. Los apóstoles sembraron con audacia y amplitud, y lo mismo debemos hacer nosotros. «¿Y cómo oirán sin haber quien les predique?» (Rom. 10:14).

Una evangelización amplia provocará a menudo una intensa oposición entre los no alcanzados. Ante tal hostilidad, debemos ser prudentes. Audacia no significa falta de tacto. Una vez más, el ejemplo de Pablo es útil en este punto:

> No seáis tropiezo ni a judíos, ni a gentiles, ni a la iglesia de Dios; como también yo en todas las cosas agrado a todos, no procurando mi propio beneficio, sino el de muchos, para que sean salvos (1 Cor. 10:32-33).

> Porque el siervo del Señor no debe ser contencioso, sino amable para con todos, apto para enseñar, sufrido; que con mansedumbre corrija a los que se oponen. (2 Tim. 2:24-25)

21 Qureshi, *Seeking Allah, Finding Jesus*, 80.

Tampoco debemos confundir audacia con temeridad. Tanto Jesús como Pablo dedicaron gran parte de su ministerio a evitar la oposición para centrarse en enseñar a sus discípulos. El propio Cristo aconseja: «Cuando os persigan en esta ciudad, huid a la otra» (Mat. 10:23). Pero ni Jesús ni Pablo evitan por completo la oposición. Ni dejan nunca de predicar a causa de ella.

A veces se enseña a los misioneros de hoy a evitar los temas polémicos. Cuando me preparaba para salir al campo, a menudo me decían: «No hablamos del Profeta ni del Corán; esos temas son demasiado controvertidos. Es mejor contar historias sobre Jesús». Hay algo de sabiduría en esto. En muchas culturas musulmanas, cuestionar el profetismo de Mahoma o la inspiración del Corán enfurece a la gente. La crítica debe hacerse con cuidado, o los resultados serán más perjudiciales que beneficiosos. Otras personas y otras culturas tendrán otras cuestiones que parecen demasiado delicadas para abordarlas. Sin embargo, los misioneros y maestros del Nuevo Testamento no consideraban ninguna verdad como «fuera de los límites». En varios momentos, Jesús, Pedro, Esteban y Pablo enfadaron a la gente al enfrentarse a los problemas sin rodeos. A veces, abordar temas que enfadan a la gente puede ser importante para llevarla a Cristo.

Debemos recordar que nos ganamos el derecho a ser escuchados. Antes de conocer la cultura y entablar relaciones vitales y afectuosas con la gente, ni siquiera sabremos cuándo o cómo abordar cuestiones «prohibidas». No tendremos el capital relacional para hacerlo. Pero con el tiempo, aprenderemos a abordar estas cuestiones de forma que ayudemos a las personas a superar sus creencias erróneas, en lugar de simplemente enfadarlas. Así, cuando la gente se enfade —y algunos lo harán—, podremos confiar en que el mensaje de Jesús en sí les ha enfadado, no solo nuestra forma insensible de presentarlo.

Como veremos en el próximo capítulo, no somos simplemente extraños a las culturas en las que trabajamos; somos recién llegados que intentan migrar hacia dentro. Aunque la transición es desalentadora, también es posible. Es posible —con el tiempo suficiente y espoleados por un deseo ferviente— adentrarse y ser capaces de explorar incluso las cuestiones más delicadas con las personas a las que somos enviados. Y *debemos* aprender a hacerlo. Este es el trabajo de un embajador.

Conclusión

Los misioneros del Nuevo Testamento trataban de comunicar con claridad, credibilidad y audacia. Nosotros también debemos hacerlo. Esto será casi imposible hasta que desarrollemos un profundo dominio de la lengua y la cultura de aquellos a quienes servimos. Al hacerlo, empezaremos a comprender las creencias y valores más profundos que se interponen entre las personas y el conocimiento salvador del evangelio. Sabremos cómo abordar esas cuestiones y cómo relacionarnos con la gente de forma segura y creíble. En cada paso se podría escribir mucho más, y de hecho se ha escrito mucho más en otros lugares. Pero lo que empieza a quedar claro aquí, espero, es que se trata de una tarea monumental. Los misioneros deben hacer un gran esfuerzo para desarrollar su capacidad de comunicación: dominar el idioma y aprender la cultura.

Lamentablemente, gran parte del mundo misionero actual solo habla poco de lo que estoy destacando aquí. La adquisición adecuada de la lengua y la cultura —esa tarea monumental, de años de duración— es la excepción, no la norma. La comunidad misionera suele considerar que el análisis real y en profundidad de la cultura y la visión del mundo de un pueblo es aburrido, académico y torpe. Y como vimos en el capítulo 3, a los misioneros no se les enseña a verse a sí mismos como embajadores de Cristo cuya enseñanza es esencial y que deben trabajar de acuerdo con los más altos estándares profesionales. Por el contrario, se les enseña a evitar la enseñanza, a «no estorbar» lo que Dios está haciendo, y a ministrar tan indirectamente como puedan, para evitar contaminar la obra de Dios.

Pero en la Escritura, Dios nunca actúa al margen de maestros humanos capaces cuando el evangelio se extiende a nuevos pueblos. Como vimos anteriormente, el Espíritu Santo no explica Isaías 53 directamente al eunuco etíope, sino que envía a Felipe. El ángel no explica el evangelio a Cornelio, sino que lo dirige a Pedro. Los misioneros deben estar preparados para desempeñar un *papel central* en la enseñanza del evangelio, y deben prepararse para desempeñar este papel de la forma más competente posible. Esto no debe avivar el orgullo; seguimos dependiendo por completo del poder del Espíritu Santo. Pero en el lenguaje de William Carey, somos el *medio* a través del cual fluye ese poder.

Tardaremos años en aprender a comunicarnos bien. Una vez calculado el costo, ¿estamos preparados? Los atajos abundan. Comprometámonos a evitarlos.

8

Un camino a largo plazo para los misioneros

EN EL CAPÍTULO 4, SUGERÍ que la tarea misionera consiste en ir, con la autoridad de Cristo, como embajadores de Su reino, a comunicar Su mensaje a las naciones. Desde entonces, he ampliado considerablemente esta definición. Los misioneros deben esforzarse por comunicar su mensaje con claridad, credibilidad y audacia.

Pero ¿cómo debería ser realmente su ministerio? Sobre la base de lo que ya hemos discutido, el camino de un ministerio está empezando a surgir. El Señor es libre de pasar por alto varios puntos a lo largo de este camino según lo considere oportuno. No obstante, pretendo que lo que sigue sea un enfoque básico, que contenga solo las principales metas del ministerio. Los misioneros deberían tratar de seguirlo excepto en los casos más inusuales.

Dicho de otro modo: No estoy describiendo una *metodología* completa. No estoy tratando de especificar qué lecciones deben enseñarse y cuándo, qué técnicas son más útiles para compartir el evangelio, o qué plan de estudios —si lo hay— debe utilizarse en la formación de ancianos. Simplemente estoy ofreciendo un esbozo amplio y de sentido común de las metas que los misioneros deben comprometerse a seguir si quieren plantar iglesias. También quiero señalar que el camino que presento aquí no es mío; *no* es *nuevo en absoluto*. Puede rastrearse a través de los ministerios de Hudson Taylor, Adoniram Judson, John Paton y otros. ¿Eran perfectos estos misioneros? No, pero puede que aún tengan mucho que enseñarnos. En los últimos años, se ha puesto de moda menospreciar a los «misioneros tradicionales». Es cierto que algunos misioneros del pasado han cometido errores lamentables.[1] Pero eso no significa que la mayor parte de la labor misionera del pasado se caracterizara principalmente por el fracaso. Debemos aprender *tanto* de los errores del pasado *como* de lo que se hizo bien.

Metas de los misioneros

Así, siguiendo el ejemplo de quienes nos precedieron, aquí las metas que debemos perseguir:

Meta 1: Conseguir apoyo y mantener una buena comunicación con la iglesia de origen.

Los candidatos a misioneros consiguen apoyo financiero, reclutan a personas que les apoyen en la práctica y en la oración, y dialogan con

1 La frase «tradicional» se utiliza casi exclusivamente en la literatura misionera evangélica moderna para referirse a las formas en que la gente —con razón o sin ella— percibe la práctica misionera histórica como anticuada o perjudicial, en lugar de referirse a los atributos de la práctica misionera histórica que nosotros encontramos inestimables. Las citas que siguen sirven como ejemplos de muchas otras:

> «... los misioneros tradicionales nunca podrán completar la Gran Comisión por sí mismos» (Danny D. Martin, *The Place of the Local Church in Tentmaking International Journal of Frontier Missiology* 14/3 [Julio-Septiembre 1997]: 131).
>
> «La práctica misionera tradicional ha sido exigir a los creyentes musulmanes que renuncien a su identidad cultural religiosa, que apostaten» (Rick Brown, *Response to «A Humble Appeal to C5/Insider Movement Muslim Ministry Advocates to Consider Ten Questions», International Journal of Frontier Missiology* 14/1 [primavera de 2007]: 9).
>
> «En las misiones tradicionales se habla de "países cerrados" y "países de acceso restringido", pero no hay puertas cerradas para los verdaderos empresarios que hacen negocios de verdad» (Issue Group on Business as Mission, *Business as Mission* [Pattaya, Tailandia: Lausanne Committee for World Evangelization, 2004], cap. 3).

sus iglesias sobre sus planes. Las iglesias que no están familiarizadas con la labor misionera aprenden sobre el ministerio en el extranjero.

Meta 2: Proseguir la formación en la Escritura previa al campo de batalla.

Hay muchas maneras de hacerlo. Tal vez ir a una buena escuela bíblica o seminario. O simplemente leer muchos libros buenos sobre teología y hermenéutica. No se necesita un título en misiones o teología, pero sí algún tipo de capacitación previa al campo. Independientemente de la forma, los misioneros deben poseer una comprensión lo suficientemente amplia de la Escritura como para pensar con flexibilidad y como resultado, deben apreciar los méritos de ciertos distintivos denominacionales con los que pueden no estar de acuerdo. También deben ser capaces de pensar críticamente al aplicar los principios bíblicos en situaciones y culturas extranjeras.

Meta 3: No olvidar la formación previa al trabajo sobre el terreno que incluya destrezas prácticas.

La capacitación previa al campo debe cubrir la mayor parte de lo que ya hemos discutido: adquisición del idioma, vida ministerial en equipo, análisis cultural y diversas habilidades para la vida que el misionero necesitará en su ubicación en el campo.

Meta 4: Insistir en varios años de adquisición lingüística y cultural a tiempo completo al llegar al terreno.

No importa el tiempo, el misionero debe considerar esto como su tarea principal hasta que alcance un alto nivel de competencia lingüística. La comunicación no debe verse obstaculizada por la incapacidad con el idioma o la falta de conciencia cultural. Siempre que sea posible, se debe proteger a los nuevos misioneros de otras responsabilidades que pudieran entrometerse en sus años de adquisición del idioma y la cultura (por ejemplo, trabajar en una clínica, enseñar inglés, ayudar a dirigir un negocio del equipo, etc.). Si bien existe cierta subjetividad en cuanto al dominio del idioma, por lo general, el aprendizaje del idioma a tiempo completo debe continuar por lo menos hasta que el misionero alcance un nivel similar al dominio *medio-avanzado* según las pautas de ACTFL.[2] Después de este punto, debe continuar cierto aprendizaje focalizado del idioma, aun cuando la capacidad lingüística siga creciendo por sí sola a medida que el misionero utilice el idioma en diversas circunstancias.

Meta 5: Comprender a fondo la visión del mundo de las personas a las que te diriges.

Esto incluye lo siguiente:

- Aprender cómo su cosmovisión contradice una cosmovisión bíblica.
- Aprender a abordar los engaños en su visión del mundo de forma clara, persuasiva y respetuosa.
- Ganarse el derecho a ser escuchado en la comunidad cultivando relaciones de respeto y confianza, labrándose una buena reputación y aprendiendo a interactuar adecuadamente dentro de las normas culturales.

Meta 6: Comunicar el evangelio amplia y audazmente de forma comprensible para la cultura.

Por lo general, se trata de *una labor de preevangelización*, en la que se abordan las incoherencias de la visión del mundo y las creencias imperantes que sirven de piedra de tropiezo al mensaje de Cristo, y siempre de una *labor de evangelización*, en la que se presenta el mensaje de Cristo.

Meta 7: Bautizar a nuevos creyentes y reunirlos en una iglesia.[3]

La nueva iglesia debe reunirse regularmente —a menos que obstáculos geográficos o amenazas extremas de seguridad lo hagan imposible— para

2 *ACTFL Proficiency Guidelines 2012* (Alexandria, VA: American Council on the Teaching of Foreign Languages, 2012). Ver discusión en el capítulo 6, incluida la nota 45.

3 Algunos creyentes estarán listos para reunirse antes de estar listos para bautizarse, particularmente si el bautismo puede resultar en persecución. No debemos presionar a la

enseñar, orar, adorar y celebrar la Cena del Señor. Más adelante en este capítulo veremos las características de una iglesia madura.

Meta 8: Discipular a los nuevos creyentes hasta que su cosmovisión cristiana haya subvertido otras formas de ver el mundo.

El objetivo es que los nuevos creyentes sean transformados por medio de la renovación de su entendimiento (Rom. 12:2). Esto dará como resultado un carácter semejante al de Cristo, y su nueva identidad en Cristo, forjada por el Espíritu, superará todas las demás identidades: étnicas, políticas, religiosas o culturales.

Meta 9: Nombrar líderes dentro de las iglesias una vez que tanto las iglesias locales como los creyentes locales hayan alcanzado la madurez.

Los ancianos y los líderes de la iglesia necesitan una base sólida de conocimiento bíblico para que sean capaces de enseñar (1 Tim. 3:2) a todas las partes de la narrativa bíblica. Cuando los líderes han sido formados y nombrados, las iglesias empiezan a gobernarse a sí mismas. Como siempre han pretendido, los misioneros se han quedado sin trabajo.

Meta 10: Donde no se disponga de la Escritura, traducirla y promover la alfabetización para que los nuevos creyentes sepan leer.

Las traducciones orales grabadas son útiles, pero en última instancia la dirección de una iglesia se beneficiará de poder comparar y cruzar referencias de pasajes de la Escritura. Un cierto nivel de alfabetización será una gran ventaja. Las traducciones precisas y legibles de la Biblia requieren formación y pueden llevarle al traductor varios años.

Espero que sea obvio: estas diez metas llevarán muchos años, y este camino difiere mucho de los enfoques misioneros modernos que

gente para que se bautice si no está preparada. Todo lo contrario. Es obra del Espíritu hacer crecer la fe de las personas hasta que estén preparadas para afrontar sus miedos. Sin embargo, debemos discipular y enseñar con la expectativa de que el bautismo será su comienzo en la vida cristiana; los creyentes que se niegan a ser bautizados no pueden ser vistos como estables o maduros en su fe.

esperan que las iglesias se multipliquen cada pocos meses. Exigirá un nivel de compromiso abrumador. Esa es una de las razones por las que los misioneros necesitan saber en qué se están metiendo antes de salir al campo. Como vimos en el capítulo 1, parte de ministrar profesionalmente y bien es «evitar atajos asignando tiempo, energía y recursos adecuados a la tarea». En el capítulo 9, discutiremos cómo encontrar y equipar misioneros para la tarea. Pero para el resto de este capítulo, simplemente quiero añadir detalles al camino descrito anteriormente. Es imposible que todos los miembros de un equipo misionero estén igualmente involucrados en cada parte de la tarea. Algunos pueden ser evangelistas dotados; otros pueden ser maestros o traductores dotados. Sin embargo, a medida que un equipo ministerial ayuda a las nuevas iglesias a avanzar hacia la madurez, hay ingredientes clave que deben formar parte de su trabajo. Ya hemos examinado brevemente la capacitación previa, la adquisición del idioma y la cultura, y algunos aspectos del preevangelismo y la evangelización. ¿Cómo continuamos ministrando profesionalmente en las fases posteriores del ministerio?

Discipulado

Jesús no solo ordena a Sus discípulos ir y bautizar. También les ordena «enseñándoles que guarden todas las cosas que os he mandado» (Mat. 28:19). Todo lo que Jesús dijo forma parte del mensaje que llevamos. De hecho, la salvación que Jesús ofreció hace más que simplemente cancelar nuestra culpa para que podamos ir al cielo cuando muramos. Jesús se complace en salvar a las personas para que puedan caminar con Dios y experimentar la libertad del poder del pecado. Ciertamente, esto implica anular nuestra culpa: no podríamos vivir y caminar con Dios si no nos perdonara. Pero tampoco tendríamos idea de cómo caminar con Dios sin la enseñanza de Jesús.

Según el misionólogo Paul Hiebert, los misioneros a menudo sucumben al «defecto del término medio excluido».[4] En otras

4 Paul G. Hiebert, *The Flaw of the Excluded Middle*, *Missiology* 10/1 (enero de 1982): 35–47.

palabras, abordan las necesidades «más básicas» de la gente (cosas como enfermedades que se ven, se sienten y se experimentan) y sus necesidades «más altas» (cosas como respuestas a las preguntas más importantes de la vida). Sin embargo, al hacerlo, ignoran un vasto «punto medio» de las visiones del mundo de las personas. Por ejemplo, ¿qué pasa con cosas como «el maná, las fuerzas astrológicas, los amuletos y ritos mágicos, el mal de ojo, el mal de lengua»?[5] No es difícil imaginar una situación similar en la que las creencias «más elevadas» sobre Dios y el más allá fueran más o menos correctas, pero las «creencias intermedias» fundamentales sobre el dinero, el poder, la sexualidad, otras etnias, el alcohol y el valor de las mujeres fueran confusas, en el mejor de los casos, y francamente depravadas, en el peor. Quizás ni siquiera tengamos que buscar demasiado lejos en algunas de nuestras propias iglesias para encontrar casos así.

Disciplinar hacia la madurez

Casos como estos no deberían ser la norma. Todo creyente independientemente de su origen o educación puede madurar. Tal es el poder del Espíritu Santo. Los pecados «generacionales» y sociales no están demasiado arraigados para él. Aunque no debemos apresurar a las personas en el proceso de maduración, debemos esperar un progreso real y sólido. Si Pablo les dice a los efesios que «no ha rehuido» declararles todo el consejo de Dios (Hech. 20:20, 27), entonces eso es parte de nuestro trabajo, también. Pero lleva tiempo. No existe una «versión abreviada» del discipulado cristiano. No podemos permitir que nuestra moderna preocupación por la rapidez lleve a algunos misioneros a recortar «todo el consejo de Dios» en un currículo de discipulado abreviado.

Una versión común de este enfoque abreviado del discipulado es la «narración de historias». Este enfoque apareció por primera vez en las misiones en la década de 1980, y desde entonces se ha popularizado

5 Hiebert, *Flaw of the Excluded Middle*, 40.

ampliamente.[6,7] Estos métodos intentan discipular a las personas por completo a través de la narración de historias bíblicas resumidas.[8] Estas historias a veces se comparten en persona. Pero lo más frecuente es que se compartan a través de «Biblias orales»: reproductores MP3 alimentados por energía solar que contienen unas cuantas docenas de historias bíblicas grabadas. ¿Recuerdan la asombrosa afirmación de David Watson, en el capítulo 3, de haber plantado 627 iglesias con solo repartir mil reproductores de audio?[9] Los métodos de narración de historias imaginan que estos reproductores de audio pueden «dar una visión completa del propósito de Dios».[10] Sus defensores hacen algunas afirmaciones sorprendentes: «Sin duda, las Biblias orales son el mejor camino para hacer discípulos entre los pueblos analfabetos no alcanzados del mundo».[11]

Sin duda, contar historias es una excelente técnica de enseñanza, y las grabaciones pueden ser una herramienta valiosa. Pero eso no significa que compartir *exclusivamente* historias sea una forma adecuada de evangelizar a los no cristianos o de discipular a los nuevos cristianos. Esto es *especialmente* cierto si las historias simplemente se graban y se envían sin un misionero que responda a las preguntas mientras la gente escucha. Las Biblias orales ofrecen una forma cómoda y barata de difundir el mensaje del evangelio.[12] Pero no debemos exagerar la utilidad de un monólogo sin cuerpo. Además, no podemos dejar que el deseo de eficacia disminuya nuestra responsabilidad de enseñar eficazmente. El discipulado requiere interacción personal. Debemos estar presentes para hacer y responder preguntas hasta que sepamos que la gente entiende.

6 J. O. Terry, *Basic Bible Storying* (Seattle, WA: Amazon Digital Services, 2012).

7 Tom Steffen, *Orality Comes of Age: The Maturation of a Movement, International Journal of Frontier Missiology* 31/3 (otoño de 2014): 139–47.

8 Terry, *Basic Bible Storying*, cap. 1.

9 *David Watson's Testimony*, narrado por David Watson, *Accelerate Training*, consultado el 3 de enero de 2019, https://www.acceleratetraining.org/index.php/resources/61-davidwatson-s-testimony-90-mi-mp3/file.

10 Rick Leatherwood, *The Case and Call for Oral Bibles: A Key Component in Completing the Great Commission, Mission Frontiers* (Septiembre/octubre 2013): 38.

11 Leatherwood, *Case and Call for Oral Bibles*, 39.

12 Leatherwood, *Case and Call for Oral Bibles*, 38.

Hay otro problema con este modelo: Dios no comunicó todo lo que quería que supiéramos únicamente a través de relatos. Muchas partes esenciales de Su revelación —las epístolas del Nuevo Testamento, secciones importantes de la Ley y los Profetas, y gran parte de las enseñanzas de Jesús— no son relatos en absoluto. Entonces, ¿cómo podemos obedecer la instrucción de Jesús de enseñar a la gente que «guarden todas las cosas que os he mandado» (Mat. 28:20) sin compartir estas otras partes de la Escritura? Incluso el mejor conjunto de historias por sí solo es insuficiente para discipular a los nuevos creyentes a través de sus «creencias intermedias». No proporcionará una teología fundamentada y plenamente desarrollada.

Naturalmente, los defensores de los métodos narrativos no están de acuerdo. Afirman que los pueblos analfabetos tienen dificultades para relacionarse con los argumentos abstractos de la Escritura porque «los analfabetos no piensan en términos abstractos como los alfabetizados».[13,14] De hecho, todos tenemos diferentes niveles de inteligencia abstracta, pero el pensamiento abstracto no está fuera del alcance de las personas de culturas analfabetas. El pastor indio Harshit Singh nos advierte, con razón, que no debemos subestimar a los pueblos analfabetos, recordándonos que no debemos dar por sentado que, por el mero hecho de tener «una cultura oral, no entienden la enseñanza proposicional».[15] En muchos casos, nuestra incapacidad para comunicarnos de forma abstracta con nuestros oyentes puede tener más

13 Leatherwood, *Case and Call for Oral Bibles*, 37.

14 Debemos tener mucho cuidado al hacer tales dicotomías. No es cierto que los occidentales alfabetizados adoran la abstracción y los no occidentales, los analfabetos, las historias. De hecho, aunque se afirma que «a los occidentales les resulta difícil ir más allá de ideas abstractas como justificación por la fe, el amor, el odio, la propiciación, etc.» (Tom A. Steffen, *Reconnecting God's Story to Ministry: Cross-cultural Storytelling at Home and Abroad* [Downers Grove, IL: InterVarsity Press, 2006], 126), la gente en Occidente gasta miles de millones de dólares al año en libros, televisión y cine. Todas las personas aman instintivamente las historias. Del mismo modo, todas las personas son capaces de razonar de forma abstracta.

15 Harshit Singh, *How Western Methods Have Affected Missions in India, 9Marks' First Five Years Conference*, Columbus, OH, 4 de agosto de 2017. Consultado 3 de mayo de 2019, https://www.9marks.org/message/how-western-methods-have-affected-missions-in-india.

que ver con nuestras escasas habilidades lingüísticas que con su falta de intelecto abstracto.[16] Además, la mayor parte del mundo romano era analfabeto[17] y Pablo seguía participando en discusiones complejas y abstractas. Del mismo modo, la alfabetización en la Palestina ocupada por los romanos pudo haber sido tan baja como del 3 %,[18] pero Jesús empleó una enseñanza matizada y abstracta todo el tiempo. Su bloque de enseñanza más famoso, el Sermón del Monte, es un excelente ejemplo de ello.

Compartir un evangelio abreviado solo puede llamar a la gente a una fe abreviada en el mensaje de Jesús. No basta con ganar a la gente para la fe en la «Película de Jesús» o en un conjunto de relatos bíblicos grabados. Estas herramientas pueden ser útiles como parte de un proceso más amplio de evangelización y discipulado, pero no comparten el mensaje y la historia cristiana completa. ¿Puede el Señor utilizarlas para convertir a alguien? Claro que sí. Pero en el discipulado de nuevos creyentes, debemos compartir la historia de Dios desde la creación hasta la redención. Debemos incluir toda la gama de teología y enseñanza bíblicas. Debemos discipular a las personas en sus puntos de vista y prácticas relacionadas con la ira, el dinero, la sexualidad, la magia, el alcohol, el trabajo, la familia, los roles de género, otras tribus y razas, la resolución de conflictos, el mundo espiritual, el honor y la reputación, el uso adecuado de la autoridad, etc.

Y lo que es más importante, no basta con dar órdenes sobre lo que se debe o no se debe hacer. Cuando enseñamos, debemos impartir la

16 Esto es más probable de lo que podríamos imaginar. En las primeras etapas del aprendizaje de idiomas, es imposible entablar o comprender discusiones abstractas, pero las historias sencillas son comprensibles. Los misioneros que solo entienden historias pueden imaginar fácilmente que la gente con la que trabajan no aprecia los conceptos abstractos.

17 Keith Hopkins, *Conquest by Book*, en J. H. Humphrey, *Literacy in the Roman World* (Toronto: Ancient World Books, 1991), 133–58.

18 Meir Bar-Ilan, *Illiteracy in the Land of Israel in the First Centuries C.E*, en *Essays in the Social Scientific Study of Judaism and Jewish Society*, ed. Stuart Schoenfeld, Simcha Fishbane, y Jack N. Lightstone (Nueva York: Ktav, 1992), 55.

totalidad de la cosmovisión cristiana en cada área. Debemos ayudar a los nuevos creyentes a entender que las enseñanzas de Jesús no son simplemente reglas pesadas que «debemos» seguir. Por el contrario, las enseñanzas de Jesús son profundamente buenas para nosotros, y apartarnos de ellas llena nuestras vidas de fealdad y desesperación. Por ejemplo, cuando prohibimos el uso de la pornografía, lo hacemos explicando la belleza del plan de Dios para la intimidad, la dignidad del autocontrol y del celibato, y el horror de la explotación, la adicción y la autodegradación que resulta del pecado sexual.

En pocas palabras, el discipulado se centra principalmente en cambiar la mentalidad de las personas —en conducirlas a una mayor fe en Jesús— y solo en segundo lugar en cambiar sus acciones. Es a través de la renovación de nuestra mente que somos transformados (Rom. 12:2), y es a medida que enseñamos «en toda sabiduría» que las personas crecen perfectas en Cristo Jesús (Col. 1:28).

De hecho, el Nuevo Testamento casi siempre habla de madurez en relación con nuestro pensamiento.[19] Como vimos en el capítulo 3, esto va en contra del modelo de «discipulado basado en la obediencia» que se enseña en muchos métodos modernos.[20,21] El discipulado *no* se basa en la obediencia. Más bien, se basa en *la fe*, y nuestra obediencia fluye de esa fe. Abraham primero creyó y luego fue circuncidado (Rom. 4:1-11). Es la «obediencia *de la fe*» a la que estamos llamados (Rom. 1:5). Fue la *fe* de los hombres y mujeres de Hebreos 11 lo que les inspiró a tales actos inspiradores de obediencia. A quienes creen que Dios existe, «y que es galardonador de los que le buscan» (Heb. 11:6) no les resultará difícil obedecer. La obediencia ocurre cuando las personas están profundamente convencidas de que Dios estará con ellas en su obediencia, y de que el camino de Jesús es fundamentalmente bueno para ellas.

19 Ver 1 Cor. 2:6; 14:20; Ef. 4:13; Fil. 3:15; Heb. 5:14.

20 David Watson y Paul Watson, *Contagious Disciple Making: Leading Others on a Journey of Discovery* (Nashville: Thomas Nelson, 2014), 65.

21 Stan Parks, *How Your Church Can Work toward Church Planting Movements*, *CPM Journal* (enero-marzo de 2006): 44.

El discipulado no se basa en la obediencia. Más bien, se basa en la fe, y nuestra obediencia fluye de esa fe.

Este es un paso más difícil de lo que podríamos imaginar. Muchas de nuestras incursiones en el pecado ocurren cuando «queremos ser buenos, pero estamos preparados, listos, para hacer el mal si las circunstancias lo *requieren*».[22] Mentimos no porque queramos, sino porque creemos que tenemos que hacerlo. Maltratamos a los demás cuando «nos enfadan», porque no nos dejan otra opción, o eso creemos. Sin embargo, si la enseñanza de Jesús es correcta, si Dios está realmente con nosotros, no tenemos por qué mentir. En realidad, es mejor *para nosotros* —en nuestras vidas y circunstancias reales, y a pesar de las consecuencias que puedan venir— confesar nuestro error. Del mismo modo, la gente no puede forzar nuestra ira, ya que estamos seguros bajo el cuidado de Dios y sus acciones no pueden dañarnos en última instancia. Este es el tipo de fe que conduce a la obediencia.

¿Extranjeros o inmigrantes?

De forma algo controvertida, discipular a los nuevos creyentes a través de sus «creencias medias» también significa ayudarles a evaluar sus prácticas culturales y religiosas precristianas a la luz del evangelio. Se nos advierte, con razón, que tengamos cuidado al hacerlo. La mayoría de las prácticas culturales no son ni buenas ni malas, sino simplemente culturales. La comida que se come, la música que se escucha y la ropa que se lleva no suelen ser cuestiones morales. En tales casos, no debemos imponer nuestras propias prácticas culturales como bíblicas.

Pero hay muchos casos en los que las prácticas culturales *son* moralmente incorrectas. Al fin y al cabo, las culturas no solo nos enseñan qué comer, sino también cómo ver a las mujeres, los niños,

22 Dallas Willard, *The Great Omission: Rediscovering Jesus' Essential Teachings on Discipleship* (Nueva York: HarperCollins, 2006), 14, énfasis original.

los enfermos y los ancianos. Nos enseñan cómo utilizar el dinero, el poder y el sexo. Nos enseñan quién es y quién no es una persona «honorable». Estas cuestiones tienen una importancia espiritual fundamental, ya que las creencias culturales y las enseñanzas morales se solapan.

Algunos pensadores misioneros populares sostienen que no deberíamos abordar las prácticas culturales en absoluto, ni siquiera cuando tienen implicaciones morales. En su lugar, se nos enseña a «confiar en el Espíritu Santo, como hicieron los apóstoles, para guiar a los nuevos creyentes y redimir sus prácticas religiosas paganas o heréticas como Él decida».[23] ¿Recuerdas cómo vimos en el capítulo 3 que los métodos estilo MPI advierten a los misioneros que su instrucción introducirá contaminación cultural en la iglesia? En otras palabras, debido a que somos forasteros culturales, no podemos esperar entender prácticas dentro de la cultura. Por lo tanto, debemos dejar que las personas formen sus propios veredictos sobre qué prácticas culturales y religiosas pueden llevar consigo a sus vidas con Cristo.

¿Puedo sugerir un enfoque diferente? En lugar de vernos como «forasteros», deberíamos vernos como inmigrantes. De hecho, venimos de «fuera» y estamos en proceso de migrar hacia dentro. A medida que lo hagamos, crecerá inevitablemente nuestra comprensión de la cultura. Debemos tener cuidado de no sobrestimar lo mucho que sabemos sobre un lugar nuevo. Y sobre las cuestiones que no entendemos, debemos evitar hacer juicios morales. En la mayoría de los casos, una iglesia sana llegará a conclusiones adecuadas sobre sus prácticas culturales. Pero especialmente en los primeros días, este proceso implicará que los líderes de la iglesia indígena trabajen con los misioneros para determinar qué prácticas culturales podrían estar en tensión con la Escritura. Los misioneros no deben tomar estas decisiones unilateralmente, sin la participación de los cristianos

23 Rebecca Lewis, *Insider Movements: Honoring God-Given Identity and Community, International Journal of Frontier Missiology* 26/1 (primavera 2009): 19.

locales. Después de todo, es la iglesia la que debe vivir o morir con las consecuencias de estas decisiones, y es poco probable que la gente siga normas en las que no cree.

Pero los misioneros deben ayudar a los nuevos cristianos a entender cómo el evangelio habla de cuestiones culturales. Consideremos el ejemplo de Pablo. No era gentil. Hablaba griego con fluidez, pero no las lenguas maternas de muchas de las congregaciones con las que trabajó (Hech. 2:9-11; 14:11).[24] Aunque estaba familiarizado con el politeísmo griego, el Mediterráneo de la época de Pablo distaba mucho de ser culturalmente homogéneo. Estaba formado por innumerables ciudades-estado marcadas por diversas tradiciones culturales y religiosas. Pablo habría experimentado muchas de estas culturas como «forastero». Sin embargo, Pablo no se sentía descalificado para impartir enseñanzas cristianas sobre cuestiones culturales. Habló de muchas de ellas: comer alimentos no kosher (Rom. 14:1-4), comer carne sacrificada a ídolos (1 Cor. 8:1-13), y ropa inmodesta durante el culto (1 Cor. 11:116; 1 Tim. 2:8-10).

Del mismo modo, no estamos automáticamente descalificados para hablar de cuestiones culturales. En algún momento tendremos que hacerlo. Los que han crecido como iniciados en la cultura tendrán probablemente una familiaridad con los temas culturales que nosotros no tenemos. Pero también podemos aportar una objetividad externa que ellos no tienen. En cualquier caso, si actuamos como embajadores de Cristo, deberíamos estar —al menos al principio de su discipulado— mucho más familiarizados con el mensaje de Cristo que ellos. En estas situaciones, si se confía en nosotros como personas que respetan la cultura local —y si dialogamos con los nacionales hasta que nuestras observaciones sean informadas y relevantes—, entonces no será difícil explicar nuestras conclusiones de manera que tengan sentido para los conocedores de la cultura.

24 Plinio afirma que Mitrídates, rey del Ponto, que vivió solo unas décadas antes que Pablo, «... era rey de veintidós naciones, administraba sus leyes en otras tantas lenguas, y podía arengar a cada uno de ellos, sin emplear a un intérprete». (John Bostock and H. T. Riley, eds., *The Natural History of Pliny the Elder* [Londres: Taylor & Francis, 1855], 7:24).

Fundación de la Iglesia

Como vimos en el capítulo 1, nuestra meta es plantar iglesias que sean «suficientemente maduras para multiplicarse y perdurar». Tales iglesias tendrán líderes maduros que pastorean a los inmaduros y descarriados. Nuestra tarea como misioneros es encontrar y enseñar a un núcleo de tales personas. Ellos podrán «enseñar también a otros» (2 Tim. 2:2) y continuarán la obra donde nosotros la dejamos. De hecho, si son discipulados con el cuidado adecuado, podrán ministrar mucho más eficazmente que nosotros.

Pero vale la pena repetirlo una vez más: se necesitará tiempo para que crezca un núcleo de creyentes maduros. Debemos ser pacientes. Jesús tardó tres años en formar a Sus apóstoles. No hizo hincapié en la sencillez y la rapidez. Trató de dar a los apóstoles una base lo más sólida posible para que pudieran construir la iglesia sobre los cimientos de su enseñanza. De hecho, la Iglesia está edificada sobre este «fundamento de los apóstoles y profetas» (Ef. 2:20), a través de cuyos escritos conocemos el mensaje de Dios para nosotros. Aunque no funcionamos como apóstoles, y aunque *ciertamente* no dejaremos tras nosotros un tesoro de enseñanza inspirada, nuestro objetivo debe ser dejar una base sólida en la verdad. Si el ministerio de los apóstoles es una indicación, una vez que hayamos hecho esto, entonces la replicación se hará por sí misma. Nuestro deber no es apresurar esa réplica, sino prepararnos cuidadosamente para ella. Si Jesús tardó tres años para formar a Sus discípulos, deberíamos imaginar que podríamos necesitar un plazo de *al menos* tres años.[25]

Don Dent aboga por un «discipulado más rápido» hoy en día, basándose en que «Pablo, Silas y Timoteo hicieron discípulos en la ciudad de Tesalónica durante un período que parece ser de poco más

25 De hecho, deberíamos planear tomarnos mucho más tiempo que esto, ya que Jesús fue probablemente mucho mejor pastor de Sus discípulos que nosotros. Además, los discípulos de Jesús habían crecido conociendo el Antiguo Testamento, y muchos pueden haber tenido una profunda vida de fe con Dios antes de conocer a Jesús, ya que eran discípulos de Juan el Bautista antes de que comenzara el ministerio de Jesús.

de tres semanas».[26] Según este punto de vista, el enfoque de Pablo de no intervención demuestra que el modelo de Jesús de un discipulado lento y cuidadoso ya no es relevante. ¿Por qué? Porque después de Pentecostés, «el Espíritu es el principal discipulador».[27] Pero el discipulado rápido no es el modelo preferido de Pablo. Por ejemplo, pasó tres años en Éfeso (Hech. 20:31). Dent tiene razón al afirmar que Pablo abandona Tesalónica al cabo de tres semanas, pero no lo hace por voluntad propia, sino que sus amigos lo envían fuera por su propia seguridad después de que sus enemigos provocaran un motín (Hech. 17:5-10). De hecho, la pauta del ministerio de Pablo es que *no abandona una zona en la que está ministrando hasta que surge una intensa oposición*:

- Pablo permanece en Antioquía de Pisidia el tiempo suficiente para que «la palabra del Señor se difundía por toda aquella provincia» (Hech. 13:49), y solo se marcha después de que los dirigentes judíos «levantaron persecución contra Pablo y Bernabé, y los expulsaron de sus límites» (Hech. 13:50).
- Las siguientes ciudades que visita Pablo —Iconio, Listra y Derbe— están lo suficientemente cerca unas de otras como para formar una comunidad interconectada. Así, Timoteo es descrito como de «Derbe y [...] Listra»; y es conocido por «los hermanos que estaban en Listra y en Iconio» (Hech. 16:1-2). Pablo permaneció mucho tiempo en Iconio hasta que «los judíos y los gentiles, juntamente con sus gobernantes, se lanzaron a afrentarlos y apedrearlos, habiéndolo sabido, huyeron a Listra y Derbe» (Hech. 14, 5-6), permaneciendo lo más cerca posible para seguir trabajando con la misma comunidad. Pablo se queda en Listra hasta que es apedreado y dado por muerto (Hech. 14:19), pero —deseando claramente quedarse cerca— no huye más allá de

26 Don Dent, *Decisive Discipleship: Why Rapid Discipleship Is Preferable and How It Is Possible*, *Global Missiology* 1/13 (octubre de 2015): 12.

27 Dent, "Decisive Discipleship," 18.

la cercana Derbe, regresando poco después a Iconio y Listra (Hech. 14:21-22).

- Pablo permanece en Filipos con la familia de Lidia hasta que es golpeado y encarcelado (Hech. 16:14-40).
- Permanece en Tesalónica hasta que estalla un motín (Hech. 17:5-10).
- Permanece en Berea hasta que sus amigos lo despiden después de que «fueron allá, y también alborotaron a las multitudes» (Hech. 17:13).
- Permanece en Corinto durante un año y medio, y solo se marcha después de que se produce una enorme revuelta (Hech. 18:11-17).
- Permanece en Éfeso tres años, hasta que se produce un motín (Hech. 19:21–20:1).

La clara pauta de Pablo, por tanto, es continuar trabajando en una zona hasta que se ve obligado a marcharse. Incluso en estos casos, suele regresar rápidamente, deja atrás a sus colaboradores, escribe cartas cuando puede, e insiste en que no se nombren ancianos hasta que se sepa que es «irreprensible [...] retenedor de la palabra fiel tal como ha sido enseñada, para que también pueda exhortar con sana enseñanza y convencer a los que contradicen» (Tito 1:7, 9).[28]

En pocas palabras, ni Jesús ni Pablo parecen interesados en el «discipulado rápido». Esto es quizás doblemente sorprendente porque ellos tenían una ventaja ministerial adicional que les permitía trabajar con más rapidez de lo que nosotros normalmente seríamos capaces: muchos de sus discípulos eran hombres que habían crecido

28 Las cartas con las que Pablo pastorea sus iglesias constituyen gran parte del Nuevo Testamento. Es poco probable que tengamos una lista exhaustiva de las visitas de Pablo —o de sus compañeros— a sus iglesias. Sin embargo, por lo que consta, sabemos que regresó al menos una vez a Perge (Hech. 14:25), dos veces a Iconio y Listra (Hech. 14:21-22; 16:1-2) y una vez a Derbe (Hech. 16:1-2). Deja a Silas y Timoteo para que atiendan a los de Berea (Hech. 17:14). Envía a Tito a Corinto (2 Cor. 12:18), regresando él mismo al menos una vez y planeando un segundo regreso (2 Cor. 13:1). Envía a Timoteo (1 Tim. 1:3) y a Tíquico a Éfeso (2 Tim. 4:12).

impregnados de una visión del mundo del Antiguo Testamento y que quizás habían mantenido una fe en el Antiguo Testamento desde la infancia. Para que no apreciemos hasta qué punto esto pudo haberles preparado para entender el evangelio, recordemos que cuando Pablo defiende el evangelio en sus cartas, sus argumentos se basan totalmente en el Antiguo Testamento. Le dice a Timoteo, que en su mayoría solo disponía de la Escritura del Antiguo Testamento, que la Escritura era suficiente para «que el hombre de Dios sea perfecto, enteramente preparado para toda buena obra» (2 Tim. 3:17). Los hombres criados en la Escritura del Antiguo Testamento ya tenían una gran riqueza de conocimiento espiritual y una visión del mundo profundamente bíblica. Como tales, probablemente necesitarían mucho menos pastoreo que la mayoría de las personas no alcanzadas hoy en día antes de ser lo suficientemente maduros para pastorear la iglesia. Ir despacio no es la cuestión, por supuesto. Se trata de «presentar perfecto en Cristo Jesús a todo hombre» (Col. 1:28). Pero no debemos engañarnos pensando que no llevará tiempo llegar a ese punto.

¿Qué es una iglesia madura?

Cuando las iglesias alcancen la madurez, nuestro objetivo y nuestra gran alegría será habernos quedado sin trabajo. Por supuesto, debemos mantener cálidos lazos con las congregaciones que dejamos atrás. Incluso deberíamos, como es apropiado, estar preparados para proporcionar ayuda o corrección más adelante si fuera necesario, como hace Pablo en muchas de sus cartas. Pero en general, estas iglesias serán capaces y habrán crecido, y podemos tener una gran confianza en ellas.

Nuestro objetivo y nuestra gran alegría será habernos quedado sin trabajo.

Una breve advertencia puede ser útil. Cuando hablo de dejar atrás las «iglesias», no me refiero a edificios con campanarios y bancos, como a menudo se presenta a las «iglesias» en la literatura misionera. John Piper afirma que «una iglesia local es un grupo de creyentes bautizados que se reúnen regularmente para adorar a Dios por medio de Jesucristo, para recibir exhortación de la Palabra de Dios y para celebrar la Cena del Señor bajo la dirección de líderes debidamente designados».[29] Una iglesia de este tipo siempre puede establecerse de maneras culturalmente apropiadas. Muchos se opondrán al término *iglesia* por el contexto que conlleva. Por ejemplo, Herbert Hoefer afirma que la palabra se acuñó en Inglaterra durante la época colonial y, por tanto, está manchada con el contexto del colonialismo.[30] No soy proclive a discutir términos, pero ningún término está exento de contexto; y si alguno lo está, adquirirá uno muy pronto. Hace unos años, en la organización en la que trabajo se sugirió que sustituyéramos el término «iglesia» por el de «movimiento», que, según se creía, tenía menos carga. Esto se debatió hasta que alguien señaló que en muchos de los países en los que trabajamos, el término «movimiento» se asocia con levantamientos políticos antigubernamentales. Así que confiaré en que los lectores me interpreten con caridad. Al fin y al cabo, el término *iglesia* no puede evitar tener contexto: ¡la iglesia está hecha de creyentes que tienen una historia!

Así que quedémonos con la palabra iglesia. ¿Cómo debe ser una iglesia madura? Debería tener una serie de características, que enumeraré a continuación y luego comentaré brevemente.

1. Una iglesia madura debe atenerse a la doctrina cristiana ortodoxa y no dejarse influenciar fácilmente por falsas enseñanzas (Ef. 4:14).

29 John Piper, *The Local Church: Minimum vs. Maximum*, consultado 30 de abril de 2019, https://www.desiringgod.org/messages/the-localchurchminimumvs-maximum.

30 Herbert Hoefer, *What's in a Name? The Baggage of Terminology in Contemporary Mission: How Do We Deal with the Baggage of the Past? International Journal of Frontier Missiology* 25/1 (primavera 2008): 25–29. De hecho, la palabra «iglesia» se utilizaba mucho antes de la era del colonialismo. Se encuentra ya en el siglo XIV, en la traducción de la Biblia de John Wycliffe.

2. Una iglesia madura debe estar llena de individuos marcados por mentes renovadas y el fruto del Espíritu. No se dejará llevar fácilmente por el pecado, sino que debe considerarse muerta al pecado y viva para Dios (Rom. 6:6-11; 12:1-2; Gál. 5:16-25; Col. 3:4-17).

3. Una iglesia madura debe considerar la Palabra de Dios como su principal autoridad en todos los asuntos de la vida y la enseñanza. La Escritura debe estar por encima de las tradiciones culturales y de cualquier otra fuente de autoridad (Mat. 15:1-9; 2 Tim. 3:16-17; Heb. 4:12). Deben descartarse los textos religiosos contradictorios.

4. Una iglesia madura debe practicar el bautismo (Mat. 28:19; Hech. 2:41) y la Cena del Señor (1 Cor. 11:23-27) y debe reunirse regularmente para recibir enseñanzas de la Palabra de Dios, orar y adorar (Heb. 10:23-25).

5. Una iglesia madura debe ser dirigida por hombres que sean pastores y maestros calificados. Estos líderes deben ser personas de carácter «irreprochable» (1 Tim. 3:1-13; Tito 1:5-10). Deben entender y ser capaces de enseñar los principios fundamentales de la fe a partir de la Escritura.

6. Una iglesia madura enseñará a su pueblo que la identidad en Cristo debe suplantar cualquier identidad religiosa anterior y debe considerarse más fundamental que cualquier identidad familiar, política o cultural (1 Cor. 1:10; Gál. 3:26-29; Col. 3:10).

7. Una iglesia madura ejerce un cuidado afectuoso y una rendición de cuentas entre los miembros, fomentando el amor y las buenas obras, al tiempo que corrige el pecado según lo requiera la ocasión (Heb. 10:24-26). Practica la disciplina eclesiástica entre los miembros en casos de pecado significativo, verificable

y no arrepentido, con fines de amor y redención (Mat. 18:15-17; 1 Cor. 5).

8. Una iglesia madura debe valorar y acoger personas de toda condición (Gál. 3:26-29). No debe ser demográficamente homogénea (por ejemplo, tanto hombres como mujeres están presentes, y hay un cierto grado de diversidad entre los grupos de edad).

9. Una iglesia madura debe entenderse a sí misma como distinta del mundo y como miembro de la gran iglesia mundial de Cristo (Juan 15:18-21; 2 Cor. 6:14-18). Debe relacionarse con los de fuera con amor y respeto.

10. Una iglesia madura debe estar dispuesta a soportar las dificultades y la persecución por amor a Cristo (Mat. 10:37-39).

11. Una iglesia madura debe comprometerse a evangelizar a los perdidos, discipular a los creyentes jóvenes y equiparlos para el ministerio (Ef. 4:11-12).

En general, las condiciones anteriores deberían cumplirse en el liderazgo de una iglesia madura y, en menor medida, en la congregación. Por supuesto, ninguna iglesia es perfecta, y exigir el cumplimiento exhaustivo de cada una de estas condiciones no es realista. La vida es un caos. Las cosas no salen según lo planeado, y cuando las nuevas iglesias tienen problemas, no queremos que nuestros elevados ideales nos hagan desagradecidos con las complicadas iglesias de la vida real que Dios levanta. Pablo expresa confianza y gratitud por la iglesia de Corinto (ver 1 Cor. 1:4) a pesar de las luchas (ver 1 Cor. 5:1-13; 11:27-32; 2 Cor. 11:1-4) que hacen que requiera su intervención continua (ver 2 Cor. 13:1-10). Las iglesias necesitan tiempo para crecer y madurar, y no necesitamos desesperarnos por sus luchas o apresurarlas para que maduren más rápido de lo que son capaces. Simplemente tenemos que quedarnos con ellas, si

Dios permite, hasta que sean lo suficientemente maduras como para valerse por sí mismas.

Entre las características de una iglesia madura descritas anteriormente, algunas implican una clara separación de la comunidad religiosa anterior:

Los textos religiosos contradictorios deben descartarse.

La iglesia debe entenderse a sí misma como distinta del mundo y como miembro de la Iglesia de Cristo (Juan 15:18-21; 2 Cor. 6:14-18).

La identidad en Cristo debe suplantar cualquier identidad religiosa previa y debe considerarse más fundamental que cualquier identidad familiar, política o cultural (1 Cor. 1:10; Gál. 3:26-29; Col. 3:10).

Estos puntos serán controvertidos, porque las comunidades pueden sentirse ofendidas cuando sus amigos o familiares reclaman una nueva identidad en Jesús que suple sus identidades y lealtades actuales. Los nuevos creyentes pueden incluso ser perseguidos o expulsados de sus comunidades. Los nuevos creyentes a menudo pueden mitigar estas consecuencias si se comportan con sabiduría y respeto. Pero no siempre. El Nuevo Testamento contiene relatos de creyentes expulsados de sus comunidades (Juan 9:22, 34; Hech. 8:1) e incluso martirizados (Hech. 7:54-60). Afortunadamente, el Espíritu actúa incluso a través de estas tragedias para la expansión de la Iglesia (Hech. 8:1-4). En algunos casos, no será posible para los nuevos creyentes mantener simultáneamente fuertes lazos con sus comunidades de origen y abrazar su nueva identidad en Cristo. En estos casos, la pérdida de relaciones y círculos sociales no es un fracaso. Considera las palabras de Pablo a los corintios:

> … porque ¿qué compañerismo tiene la justicia con la injusticia? ¿Y qué comunión la luz con las tinieblas? ¿Y qué concordia […] el creyente con el incrédulo? […] Porque vosotros sois el templo del

> Dios viviente [...]. Por lo cual, Salid de en medio de ellos, y apartaos, dice el Señor... Y no toquéis lo inmundo; Y yo os recibiré... (2 Cor. 6:14-17)

Debemos abrazar el reino de Dios por encima de cualquier otra alianza anterior. Hacerlo es parte de lo que significa despojarse del viejo yo, como describe Pablo en Colosenses:

> ... habiéndoos despojado del viejo hombre con sus hechos, y revestido del nuevo [...], donde no hay griego ni judío, circuncisión ni incircuncisión, bárbaro ni escita, siervo ni libre, sino que Cristo es el todo, y en todos. (Col. 3:9-11)

Esto tiene implicaciones especiales para los que trabajamos en zonas culturalmente diversas. Hoy en día, en los círculos misioneros se hace mucho hincapié en trabajar a través de los círculos sociales preexistentes de la gente para establecer iglesias.[31] Debemos respetar todas las relaciones humanas: los nuevos creyentes no dejan de formar parte de sus tribus, familias o grupos sociales por el mero hecho de seguir a Jesús. Sin embargo, trabajar a través de las redes sociales preexistentes entraña un peligro: la iglesia puede acabar cimentando el exclusivismo que forma parte natural del mundo. En muchas zonas no comprometidas, existe un feroz tribalismo entre los diferentes grupos que habitan los mismos contextos sociales. Las iglesias pueden endurecerse fácilmente siguiendo líneas tribales, limitando la difusión del evangelio.

En mi primer país de servicio, un grupo de nuevos creyentes de una tribu desfavorecida llegó a amar el cristianismo, en parte porque lo veían como una posesión tribal. Su aceptación de Cristo les sirvió también para rechazar la cultura árabe después de que las tribus árabes les atacaran en una brutal limpieza étnica. Lamentablemente,

31 David Garrison, *Church Planting Movements: How God Is Redeeming a Lost World* (Bangalore, India: WIGTake Resources, 2007), 165.

los misioneros *fomentaron* esta apropiación tribal del evangelio porque motivaba a la gente a seguir asistiendo a los estudios bíblicos. Olvidaron el hecho de que limitaba el potencial del grupo para abrirse a los árabes y a otras tribus. Olvida el hecho de que, en Jesús, no hay ni árabes ni africanos, ni judíos ni palestinos, ni ricos ni pobres, sino que Cristo es todo y en todos (ver Col. 3:11).

Hay cierta sabiduría sociológica en trabajar a través de círculos sociales preexistentes, pero en última instancia, no debemos dejar que nuestro ministerio se vea limitado por lo que parece —histórica o sociológicamente— imposible. En la iglesia del Nuevo Testamento, el evangelio se extendió pronto y a menudo a través de líneas étnicas. Esto dio lugar a enormes complicaciones. La iglesia, mayoritariamente judía, pronto se vio inundada por gentiles. Es difícil imaginar diferencias culturales más marcadas. Vamos como embajadores de Cristo a las naciones para reunir personas de todas las naciones bajo el gobierno de Cristo. Lo que parece imposible puede lograrse y se logrará con Su autoridad (Apoc. 5:9-10).

Colaboración con creyentes nativos

Cabe señalar que hay cristianos en todas las naciones del mundo. ¿Por qué, entonces, seguimos enviando misioneros al extranjero? Si a los misioneros extranjeros les va a llevar tantos años como he descrito plantar iglesias sanas, ¿por qué no centrarse en cambio en movilizar a los creyentes nativos para que planten iglesias entre los pueblos no alcanzados que ya viven cerca de ellos? Como vimos en el capítulo 3, los nuevos enfoques cada vez más se centran en la contratación de «misioneros no residenciales» como «coordinadores de estrategias» cuyo objetivo no es evangelizar o discipular, sino catalizar movimientos entre los pueblos no alcanzados *sin vivir nunca entre ellos.*[32,33]

32 V. David Garrison, *The Nonresidential Missionary*, vol. 1 of Innovations in Mission (Monrovia, CA: MARC, 1990).

33 «La convergencia de diversos factores en el seno de la comunidad cristiana evangélica creó un entorno propicio para el desarrollo del paradigma del misionero no residencial (MND)», en el que el MND debía desarrollar «una estrategia única adaptada

Estos enfoques no residenciales se diseñaron inicialmente para países «cerrados» que no concedían visados a los misioneros. Pero ahora son ampliamente utilizados e idealizados «incluso en países de acceso abierto»[34] donde los misioneros podrían vivir fácilmente entre las personas a las que sirven. Los métodos misioneros más utilizados en la actualidad incluidos los *Movimientos de plantación de iglesias* (MPI), los *Movimientos formadores de discípulos* (DMM) y la *Formación de formadores (*T4T) han surgido de enfoques no residenciales. Aunque los misioneros que practican estos métodos hoy en día a veces viven entre la gente a la que ministran, su trabajo todavía se ve profundamente afectado por el énfasis del enfoque misionero no residencial en la no participación misionera. Por lo tanto, los métodos actuales enfatizan la asociación con creyentes nacionales o nativos, especialmente aquellos que están dentro del grupo étnico al que se ministra. Ciertamente, movilizar a los creyentes nacionales es una estrategia atractiva. Pero no siempre es factible, y cuando puede hacerse, debe hacerse *bien.* ¿Cómo podría ser?

Empecemos por examinar las ventajas de movilizar a los creyentes nacionales o nativos:

- Es probable que los creyentes nativos tengan fácil acceso a los pueblos a los que esperamos llegar. No necesitan visados.
- Los creyentes nacionales pueden hablar ya las lenguas de los pueblos a los que esperamos llegar, o al menos lenguas afines.

---

específicamente a un grupo de personas concreto…». (Richard Bruce Carlton, *An Analysis of the Impact of the Non-Residential/ Strategy Coordinator's Role in Southern Baptist Missiology* [DTh diss., University of South Africa, 2006], 24, 35). Dado que el misionero no residente no vivía entre las personas a las que esperaba alcanzar, no debía realizar él mismo la labor de evangelizar y discipular a la gente, sino «limitarse a comprobar que alguien lo hace». (David B. Barrett y James W. Reapsome, *Seven Hundred Plans to Evangelize the World: The Rise of a Global Evangelization Movement* [Birmingham, AL: New Hope, 1988], 36). En general, esto implicaba trabajar con socios nacionales.

34 John D. Massey, *Wrinkling Time in the Missionary Task: A Theological Review of Church Planting Movements Methodology, Southwestern Journal of Theology* 55/1 (otoño 2012): 118.

Esto elimina o reduce un enorme obstáculo.

- Los creyentes nacionales pueden proceder de culturas similares a las de aquellos a los que esperamos llegar y pueden tener una comprensión más intuitiva de cómo evangelizar, discipular y enseñar.

He visto a creyentes nativos ministrar a través de las líneas étnicas a pueblos no alcanzados con una eficacia increíble. También he visto fracasar estos esfuerzos. He aquí algunas desventajas de centrar una estrategia misionera en los creyentes nativos:

- Aunque los creyentes nacionales no necesitan visados, pueden existir fuertes prejuicios étnicos entre ellos y sus compatriotas no alcanzados. A veces se enfrentan a obstáculos relacionales aún mayores para llegar a los no alcanzados que los misioneros extranjeros.
- En muchos casos, los creyentes nacionales no hablan las lenguas de los no alcanzados. En muchas culturas empobrecidas, donde las escuelas son escasas y el valor del estudio es menos reconocido, la disciplina necesaria para dominar nuevas lenguas en la edad adulta puede ser muy difícil de adquirir para muchos.
- La proximidad cultural entre los creyentes nacionales y los no alcanzados puede hacer que los creyentes nacionales se imaginen que no tienen que adaptarse realmente a las culturas de aquellos a los que están ministrando. A menudo, cuando los cristianos del sur de la franja africana del Sahel envían misioneros a sus compatriotas musulmanes del norte, empiezan construyendo iglesias al estilo del sur. Suelen tener cruces en lo alto, sillas para los asistentes, predicaciones en francés en lugar de árabe y música de estilo sureño, a pesar de que *toda* música está prohibida en el culto musulmán. Estas iglesias permiten incluso bailes sensuales mientras cantan. El resultado de todo esto es previsible. Los cristianos del sur de esa ciudad empiezan a asistir a la iglesia del puesto misionero, mientras que los vecinos

musulmanes de la iglesia se refieren a ella despectivamente como «la iglesia que toca los tambores».

Cuando pueblos enteros permanecen sin ser alcanzados, es porque barreras significativas se han interpuesto en el camino del evangelio. Ya sea que los creyentes nacionales o los creyentes extranjeros sean los primeros en intentar alcanzar a través de esas barreras, es una empresa enorme, de hecho, una empresa *transcultural*. Dios se complace en utilizar medios humanos para impulsar el evangelio a través de estas barreras. Ya sea que esto suceda a través del ministerio de expatriados o nacionales, es casi seguro que va a tomar mucho trabajo.

Algunas iglesias nacionales ya están enviando misioneros calificados por su cuenta. Debemos alegrarnos de ello. Pero cuando nosotros, como extranjeros, intentamos movilizar o formar misioneros de iglesias nacionales, debemos invertir lo suficiente en el proceso para estar seguros de que lo estamos haciendo bien. Mi consejo es el siguiente: sé amable y caritativo en tus suposiciones sobre los creyentes nativos, pero no supongas que trabajar a través de ellos necesariamente va a disminuir tu carga de trabajo. Es casi seguro que un misionero nacional maduro y dotado será más eficaz que tú. Pero si tu ayuda es necesaria para movilizarlo y enviarlo, probablemente requerirá una inversión de tiempo completo. Permíteme explicar por qué.

Los extranjeros que esperan movilizar a los creyentes nativos o asociarse con ellos se enfrentan a los mismos obstáculos pragmáticos a los que se enfrentarían al plantar iglesias entre los no alcanzados: *deben establecer relaciones a través de enormes brechas geográficas, lingüísticas y culturales.* Cuando vamos nosotros mismos como plantadores de iglesias, invertimos años en la adquisición del idioma y la cultura. Después enseñamos, discipulamos y observamos pacientemente a los líderes antes de dejar que las iglesias se valgan por sí mismas con sus propios líderes autóctonos. Si invertimos tanto cuidado en formar a los líderes de las iglesias, ¿no deberíamos tener mucho cuidado al enviar a *los plantadores de iglesias*? La movilización misionera transcultural y la asociación no pueden hacerse bien como un ministerio secundario. A veces, los socios nativos pueden requerir un discipulado sustancial. En todos los casos, debemos conocer su idioma y cultura lo suficientemente bien como para construir relaciones estrechas, y en estas relaciones —con el tiempo— debemos llegar a confiar en su carácter y dones antes de enviarlos. Pablo sabía que no todos los misioneros eran de buen carácter. Por eso escribe a los filipenses: «Espero en el Señor Jesús enviaros pronto a Timoteo [...] pues a ninguno tengo del mismo ánimo, y que tan sinceramente se interese por vosotros. Porque todos buscan lo suyo propio, no lo que es de Cristo Jesús» (Fil. 2:19-21). Como Pablo, esperamos enviar misioneros en cuyo carácter confiemos plenamente.

Tristemente, las misiones occidentales a menudo canalizan recursos, responsabilidades ministeriales y dinero a socios nativos sin realizar la debida diligencia.[35] Cerca de donde trabajo, un creyente de origen musulmán —al que llamaré Khamis— recibe más de 1000 dólares al mes de una iglesia estadounidense por su trabajo como evangelista. Esto lo convierte en uno de los hombres más ricos de la región. Lo que su iglesia de apoyo en Estados Unidos no sabe es que evita a otros creyentes de origen musulmán, tiene fama de ladrón y rara vez, o nunca, comparte su fe. Aunque no tengo motivos para creer que Khamis haya enviado informes falsos describiendo un gran

35 Ver, por ejemplo, el informe de David Hunt sobre un movimiento de formación de discípulos en Etiopía (David F. Hunt, *A Revolution in Church Multiplication in East Africa: Transformational Leaders Develop a Self-Sustainable Model of Rapid Church Multiplication* [DMin diss., Bakke Graduate University, 2009], 129–30). Hunt señala que «hacen falta años para que alguien aprenda a comunicarse en el lenguaje del corazón de otro pueblo». Por ello, recomienda ahorrar tiempo trabajando con nativos, en lugar de aprender el idioma hasta un alto nivel de competencia. Hunt confía en que, a pesar de las «importantes limitaciones lingüísticas» de un misionero, el ministerio puede tener éxito cuando «el sembrador de iglesias con importantes limitaciones lingüísticas discipula al iniciado y éste lleva el mensaje a la gente». Pero repitiendo una advertencia anterior, si un misionero tiene «limitaciones lingüísticas significativas», ¿cómo sabrá si ha discipulado a una «persona con limitaciones lingüísticas significativas»? ¿Cómo sabrá si ha discipulado con éxito a una persona? ¿Cómo sabrá si la persona ha entendido el mensaje de Cristo lo suficientemente bien como para transmitirlo a otros?

número de conversos, muchos hombres en esta situación lo hacen. Para repetir la observación de Aubrey Sequeira, señalada en el capítulo 2, «cuando los socios en Occidente quedan impresionados, eso suele significar que los dólares se apresurarán a entrar. Por desgracia, las iglesias occidentales rara vez —o nunca— se enteran de que, en muchos casos, las cifras están infladas, los testimonios son falsos y la "obra evangélica" en la que han estado invirtiendo es un espejismo».[36]

El acuerdo financiero de Khamis con la iglesia estadounidense es conveniente para ambas partes. Él recibe ingresos fáciles. La iglesia puede dar dinero —el más fácil de los regalos— y sentirse bien por su apoyo al trabajo del reino en el mundo musulmán. Pero la iglesia no tiene que ensuciarse las manos implicándose ni preguntándose qué efecto tiene realmente su dinero en el testimonio del evangelio en la comunidad de Khamis.

Aunque conveniente, este arreglo no es bueno para nadie. Es un enfoque irresponsable y poco profesional de las misiones. Nunca podríamos imaginar, por ejemplo, que una empresa secular invirtiera dinero de forma tan imprudente. En el mundo profesional, las inversiones importantes se hacen solo después de una cuidadosa investigación, y después, el rendimiento de la inversión se supervisa cuidadosamente. No en vano observó Jesús: «porque los hijos de este siglo son más sagaces en el trato con sus semejantes que los hijos de luz» (Luc. 16:8).

Lamentablemente, las asociaciones como la de Khamis son habituales. Los pastores nacionales que son buenos conversadores suelen encontrar múltiples donantes occidentales, cada uno de los cuales —sin saber de los demás— puede financiar todo el costo del ministerio del pastor.

Asociarse con creyentes nacionales no está mal, pero en el caso de Khamis fue ciertamente imprudente. Antes de asociarse con Khamis, la iglesia debería haber aprendido cómo funcionan las relaciones entre cliente y patrocinador en la cultura de Khamis. Si lo hubiera hecho,

36 Aubrey Sequeira, *A Plea for Gospel Sanity in Missions*, *9Marks Journal* (diciembre de 2015).

habría estructurado la parte financiera de la asociación de forma muy diferente, o no habría entablado ninguna relación financiera. Debería haberse tomado tiempo para conocer el carácter de Khamis, que no era ningún secreto para la comunidad misionera local. Tendría que haber tenido misioneros sobre el terreno que hablaran el idioma de Khamis y pudieran disuadirlo de su avaricia e incorrección financiera. El servicio misionero no residencial puede ser necesario en casos extremos (por ejemplo, si un país niega el acceso a los extranjeros), pero casos como el de Khamis demuestran por qué rara vez es ideal. Hay demasiadas oportunidades para la falta de comunicación, la evaluación incorrecta del carácter y/o el éxito en el ministerio, e incluso el abuso. Si la iglesia que apoyaba a Khamis se hubiera asociado con él de manera responsable —y si él hubiera estado dispuesto a permanecer en el proceso, incluyendo ser discipulado en cuestiones clave de carácter— podría haberse convertido en un misionero muy eficaz.

Conclusión

Como embajadores de Cristo comprometidos a comunicar Su mensaje, los misioneros deben dedicar tiempo a asegurarse de que sus condiciones de paz son aceptadas y aplicadas. Como vimos en el capítulo 1, hacer nuestro trabajo también incluye evitar los atajos, dedicando a la tarea el tiempo, la energía y los recursos adecuados.

En todas las demás empresas importantes de la vida —ya sea que nos presentemos para un cargo, entrenemos para una maratón o estudiemos para obtener un título—, planificamos. Reservamos tiempo y recursos. La audacia de lo que esperamos hacer como embajadores de Cristo empequeñece cualquier otro objetivo. Queremos discipular a nuevos creyentes y levantar nuevas iglesias. Queremos llamar a los pecadores a vivir vidas santas e irreprochables. Ciertamente, ¡solo con la bendición de Dios podemos tener éxito! Pero en el ministerio, como en otras partes de la vida, Dios se complace en trabajar a través de nuestra paciente inversión de tiempo y energía. Así que no basta con esperar que todo salga como pretendemos. Debemos hacer planes cuidadosos y reservar el tiempo y los recursos adecuados para nuestra tarea. Debemos estar dispuestos a trabajar pacientemente hasta que Dios nos conceda el éxito. El Señor ha sido muy paciente con nosotros, y nosotros también debemos pastorear pacientemente a los nuevos creyentes a través de sus creencias, hábitos y carácter que cambian lentamente. Debemos permanecer con ellos mientras crecen, «enseñando a todo hombre en toda sabiduría, a fin de presentar perfecto en Cristo Jesús a todo hombre» (Col. 1:28).

9

Equipar y enviar

EN EL CAPÍTULO 8, examinamos un amplio camino ministerial para los misioneros. Si ese bosquejo es exacto, entonces, aunque la cantidad de tiempo que tome variará de un lugar a otro, por lo general tomará varios años —y tal vez un par de décadas— que los misioneros completen su tarea profesionalmente y bien.

Dejar el país durante años es difícil. ¿Pero irse durante décadas? Eso requiere un nivel diferente de determinación. Los misioneros necesitan una capacidad de permanencia poco común, especialmente en nuestros días, en los que reinan la pasión por los viajes y el deseo de novedades, y en los que la gente cambia de trabajo y de lugar de residencia cada pocos años.

Entonces, ¿cómo podemos encontrar y equipar misioneros que perduren hasta que se establezcan iglesias maduras? Dado que el proceso de envío es complejo, puede ser útil dar una visión general de los temas que trataremos en este capítulo. Abordaré las siguientes cuestiones:

- ¿Cómo podemos ayudar a las personas a discernir su «vocación»? ¿Cómo podemos identificar a los que están dotados para servir en el campo misionero?
- Cuando encontramos personas dotadas para servir como misioneros, ¿cómo podemos enviarlas bien? ¿Cómo podemos

prepararlos para que tengan éxito? ¿Cómo deben elegir entre los campos y equipos disponibles?
- Una vez que los misioneros llegan al terreno, ¿cómo pueden cultivar la capacidad de aguante para perdurar?

«Toda flecha necesita un arco». Las iglesias que envían misioneros, las agencias misioneras y quienes les apoyan desempeñan un papel vital en la tarea misionera. Como todos los cristianos, los misioneros dependen de la iglesia en general para obtener sabiduría y fortaleza. Este capítulo está dirigido tanto a los que apoyan a los misioneros como a los propios misioneros.

A. Encontrar a los que tienen gracia para ir

Empecemos por la cuestión más apremiante: ¿cómo encontrar candidatos capacitados para el campo de misión? Debemos evitar los enfoques simplistas y fáciles. No enviamos a todos los que están dispuestos. ¿Por qué? Porque no todo el mundo está dotado para ir al extranjero, y nadie se beneficia cuando suponemos lo contrario.

Un folleto de reclutamiento titulado «Por qué deberías ir al campo misionero» influyó profundamente a la hora de animar a una generación de misioneros a ir en los años ochenta y noventa. En él se afirma:

> ... Él ordena ir... «Id por todo el mundo y predicad el evangelio a toda criatura» (Mar. 16:15) Así es... ¡USTEDES HAN SIDO LLAMADOS!
>
> De hecho, si no vas, necesitas un llamado específico de Dios para quedarte en casa. ¿Te ha dicho Dios definitivamente que no «vayas» a algún lugar fuera de tu país a predicar el evangelio? Si no lo ha hecho, entonces será mejor que empieces a orar por DÓNDE ir, en lugar de SI debes ir ¡porque de nuevo, ya has sido llamado![1]

1 Keith Green, *Why YOU Should Go to the Mission Field* (Lindale, TX: Last Days Ministry, 1982).

Este tipo de ideas siguen vigentes hoy en día. El folleto continúa enumerando las «excusas» que da la gente. Acusa a los que no van de tibieza y duda muy sutilmente de su salvación: «Tienes que decidir si eres o no discípulo de Jesús: esa es la cuestión». Pero esa no es la única pregunta. Es una acusación, y se eluden las cuestiones importantes.

Todos tenemos dones diferentes, y así lo quiso el Espíritu. Como escribe Pablo, «... teniendo diferentes dones, según la gracia que nos es dada, si el de profecía, úsese...» (Rom. 12:6 ss.). Una implicación de esto: algunas personas son aptas para el trabajo misionero, y otras no. Como en todas las demás profesiones, eso está bien. De nuevo Pablo: «Ni el ojo puede decir a la mano: No te necesito, ni tampoco la cabeza a los pies: No tengo necesidad de vosotros» (1 Cor. 12:21).

Debemos guiar a las personas para que sirvan a Dios de manera que utilicen sus dones al menos por dos razones: porque las personas que ministran son importantes y porque las personas a las que ministran son importantes. Ir al campo de la misión significa cambiar de vida. El agotamiento y el desgaste son elevados, especialmente cuando hablamos de décadas y no de años. Dado que los misioneros invierten tanto en su trabajo, los que lo abandonan suelen tener un gran sentimiento de pérdida. A menudo les pesa el remordimiento. Y aparte de las pérdidas personales, la importancia del propio ministerio debería motivarnos a enviar a las personas adecuadas. Pensemos en esta petición del pastor indio Harshit Singh:

> Por favor, no envíes malos obreros. Si alguien no puede ser un anciano en su iglesia, entonces no lo envíes. No queremos rebeldes. No queremos emprendedores. No queremos ambiciosos. No queremos personas que puedan hacer que las cosas sucedan. Queremos personas que amen primero a la iglesia local, que hayan demostrado ser maestros fieles.[2]

2 Harshit Singh, *How Western Methods Have Affected Missions in India, 9Marks' First Five Years Conference*, Columbus, OH, 4 de agosto de 2017. Consultado 3 de mayo de 2019, https://www.9marks.org/message/how-western-methods-have-affected-missions-in-india.

¿Puedes oír la frustración en la voz de Singh? Yo sí. Es probable que nazca de experiencias dolorosas con misioneros inmaduros. Por eso tenemos que encontrar a los que tienen gracia para ir, y dejar de lado a los que no la tienen. Pero ¿cómo? En el capítulo 1, dije que el profesionalismo incluye una «sabia evaluación de las circunstancias prácticas al tomar decisiones». Aquí nos encontramos con un problema. La mayoría de los cristianos quieren ser sabios y prácticos. Al mismo tiempo, muchos cristianos también creen que para las decisiones importantes de la vida y el ministerio, Dios los guiará principalmente a través de impresiones subjetivas y místicas. Incluso se preguntan si pensar detenidamente las decisiones puede ser poco espiritual. Permíteme compartir una historia a modo de ilustración.

Llamadas místicas y sabiduría práctica

Hace años, observé cómo un equipo misionero reflexionaba sobre la conveniencia de separarse y enviar un segundo equipo a una nueva zona. Mientras discutían posibles ubicaciones, sopesando los pros y los contras, una mujer a la que llamaré «Hannah» se levantó y dijo: «Creo que estamos dependiendo demasiado del razonamiento humano. ¿Por qué no sacamos un mapa, oramos y vemos a qué parte del mapa nos sentimos guiados?». Lo que aún hoy me sorprende es que su sugerencia pareciera tan acertada a todos los presentes. Nadie la cuestionó. No fue hasta más tarde cuando me di cuenta del significado de lo que había dicho.

¿Entiendes lo que supone la sugerencia de Hannah? Que el razonamiento es «humano» y, por tanto, debe ser esencialmente diferente de ser «guiado» por Dios.

Uno de los temas principales de este libro es que Dios no desprecia las llamadas formas «humanas» de hacer las cosas. Nos creó para ser humanos y actúa a través de nosotros en nuestra humanidad. ¿Podría actuar también en nuestra razón humana? ¿Podría incluso utilizarla para guiarnos? Pablo indica que debemos relacionarnos con Dios, al menos en parte, a través de nuestra razón: «Oraré con el espíritu, pero oraré también con el entendimiento» (1 Cor. 14:15). Lo que me asombró es que la sugerencia de Hannah —que sonaba tan bíblica y acertada— dejaba de lado la razón y pedía al Espíritu Santo que nos «dibujara» un lugar en un mapa. Similar a la forma en que los neopaganos dejan a un lado la razón y piden a los espíritus que los lleven a una letra en un tablero de ouija. Por supuesto, nos estaba aconsejando que invocáramos al Dios verdadero, no a los espíritus paganos. Esa es una diferencia importante. De todos modos, deberíamos tener la razón en mayor estima. Después de todo, un libro entero de la Biblia está dedicado a enseñarnos a reconocerla.

Pero como sugiere el comentario de Hannah, la toma de decisiones pragmáticas —especialmente cuando se trata de decisiones «espirituales», como elegir un camino de ministerio— ha pasado de moda. Para abordar esta cuestión, me gustaría responder primero examinando cómo Dios nos habla, y luego considerando cómo esto debería afectar a nuestro enfoque de la labor misionera, especialmente cuando discernimos si estamos dotados o no para ir al campo misionero.

La vocecita suave

Muchas tradiciones evangélicas actuales enseñan que, cuando Dios habla, Su voz suele ser tenue y poco clara. Se nos dice que los «impulsos» del Espíritu Santo[3] llegarán a nuestras mentes del mismo modo que lo hacen nuestros pensamientos o nuestra imaginación. Se nos dice que puede ser muy difícil distinguir entre la voz de Dios y nuestras propias emociones e intuiciones. Se nos dice que, para poder oír la voz de Dios, tenemos que practicar la «oración para escuchar», bajando «el ruido ambiente de nuestra vida» y sentándonos en silencio hasta que oigamos Su «suave y pequeña voz».[4,5,6] Como dice un autor, «la emisora de radio de Dios está siempre encendida. Las

3 Jerry Trousdale y Glenn Sunshine, *The Kingdom Unleashed* (Murfreesboro, TN: DMM Library, 2015), cap. 18.

4 Seth Barnes, *The Art of Listening Prayer: Finding God's Voice amidst Life's Noise* (Nueva York: Praxis, 2004), 19.

5 Bill Hybels, *Simplify: Ten Practices to Unclutter Your Soul* (Carol Stream, IL: Tyndale, 2014), 235.

6 Barnes, *Art of Listening Prayer*, 22.

veinticuatro horas del día, siete días a la semana. El problema es que no estamos sintonizados. Nuestras radios no funcionan».[7]

¿Qué hacemos con esto? ¿Debemos considerar nuestras emociones e intuiciones como una parte más de un sabio proceso de toma de decisiones? ¿O debemos esperar que sean la voz de Dios, siempre que sintonicemos el canal de radio espiritual adecuado y sepamos diferenciar Su voz de la estática?

La Escritura pinta un cuadro diferente. Ni una sola vez vemos a alguien que se esfuerce por diferenciar la voz de Dios de sus emociones o intuiciones cuando Él ofrece una guía directa. Tampoco vemos que la gente dedique tiempo a hacer una «oración para escuchar», como se nos anima a hacer hoy. Cuando Dios habla, suele ser inesperado, siempre está claro que *habla* y siempre está claro lo que dice. Incluso la «vocecita» de Elías era audible (1 Rey. 19:11-13). Y aunque el Espíritu nos habla, la Escritura nunca registra «impulsos» vagos en los que el Espíritu nos dice —a través de vagas impresiones internas— lo que debemos decir o hacer. En cambio, la Escritura habla del Espíritu guiándonos «a toda la verdad» (Juan 16:13) en nuestras creencias sobre Dios. El Espíritu habla principalmente para «[enseñarnos] todas las cosas, y [recordarnos] todo lo que [Jesús nos ha] dicho» (Juan 14:26), no para guiarnos en nuestras decisiones ministeriales. Cuando el Espíritu da una guía directa para el ministerio —por ejemplo, cuando envía a Felipe por el camino de Gaza— no lo hace a través de «impulsos» vagos. Las palabras reales que el Espíritu habló a Felipe están registradas (Hech. 8:26, 29). Estoy de acuerdo con M. B. Smith, quien escribió: «No se puede encontrar ningún ejemplo en ninguna parte de la Escritura… donde alguien haya considerado un impulso interno como la voz *directa* de Dios, una señal *infalible* de Dios o la única indicación de Su voluntad».[8]

7 Brad Jersak, *Can You Hear Me? Tuning In to the God Who Speaks* (Abbottsford, BC: Fresh Wind, 2012).

8 M. Blaine Smith, *The Yes Anxiety: Taming the Fear of Commitment in Relationships, Career, Spiritual Life, Daily Decisions* (Damascus, MD: SilverCrest, 2011), cap. 8, énfasis original.

Si Dios quiere ordenarnos que tomemos decisiones concretas en nuestras vidas —y si las decisiones que quiere que tomemos no están ya claras en la Escritura—, tiene los medios para ser extremadamente claro al respecto. Dios no es como «los encantadores y a los adivinos, que susurran hablando» (Isa. 8:19).

Si Dios quiere ordenarnos que tomemos decisiones concretas en nuestras vidas —y si las decisiones que quiere que tomemos no están ya claras en la Escritura—, tiene los medios para ser extremadamente claro al respecto. Dios no es como «los encantadores y a los adivinos, que susurran hablando» (Isa. 8:19).

Pero cuando no oímos la voz clara de Dios, debemos recordar que la mayoría de las decisiones que se toman en la Escritura se hacen sin la aportación directa y específica de Dios. ¿Nos sigue guiando Dios en estas situaciones? Sí, pero lo hace *indirectamente*, a través de la forma en que configura las circunstancias del mundo que nos rodea y nuestros pensamientos y deseos internos. Su intención es que evaluemos esos factores y tomemos decisiones sabias: «La ciencia del prudente está en entender su camino» (Prov. 14:8). Como Dios no ha «hablado», no podemos estar completamente seguros de lo que quiere, del mismo modo que no podemos estar completamente seguros de lo que pretenden otras personas simplemente observando sus acciones. Pero podemos usar la mejor sabiduría que tengamos para discernir lo que parece que puede servir a Sus propósitos, y Dios nos dará más claridad si cree que la necesitamos.

A lo largo del libro de Hechos, Pablo toma decisiones de este tipo. Acepta a Timoteo como compañero de ministerio, en parte porque es prudente elegir compañeros de trabajo que tengan buena reputación (Hech. 16:1-2). Cuando Pablo es apedreado en Listra, decide sabiamente marcharse. Sabiamente se va de Filipos después de que comienza un motín y es golpeado. Cuando es bien recibido en Éfeso, se queda por tres años, hasta que surgen problemas. La Escritura no nos da ninguna razón para creer que Pablo oyó una voz audible que le decía lo que tenía que hacer cuando tomó estas decisiones. En cambio, demuestra el mismo pragmatismo que Jesús enseñó a Sus apóstoles años antes: «Cuando os persigan en esta ciudad, huid a la otra; porque de cierto os digo, que no acabaréis de recorrer todas las ciudades de Israel, antes que venga el Hijo del Hombre» (Mat. 10:23).

Siento la necesidad de aclarar: *no estoy* diciendo que la toma de decisiones sabias ignore por completo los sentimientos. Pablo aconseja a quienes sienten un fuerte deseo de casarse que lo hagan (1 Cor. 7:7-9). Acepta a Timoteo como parte de su equipo misionero, en parte porque «Quiso Pablo que este fuese con él» (Hech. 16:2-3). A los corintios les dice: «Cada uno dé como propuso en su corazón: no con tristeza, ni por necesidad, porque Dios ama al dador alegre» (2 Cor. 9:7). Dios nos creó con deseos, y el hecho de que una determinada decisión «nos parezca bien» suele ser un argumento a favor de tomar esa decisión, especialmente si lo que queremos hacer es bueno o caritativo (Sal. 37:4).

Pero por supuesto, eso no lo es todo. A veces, las decisiones que «parecen correctas» pueden ser necias o incluso pecaminosas. E incluso cuando no lo son, las consideraciones prácticas a menudo nos impiden hacer lo que queremos. Pablo abandona muchas ciudades en las que quiere ejercer su ministerio cuando le resulta prácticamente imposible permanecer allí debido a la hostilidad de las multitudes. En pocas palabras, lo que sentimos sobre una decisión es solo una faceta de la toma de decisiones, y debemos considerar todas las facetas sabiamente.

Puede ser un proceso difícil. Debemos luchar por las decisiones ministeriales —incluso las más importantes, como ir o no al campo misionero— utilizando el sentido común. Puede que ninguna opción nos parezca del todo correcta, y simplemente tengamos que elegir la que nos parezca mejor. La falta de certeza puede desorientarnos, pero no debemos preocuparnos. Incluso cuando Dios no nos dice exactamente qué hacer, sigue guiándonos como un pastor. La mayoría de las veces, las ovejas no son conscientes de que su pastor las guía. Desde su punto de vista, las cosas simplemente suceden. No *pueden* seguir caminando hacia el acantilado porque hay una valla. Pero no se dan cuenta de que el pastor puso la valla allí y la utilizó para guiarlas lejos de un terrible peligro. De la misma manera, Dios nos protege de tomar caminos peligrosos incluso cuando no somos conscientes. Por eso, aunque no siempre tengamos «paz» sobre cuál es la mejor decisión, siempre podemos estar tranquilos de que Dios vela por nosotros y nos llevará adonde quiere que vayamos:

> La suerte se echa en el regazo;
> Mas de Jehová es la decisión de ella. (Prov. 16:33)

La experiencia de ser «llamado»

Hemos sentado algunas bases sobre cómo honrar a Dios al tomar decisiones. Ahora exploremos específicamente cómo esto se relaciona con el «llamado» misionero. Muchas personas se imaginan que si Dios quiere que vayan como misioneros, se los confirmará a través de un fuerte y místico llamado o de una experiencia emocional. Por ejemplo, mientras oran, Dios puede darles una profunda sensación de paz sobre la idea de ir al extranjero. Del mismo modo, la ausencia de tal experiencia puede significar que Dios no los ha llamado. Pero en otros aspectos de la vida, comprendemos que las emociones y las intuiciones son solo una faceta de nuestra toma de decisiones. No son la voz de Dios. Así que si una pareja joven le dice a su pastor que están enamorados y se sienten «llamados» a casarse, el pastor verá su entusiasmo como una señal alentadora. Sin embargo, en la consulta prematrimonial les hará preguntas difíciles para asegurarse de que están preparados para los cambios y los aspectos prácticos del matrimonio. Querrá saber si su «llamado» no es un simple capricho, sino que refleja un compromiso más profundo en el que ambas partes entienden a qué se comprometen y, tras una seria introspección, lo aceptan con alegría.

Es una señal alentadora cuando alguien expresa su deseo de servir en misiones. Pero el sentido de vocación de los candidatos a misioneros debe ser evaluado más profundamente. La mayoría de las grandes organizaciones misioneras hacen algún esfuerzo por frenar a los candidatos no calificados. Pero incluso entonces, el objetivo principal es eliminar a los que tienen más probabilidades de sufrir un colapso emocional o espiritual, no encontrar y perfeccionar a los más dotados para la vida en el campo. Más allá de las evaluaciones básicas de estabilidad psicológica y espiritual, un sentimiento personal de «vocación» suele ser suficiente para llegar al campo. Varias historias me vienen a la mente:

- Cuando conocí a la familia de Mark, estaban luchando mucho con su transición de Estados Unidos a una gran ciudad africana. Sin embargo, se sintieron llamados a trasladarse a una zona devastada por la guerra en lo más profundo de la selva. Esto supuso un enorme estrés para su familia y provocó conflictos entre ellos y su equipo ministerial. Unos años más tarde regresaron a su país de origen.
- Jennifer era una mujer soltera de treinta y pocos años. Tenía un fuerte deseo de casarse, pero no se sentía capaz de seguir «esperando eternamente al hombre adecuado». En lugar de eso, siguió su llamado a un remoto campo de misión en el que no había hombres solteros. Jennifer luchó contra la soledad y la depresión durante años antes de regresar a casa.
- Brian se sintió llamado a servir en Corea del Norte, aunque le dijeron que era casi imposible que los ciudadanos estadounidenses obtuvieran visas. Pasó cuatro años en Corea del Sur aprendiendo coreano antes de darse cuenta de que su sueño de entrar en Corea del Norte era imposible. Volvió a casa desanimado.

¿Cuál sería una mejor forma de tomar decisiones?

Cordura

La Escritura no nos enseña a confiar enteramente en un sentido subjetivo del llamado para determinar la dirección de nuestro ministerio. En cambio, nos dice que usemos la cordura para determinar dónde podemos servir mejor a la iglesia. Pablo escribe a los romanos:

> Digo, pues, por la gracia que me es dada, a cada cual que está entre vosotros, que no tenga más alto concepto de sí que el que debe tener, sino que piense de sí con cordura, conforme a la medida de fe que Dios repartió a cada uno. Porque de la manera que en un cuerpo tenemos muchos miembros, pero no todos los miembros tienen la misma función, así nosotros, siendo muchos, somos un cuerpo en Cristo, y todos miembros los unos de los otros. De manera que, teniendo diferentes dones, según la gracia que nos es dada, si el de profecía, úsese conforme a la medida de la fe (Rom. 12:3-6)

Como es habitual en él, Pablo utiliza el término «gracia que me es dada» para describir lo que solemos llamar «dones espirituales».[9] La gracia de Dios no solo nos salva del pecado, sino que también nos capacita para servir a los demás de diferentes maneras. Pablo quiere que evaluemos con cordura cómo la gracia de Dios nos capacita para servir, por lo que nos da indicaciones sobre cómo podemos evaluar nuestros dones, que parecen describir un proceso de toma de decisiones muy sensato.

En primer lugar, según Pablo, los dones no se dan para nuestro beneficio personal, ni para hacernos sentir importantes. Son dados para que podamos servir a toda la iglesia. El uso de las lenguas, por ejemplo, es ineficaz para los que oyen «a no ser que las interprete para que la iglesia reciba edificación» (1 Cor. 14:5). Del mismo modo, Pablo escribe:

9 Por ejemplo, Pablo describe los dones como una gracia que se nos da en Rom. 12:6-8; 15:15-16; 1 Cor. 3:10; Ef. 3:1-2, 7-8; 4:7-11.

> Pero a cada uno de nosotros fue dada la gracia conforme a la medida del don de Cristo [...]. Y él mismo [Dios] constituyó a unos, apóstoles; a otros, profetas; a otros, evangelistas; a otros, pastores y maestros, a fin de perfeccionar a los santos para la obra del ministerio, para la edificación del cuerpo de Cristo. (Ef. 4:7, 11-12)

Observa que en este pasaje, Pablo no dice que *los dones* de apóstol, profecía, evangelismo, pastoreo y enseñanza nos son dados. Más bien, los dones son *personas*: apóstoles, profetas, evangelistas, pastores y maestros. Son dados al cuerpo mayor para que puedan emplearse en su servicio.[10] Así que la pregunta «¿Qué me apasiona?» tiene un papel limitado a la hora de determinar nuestra vocación. Por supuesto, la voluntad de servir suele formar parte de la gracia que Dios nos da (Rom. 12:3-5; 2 Cor. 8:1-2). Pero esta disposición se centra en lo que beneficiará a la iglesia, no en cómo podríamos cumplir nuestros sueños o pasiones. «¿Qué me apasiona?» es una buena pregunta, pero su valor es limitado. Es mejor preguntarse: «¿Cómo puedo servir mejor a la Iglesia?». Esto puede implicar hacer cosas a las que no nos sentimos especialmente llamados y que no nos entusiasman ni se nos dan bien. Pero las hacemos simplemente porque hay que hacerlas. Servir «a los más pequeños» (Mat. 25:40, 45) rara vez es emocionante, pero todos los creyentes están llamados a hacerlo. Debemos tener esto en cuenta cuando tratamos de discernir cómo nos ha dotado Dios. Como los soldados en una guerra, servimos a una causa mayor que nosotros mismos, y debemos estar dispuestos a renunciar a nuestras preferencias y objetivos personales para servir al llamado más grande de Cristo.[11]

10 De hecho, el salmo que Pablo cita en este pasaje («Subiste a lo alto, cautivaste la cautividad, tomaste dones para los hombres» Sal. 68:18) habla de Dios regresando victorioso en la batalla y dando esclavos conquistados a Su pueblo. Estos esclavos, en la mente de Pablo, son los «apóstoles, profetas, evangelistas, pastores y maestros» que sirven a la iglesia.

11 Un ejemplo especialmente vívido de cómo puede ocurrir esto se da ocasionalmente en los matrimonios de misioneros. Si el marido se siente llamado a un campo y la mujer a otro, uno de los dos (o los dos) debe renunciar a su sentido individual de «llamado» para seguir el llamado más grande que Cristo les hace a vivir juntos en armonía.

En segundo lugar, según Pablo, Dios nos ha dado la gracia de hacer cosas que realmente tenemos la capacidad de hacer. Escribe: «Conforme a la gracia de Dios que me ha sido dada, yo como perito arquitecto puse el fundamento, y otro edifica encima; pero cada uno mire cómo sobreedifica» (1 Cor. 3:10). Esta habilidad para construir bien era una parte fundamental de la gracia concedida a Pablo. Cuando carecemos de la habilidad para ministrar con destreza, para usar la palabra de Pablo, generalmente podemos suponer que Dios no nos ha dado gracia para ministrar en esa área en particular. Como vimos en el capítulo 6, cuando Henry Guinness solicitó un puesto en *China Inland Mission*, Hudson Taylor lo rechazó a regañadientes, explicando que con una esposa y tres hijos, había «pocas probabilidades de que pudiera aprender el idioma lo suficientemente bien como para ser tan útil en China como lo era en casa».[12] Nota la naturaleza pragmática de la decisión de Taylor: si Guinness no podía aprender chino, entonces no se le había concedido la gracia de ir a China. Por otro lado, si tienes la oportunidad y la capacidad de ministrar bien en el extranjero, puede que se te conceda ir.

En tercer lugar, Dios solo nos ha dado gracia para hacer cosas que tenemos la capacidad espiritual y emocional de hacer con alegría. Pablo escribe: «De manera que, teniendo diferentes dones, según la gracia que nos es dada, si el de profecía, úsese conforme a la medida de la fe». Pero luego sigue: «el que exhorta, en la exhortación; el que reparte, con liberalidad; el que preside, con solicitud; el que hace misericordia, con alegría» (Rom. 12:6, 8). Servir a Dios será doloroso a veces, pero allí donde nos ha dotado para servirle, habrá formas de alegrarse incluso en la dificultad. Por ejemplo, Pablo concluye que se debe a «la gracia de Dios que se ha dado» a los macedonios que «en grande prueba de tribulación, la abundancia de su gozo y su profunda pobreza abundaron en riquezas de su generosidad» (2 Cor. 8:1-2). Puede que Dios nos lleve, como a los macedonios, a dar de nosotros

12 Alvyn Austin, *China's Millions: The China Inland Mission and Late Qing Society, 1832–1905* (Grand Rapids, MI: Eerdmans, 2007), 96.

mismos de maneras que impliquen sufrimiento. Pero cuando lo haga, nos dará la gracia de alegrarnos en nuestro sufrimiento. ¿Significa eso que si no puedes imaginarte a ti mismo siendo gozosamente capaz de soportar el campo misionero, no deberías ir? Pues no exactamente. Puede que solo estés al principio del proceso. A medida que vayas aprendiendo más sobre el campo misionero —hasta el punto de que mudarte al extranjero no solo te parezca aterrador— y a medida que Dios aumente en ti Su amor por el mundo perdido, es posible que sientas un gozo y un deseo crecientes cuando pienses en ir al extranjero. Puede que empieces a sospechar que estarías dispuesto a soportar las dificultades que ello implica. Si es así, Dios puede estar dándote la gracia para ir.

Es importante señalar que esta gracia de soportar el sufrimiento no se nos concede para todos los tipos de sufrimiento. Por ejemplo, con respecto a la cuestión de si debemos o no casarnos, Pablo escribe: «Quisiera más bien que todos los hombres fuesen como yo; pero cada uno tiene su propio don de Dios, uno a la verdad de un modo, y otro de otro. Digo, pues, a los solteros y a las viudas, que bueno les fuera quedarse como yo; pero si no tienen don de continencia, cásense, pues mejor es casarse que estarse quemando» (1 Cor. 7:7-9). Para el soltero no dotado, la soledad y el deseo de casarse causan suficiente distracción como para que su capacidad de tener «puestos los ojos en Jesús» y el gozo puesto ante él se vea significativamente desafiada (Heb. 12:1-2). Esto puede llevarlo incluso a pecar. Así que Pablo concluye que si la soltería nos hace arder de deseo o soledad, entonces no estamos dotados como solteros y deberíamos intentar casarnos. Pretender lo contrario solo nos conducirá al peligro.

Del mismo modo, si careces de la resistencia emocional, física o espiritual necesaria para la vida en el campo misionero, entonces todavía no se te ha dado la gracia para ser misionero. Pretender lo contrario es peligroso. No ayuda a nadie cuando un misionero se derrumba en el campo. He visto esto suceder, y puedo decirte que solo hace el trabajo de otros misioneros más difícil. Ahora deben ayudar a un compañero de equipo que se tambalea, además de ocuparse de sus propias responsabilidades ministeriales. Es mejor para todos si respetamos los límites que Dios nos ha puesto. Si Dios no te ha dado gracia para ir al campo, habrá otros lugares donde puedas servirle.

Expectativas realistas

Para evaluar nuestras aptitudes para las misiones, debemos tener una idea realista de lo que nos proponemos. Por eso he insistido en la naturaleza a largo plazo del trabajo. Los misioneros que imaginan que se les exigirá poco se sentirán engañados. No se les puede culpar si más tarde reconsideran su elección.

Los viajes misioneros a corto y medio plazo pueden ayudar a los jóvenes a aprender lo suficiente sobre el terreno para saber si tienen la gracia de servir en el extranjero como misioneros a largo plazo. Como ya habrán adivinado, no creo que los misioneros a corto plazo vayan a desempeñar un papel clave para ayudarnos a discipular a las naciones. Más de una vez, Adoniram Judson se quejó de los misioneros que venían al campo comprometiéndose «solo» por unos pocos años, que:

> Como de costumbre, no podían ser de mucha utilidad real hasta que dominaran el idioma; y eso sería cuestión de años.[13]

> He visto el principio, la mitad y el final de varios misioneros de duración limitada. Ninguno de ellos sirven para nada... Si el sistema de términos limitados... se impone, será un golpe mortal para las misiones y retrasará la conversión del mundo cien años.[14]

Ciertamente, los viajes misioneros a corto plazo nunca sustituirán a los misioneros a largo plazo. Pero quizás no tengamos que decepcionarnos tanto de su utilidad como Judson. Los misioneros —a corto plazo cuando aportan las habilidades o la mano de obra

13 Courtney Anderson, *To the Golden Shore: The Life of Adoniram Judson* (King of Prussia, PA: Judson Press, 1987), 409.

14 Judson, citado en Francis Wayland, *A Memoir of the Life and Labors of the Rev. Adoniram Judson* (Boston, MA: Phillips, Sampson, 1853), 62.

necesarias— pueden ayudar a los misioneros a largo plazo. Y lo que es más importante, los viajes de corta duración pueden ser un ingrediente esencial para ayudar a la gente a decidir si servir o no a largo plazo. Hoy estoy en el campo misionero, en parte, gracias a un viaje de seis meses que hice hace años.

Tucker McPherson escribe:

> Estos viajes de corta duración son en realidad versiones contemporáneas de una antigua práctica cristiana llamada peregrinación... Un peregrino emprende un viaje para encontrarse con Dios en un lugar lejano, con la esperanza de volver siendo una persona distinta de la que partió... Los peregrinos no se hacían ilusiones de que iban a «cambiar el mundo» con su peregrinación, pero sí esperaban que el hecho de estar expuestos al mundo... los cambiaría a ellos. Eran mucho más que turistas que viajan simplemente por diversión... Los peregrinos viajan para transformarse. Y eso es algo muy bueno.[15]

Esta perspectiva es generosa y útil. Pocas personas se encuentran preparadas para comprometerse en el campo de la misión sin haberla experimentado, al igual que pocas personas se sienten preparadas para casarse después de unas pocas citas. Como en otras carreras, un poco de contacto con la vida sobre el terreno puede ayudar al peregrino a evaluar si está dotado para servir como misionero a largo plazo. Si descubre que lo está, su viaje de corta duración puede tener, en última instancia, un profundo impacto a largo plazo en las misiones.

Factores a considerar

Permíteme ser más concreto. Considera estos indicadores que podrían orientar tu decisión:

15 Tucker McPherson, *Go as a Pilgrim, Not a Hero*, en *Go, but Go Wisely: Finding Your Way as You Go on Mission*, ed. Matt Brown (Colorado Springs: Global Mapping International, 2015), cap. 3.

- Los misioneros deben esperar que su salud física les permita permanecer en el extranjero.
- Los misioneros casados deben tener matrimonios fuertes y sus hijos deben estar bien. Ambos cónyuges deben estar firmemente comprometidos con la misión. Si uno de los cónyuges está considerablemente más comprometido con el campo misionero que el otro, se avecinan problemas.
- Los solteros que deseen casarse deben evitar las misiones en las que sus opciones de pareja sean limitadas.
- Las personas que padezcan depresión o trastornos emocionales graves deben pedir consejo antes de ir al campo.
- Los misioneros deben tener la capacidad de aprender un nuevo idioma. Si no la tienen, ya sea por simple incapacidad o por circunstancias de la vida, entonces solo deben considerar funciones que no estén directamente vinculadas a la enseñanza o a compartir la Palabra.
- Los misioneros que esperan desempeñar un papel de enseñanza o pastoreo deben conocer bien la Escritura. Aquellos con un conocimiento limitado de la Escritura deben seguir una formación antes de ir al campo si esperan discipular o enseñar.
- Los misioneros deben ser capaces de mantener un empleo en sus países de origen. La experiencia laboral real suele ser la mejor forma de determinarlo.
- Las personas que luchan con pecados acosadores o adicciones deben tenerlos bajo control hasta el punto que ni ellos ni quienes los conocen vean que sus luchas minan la salud de sus familias o ministerios.
- Los misioneros deben tener relaciones sólidas con su iglesia de origen, y los líderes de su iglesia deben recomendarlos para el servicio misionero.

Teniendo en cuenta factores como estos, podemos evaluar sobriamente cómo coinciden nuestros dones con las diversas oportunidades del reino. Por supuesto, debemos orar pidiendo sabiduría. Pero también debemos decidir finalmente, confiando que si hemos pasado algo por alto, Dios nos redirigirá.

¿Y si no cumples muchas de las recomendaciones anteriores? ¿Significa eso que no eres cristiano? ¿Un creyente defectuoso? No. Solo significa que probablemente no deberías dedicarte a la obra misionera, al menos no todavía, aunque sientas un fuerte llamado. Lo contrario también es cierto. Si por la gracia de Dios, cumples con muchas de las recomendaciones anteriores, entonces te animo a considerar en oración un ministerio en las misiones, incluso si actualmente no te sientes llamado.

En cierto sentido, me he centrado mucho en todas estas cuestiones prácticas para disuadir a la gente del campo. Pero hay otra cara de la moneda. Los misioneros no necesitan ser sobrehumanos. No necesitan ser perfectos. Solo necesitan conocer la Escritura lo suficientemente bien como para enseñar a otros. Necesitan ser culturalmente flexibles y moderadamente sanos. Necesitan tener familias fuertes o ser estables en su soltería. No todos los misioneros han experimentado un «llamado» específico y claro. Puedes perder una oportunidad increíble si esto te impide considerar el campo misionero. Podría esperarte una vida llena de bendiciones indescriptibles, y el Señor podría usarte para atraer a muchas personas a Él.

Resiliencia familiar

Antes sugerí que los misioneros deben tener familias sanas. Merece la pena profundizar en ello.

Las familias misioneras deben ser familias fuertes. Quiero ser claro: «Fuertes» no significa perfectas. No significa sin estrés, tristeza o dificultad. *Sí* significa que las tensiones inusualmente pesadas, el pecado y las adicciones deben superarse antes de que una familia vaya al campo de misión.

El ministerio en el extranjero implica mucho sacrificio. Si ambos cónyuges no están de acuerdo cuando llegan el sacrificio y el sufrimiento, el ministerio simplemente no perdurará. Un esposo que presiona a su esposa, o una esposa que presiona a su esposo, a servir de una manera para la cual él o ella no están preparados, se arriesgan a fracasar en el campo y a dañar el matrimonio. Las dificultades comunes incluyen:

- Menos tiempo en familia.
- Mayor irritabilidad debido al estrés de la vida en el extranjero.
- Menos intimidad, y menos lugares para tener citas o pasar tiempo a solas.
- Lejanía de los amigos, la familia y las estructuras eclesiásticas que proporcionaban estabilidad en casa.
- Sentimiento de inferioridad o competencia si uno de los cónyuges es más hábil que el otro en el ministerio o en el idioma y la cultura.
- Niños que luchan por encontrar un sentimiento de hogar en medio de constantes cambios.
- Falta de estabilidad en los círculos sociales amplios de los niños, ya que otras familias entran y salen del campo y los niños están lejos de sus primos, tíos y abuelos.
- Niños de los cuales los demás se burlan y se ríen por razones que no entienden.
- Niños testigos de perturbadores actos de violencia.
- Niños o familiares víctimas de la violencia.[16]

16 Cuando enumero la violencia contra los niños y los miembros de la familia como un riesgo, simplemente estoy reconociendo que muchos de los países a los que van los misioneros no son tan seguros como sus países de origen. Aunque no podemos evitarlo, solo deberíamos llevar niños a campos de misión en los que tengamos alguna expectativa razonable de garantizar su seguridad física. Aunque no debemos amar a nuestros hijos más de lo que amamos a Dios, Dios mismo dice del sacrificio de niños que es algo «que no les mandé, ni hablé, ni me vino al pensamiento» (Jer. 19:5). Esto significa que algunos campos de misión pueden ser demasiado violentos para familias con niños. Los solteros —o las parejas sin hijos— pueden servir en estos campos en su lugar. La tragedia resulta cuando enfatizamos «la salvación de las almas a expensas de los niños». (*Amended Final Report for the Investigatory Review of Child Abuse at New Tribes Fanda Missionary School* [Lynchburg, VA: Godly Response to Abuse in a Christian Environment, 2010], 2). De hecho, tal énfasis ha dado lugar a escándalos que amenazaron con socavar la «salvación de las almas» e hicieron un gran daño a los niños, a quienes Jesús ama.

- Niños acosados sexualmente o testigos de situaciones sexuales.[17]
- Surgen dudas sobre si Dios quiere que la familia permanezca en el campo, ya que experimentan dificultades mientras ven poco o ningún fruto durante años y años.

Por supuesto, las familias misioneras pueden evitar muchas de las dificultades mencionadas anteriormente, e incluso si nos quedamos en casa, no hay garantía de que esas cosas no sucedan. Afortunadamente, Dios promete que todas las cosas —incluso las terribles— obran para bien en la vida de Sus hijos (Rom. 8:28). Pero eso no significa que podamos tomarnos estos sufrimientos a la ligera. Una familia no debe exponerse a ese sufrimiento si ambos padres no están de acuerdo en aceptar el riesgo.

Si el ministerio es realmente una prioridad para toda la familia —si es una de las cosas en las que la familia está de acuerdo— entonces los miembros de la familia pueden apreciar el sacrificio de los demás y el compromiso con el ministerio, incluso cuando les afecta de maneras que son difíciles. Los cónyuges, en particular, deben aprender a tener matrimonios emocionalmente resistentes. Deben ser capaces de mantener la confianza y el optimismo uno al otro, incluso durante los periodos en los que deben pasar tiempo separados y son incapaces de comunicarse sobre las crecientes dificultades.

Por supuesto, los misioneros casados no deben amar el ministerio más que a sus cónyuges o hijos. En una extraña paradoja, el éxito de nuestros ministerios puede depender de que amemos primero a nuestras familias. ¿Por qué? Porque si un cónyuge o un hijo desatendido se descarrila, terminarás de vuelta en casa, ¡probablemente antes de lo que piensas! Además, las familias sanas validan nuestro mensaje.

17 Como en la nota anterior, simplemente estoy reconociendo que en algunos ámbitos el acoso sexual de nuestros hijos es más probable de lo que sería en casa. No estoy sugiriendo que debamos resignarnos a dejar que nuestros hijos sean agredidos sexualmente. Solo debemos llevar a los niños a campos de misión donde haya una expectativa razonable de que podemos garantizar su seguridad física. Los campos en los que no es así son más apropiados para familias sin hijos, o para solteros.

Esto es cierto independientemente de la cultura. Por eso debemos amar a nuestras familias lo suficiente como para estar dispuestos a dejar felizmente nuestro ministerio para siempre si nuestro cónyuge o nuestros hijos lo necesitan.

Pero las familias fuertes también reconocerán el llamado único de Cristo en la vida de cada uno. Se animarán mutuamente a seguir el ministerio, aunque eso signifique tener menos oportunidades de estar juntos. A estas familias no les falta amor ni apoyo. Más bien, al compartir una misma motivación y enfoque, cada uno es capaz de admirar y apreciar al otro mientras siguen un objetivo común.

Esto significa que la decisión de servir interculturalmente no es una mera vocación de los padres, impuesta a los hijos. Es una vocación que los padres han discernido *y* en la que los hijos tienen *el privilegio de participar*, aun reconociendo las dificultades. Los padres que no creen plenamente en esto tratarán constantemente de compensar a sus hijos por las dificultades de la vida intercultural, y los hijos —al darse cuenta de que sus padres se sienten culpables— pueden sentirse perjudicados. Pero los niños cuyos padres creen en la nobleza de su vocación —que es un privilegio a pesar del sufrimiento— tienen una forma de creer que sus sufrimientos merecen la pena.

Preparar a los solteros

Es importante dirigirse también a los solteros. Los solteros pueden experimentar una intensa soledad en el campo. En general, el número de mujeres solteras supera al de hombres solteros lo suficiente como para que se enfrenten a importantes obstáculos adicionales a la hora de encontrar un cónyuge. Por lo tanto, hay que animar a los solteros —y especialmente a las solteras— a que asuman honestamente los riesgos que se presentan cuando van al extranjero. Por supuesto, quedarse en casa tampoco ofrece garantías de encontrar un cónyuge aceptable. Pero ¿serán capaces de aceptar toda una vida de soltería si nunca llegan a casarse por su decisión de ir al campo?

Dejemos claro lo que está en juego. No se trata simplemente de una cuestión de comodidad personal. Pablo nos advierte que la soltería es un don dado a algunos, pero no a otros. Para muchos, la experiencia de la soltería es más que una dificultad; puede llevar a la desesperación y aumentar la tentación de pecar:

> … pero cada uno tiene su propio don de Dios, uno a la verdad de un modo, y otro de otro. Digo, pues, a los solteros y a las viudas, que bueno les fuera quedarse como yo; pero si no tienen don de continencia, cásense, pues mejor es casarse que estarse quemando (1 Cor. 7:7-9).

A pesar de este consejo, a menudo se hace creer a los solteros que dudar en ir al campo misionero hasta casarse podría ser poco espiritual:

> Dios no quiere que busques marido o mujer, quiere que estés casado con **Él**, y que confíes en Él para cualquier pareja que pueda traer a tu vida. Conozco a muchos cristianos solteros que sirven a Jesús en el extranjero y que confían en Él para todo. Y algunas de las historias más hermosas de la gracia de Dios que he escuchado son de parejas que fueron al campo misionero solteros, y luego Dios los guio a casarse con otra persona cuyo corazón también estaba completamente dedicado a servirle allí. Recuerda: *«porque vuestro Padre sabe de qué cosas tenéis necesidad, antes que vosotros le pidáis» (Mat. 6:8)*. ¡Confía en Él![18]

Este consejo parece piadoso y abnegado, pero en última instancia es contraproducente. Contradice el claro consejo de la Escritura de que los que no están dotados como solteros deben hacer lo posible por casarse. Debido a que muchos candidatos a misioneros solteros son jóvenes y puede que no comprendan plenamente las implicaciones de su decisión, las iglesias que los envían y las juntas misioneras deberían indagar más profundamente cuando los

18 Green, *Why YOU Should Go to the Mission Field* (énfasis original).

solteros apuntan a campos en los que las opciones matrimoniales son escasas. En algunos casos, estas opciones pueden estar bien meditadas. Sin embargo, debemos asegurarnos de que los solteros sepan que elegir «encontrar más satisfacción en Jesús» no siempre es sabio. De hecho, parte de encontrar satisfacción en Jesús es aceptar las limitaciones que Él nos impone. Los solteros deben aceptar el hecho de que incluso antes de la caída, había tipos de soledad que Dios no tenía intención de satisfacer para Adán. Si no animamos a los solteros a evaluar cómo esta soledad afectará a sus vidas espirituales, pueden ir al campo abrazando su soltería de maneras que son *poco espirituales* e imprudentes. Los solteros que lo hacen pueden ser aplaudidos por sus iglesias por su valentía y compromiso, pero muchos saldrán del campo a los treinta años. Esta tendencia podría evitarse en gran medida si los solteros supieran que cuentan con el pleno apoyo de sus iglesias, y no fueran vistos como cristianos poco entusiastas o deficientes, si retrasaban su salida al campo hasta el matrimonio, o buscaban lugares que les dieran más posibilidades de conocer a otros solteros, o incluso si elegían una dirección totalmente distinta.

Los que tienen el don de servir como solteros en el extranjero pueden tener ministerios poderosos y vidas alegres. De hecho, parte de la razón por la que Pablo espera que los solteros dotados no se casen es que piensa que los casados tendrán vidas más difíciles (1 Cor. 7:28). Y lo que es más importante, la experiencia de la soltería puede cambiar. Muchos solteros que luchan con su posición pueden crecer en su capacidad de sostener gozosamente un estilo de vida de soltería. Esto puede implicar entrenarse a sí mismos a través de varias disciplinas. De la misma manera, los que son corredores naturalmente dotados todavía necesitan entrenar antes de que puedan correr maratones, y los músicos naturalmente dotados todavía necesitan practicar un instrumento antes de que puedan dominarlo.

B. Enviar bien

Una vez identificados los candidatos a misioneros, ¿cómo los enviamos bien? ¿Cómo los preparamos para que tengan éxito? De la misma manera que un juicio sobrio nos ayuda a elegir sabiamente a los misioneros, también puede ayudarnos a lanzarlos bien.

Elección del campo de práctica

Los candidatos a misioneros tienden a elegir *dónde* servir de la misma manera que eligen *por qué* servir, apoyándose en gran medida en los sentimientos de vocación. Como ya se ha dicho, el deseo de ir a una zona determinada es una buena señal, pero no debe prevalecer sobre las preocupaciones prácticas a menos que haya una razón definitiva.

Por lo general, el sentido de vocación de los candidatos a misioneros proviene de experiencias emocionales. La gente se siente llamada a lugares que ha visitado. También tienden a querer ir a lugares de los que han oído hablar en las noticias, especialmente cuando la cobertura informativa ha sido especialmente oscura. En las pláticas de reclutamiento que he dado a lo largo de los años, me he dado cuenta de que los candidatos a misioneros a menudo sienten un fuerte llamado a países «cerrados» y a países que regularmente se encuentran en situaciones de guerra, persecución de cristianos, genocidio o terrorismo.

Pero si dejamos que nuestros sentimientos guíen nuestras decisiones sobre adónde vamos, ¿cómo llegaremos a quienes son difíciles de visitar y reciben poca cobertura mediática? El país en el que actualmente trabajo rara vez aparece en las noticias, y poca gente se siente llamada aquí, ¡porque poca gente sabe que existe! Aunque la compasión que nos atrae hacia las partes más oscuras del mundo pueda parecer admirable, no siempre es muy útil. Jesús ofrece a Sus apóstoles consejos ministeriales más pragmáticos:

> Cuando os persigan en esta ciudad, huid a la otra; porque de cierto os digo, que no acabaréis de recorrer todas las ciudades de Israel, antes que venga el Hijo del Hombre (Mat. 10:23).

Como hemos visto, Pablo sigue este patrón en varias ocasiones, huyendo cuando estalla la violencia (Hech. 14:19-20; 16:39-40; 17:9-10; 20:1). Solo podemos ministrar donde es *posible* hacerlo.

Recuerdo haber reclutado misioneros para trabajar en un país que concede visas de misioneros a cristianos para que puedan trabajar con grandes grupos de población musulmana no comprometidos. Estos candidatos no querían trabajar en este país precisamente *porque* era legal hacerlo; ¡no creían que estos grupos de personas en particular fueran lo suficientemente «hostiles» como para merecer su atención!

No estoy defendiendo que simplemente nos alejemos de los campos de misión de difícil acceso. Pero a mí me expulsaron de mi primer país de servicio, así que soy muy consciente de que tales obstáculos pueden impedirnos lograr lo que esperamos. La aparente falta de obstáculos debería ser un argumento *a favor* de servir allí. ¿Por qué nos cuesta ver esto, a pesar de las instrucciones de Jesús? Me pregunto si nuestros propios deseos de sentirnos significativos pueden estar impulsando nuestras decisiones más de lo que deberían.

Un equipo compatible

En cualquier ministerio o profesión, debemos considerar cuidadosamente nuestros posibles compañeros de trabajo. Un equipo debe compartir una visión común para poder trabajar bien juntos. Deben estar de acuerdo en las cuestiones fundamentales del enfoque ministerial y, en caso de desacuerdo, deben saber cómo resolver sus diferencias. Dado que los misioneros dependen mucho los unos de los otros —por compañerismo, por apoyo logístico, por ayuda—, las ideas contradictorias se desbordarán. Ignorarlas no es una opción, al menos no por mucho tiempo.

Los equipos con diferencias fundamentales sobre teología o ministerio no se mantendrán unidos. Pablo y Bernabé son un ejemplo de cómo las diferencias de ideas pueden dividir a los equipos. Pablo pensaba que Juan Marcos no era de fiar porque los había abandonado. Bernabé creía que Juan Marcos merecía una segunda oportunidad. Lucas no nos dice si Pablo o Bernabé tenían razón. Pero sabemos que «hubo tal desacuerdo entre ellos, que se separaron el uno del otro; Bernabé, tomando a Marcos, navegó a Chipre, y Pablo, escogiendo a Silas, salió encomendado por los hermanos a la gracia del Señor» (Hech. 15:39-40).

Y así terminó el primer equipo misionero del cristianismo. Separarse no es necesariamente pecado; a veces, es la mejor manera de resolver desacuerdos irresolubles. Pero nunca ocurre sin pérdida. Para evitar tales divisiones, los misioneros deben considerar los siguientes aspectos al elegir equipos misioneros:

- ¿Cómo se toman las decisiones? ¿Quién tiene la última palabra?
- ¿Cómo gestionará el equipo los conflictos?
- En los equipos multiculturales, ¿existen diferencias culturales significativas dentro del equipo? ¿Cómo se tratarán?
- ¿Cuál es la filosofía ministerial del equipo?
- ¿Qué cuestiones teológicas son importantes para el equipo? ¿Qué posición adopta el equipo sobre las cuestiones teológicas que son importantes para el candidato a misionero?
- ¿Quién ejerce la autoridad y cómo? Si el equipo tiene líderes, ¿qué alcance tiene su autoridad? ¿Su autoridad se extiende a ámbitos que no son de su incumbencia?

Un misionero que desee adoptar un enfoque profesional del ministerio —como el que he descrito— debe encontrar un equipo ministerial que lo apoye. Le resultará difícil dedicarse a la adquisición del idioma y la cultura si los líderes del equipo esperan que esté muy involucrado en proyectos empresariales o humanitarios. Del mismo modo, no le servirá de nada discipular a los nuevos creyentes hasta su madurez antes de nombrarlos ancianos si los compañeros de equipo quieren pasarle por encima y nombrarlos antes.

Como en cualquier carrera o ministerio, vale la pena sacrificarse por un buen equipo. En mi primer país de servicio, casi todos los hombres enviados por mi organización habían sido nombrados jefes de equipo, y cada uno se sentía «llamado» a una ciudad diferente.

En la práctica, esto significaba que la mayoría de los jefes de equipo se encontraban en la trayectoria de servir sin ningún miembro del equipo. Y como cada uno se sentía llamado a liderar en lugar de seguir, no podíamos trabajar juntos. Todo esto era bienintencionado, pero no refleja un planteamiento serio y profesional de la tarea. Los profesionales hacen lo que deben para hacer su trabajo. Están dispuestos a sacrificar su posición personal y sus proyectos para alcanzar los objetivos de la empresa. Del mismo modo, nuestra *vocación corporativa* como cristianos —vivir juntos en amor— y la *vocación corporativa de* la Iglesia de evangelizar a las naciones deberían tener más peso que nuestros sueños personales de liderazgo o de servir en tal o cual lugar concreto. Seguramente es más importante para los equipos misioneros ser eficaces en llevar a la gente a la fe que para mí lograr varios objetivos ministeriales. Cuando describimos nuestros sueños como «llamados», corremos el riesgo de confundir nuestros sueños con la voluntad soberana de Dios, aferrándonos a ellos con más fuerza de la debida.

C. Mantener la vida en el campo

Una vez que hemos identificado y enviado a misioneros dotados, ¿cómo los sostenemos en medio de las dificultades sobre el terreno? Es vital que los misioneros mantengan ritmos saludables de descanso y tiempo en familia junto con su ministerio. Deben evitar patrones de ministerio malsanos y obsesivos. Pero siempre que lo hagan, debemos animarlos a pensar más en lo que se necesita para tener éxito que en lo que es y no es sostenible. Esto puede requerir que adopten posturas difíciles. Permítanme compartir una historia para explicarlo.

En mis primeros años de aprendizaje de idiomas, mis compañeros de misión me recordaban a menudo que me tomara un sábado. Yo guardaba el sábado semanal y descansaba lo que necesitaba, pero les agradecía su preocupación. Pero lo interesante y revelador es que *ninguno de ellos me preguntó si estaba progresando adecuadamente en el aprendizaje del árabe.* Con razón querían protegerme del agotamiento, pero parecía no importarles en absoluto protegerme de la ineficacia. ¿Quién se habría preocupado de que estableciera un ritmo de vida sostenible, aunque esa «sostenibilidad» hiciera imposible que aprendiera suficiente árabe para ejercer bien mi ministerio? Si queremos tener éxito, la *sostenibilidad* y *la viabilidad* deben ir de la mano.

De nuevo, la gente entiende esto en el mundo profesional. No podemos decir a nuestros jefes que nuestro horario de trabajo es insostenible e irnos a casa antes. Si lo hacemos, enseguida nos dirán que tenemos que averiguar si nuestro trabajo actual nos conviene. ¿Y tú qué sabes? En la mayoría de los casos, a menos que nuestra situación laboral sea profundamente insalubre, encontramos la manera de hacer el trabajo. En el campo de la misión, sin embargo, los compañeros de trabajo y los supervisores parecen apoyar e incluso alentar patrones de trabajo que no permiten hacer el trabajo. Después de renunciar a tanto, se imaginan que necesitamos un descanso. Pero un descanso no es lo que necesitamos. Lo que necesitamos es un ministerio eficaz. Sin duda, hemos renunciado a mucho. Precisamente por eso debemos trabajar duro y soportar las dificultades. No queremos malgastar nuestra inversión. No nos hemos trasladado al campo para descansar. Si las dificultades merecen la pena, entonces aprenderemos a soportar más de lo que imaginamos posible.

Sufrimiento misionero

Pablo ofrece un excelente ejemplo de cómo podemos soportar con alegría el sufrimiento cuando el objetivo merece la pena. No hay más que ver por lo que pasó:

> … en trabajos más abundante; en azotes sin número; en cárceles más; en peligros de muerte muchas veces. De los judíos cinco veces he recibido cuarenta azotes menos uno. Tres veces he sido azotado con varas; una vez apedreado; tres veces he padecido naufragio; una noche y un día he estado como náufrago en alta mar; en caminos muchas veces; en peligros de ríos, peligros de ladrones, peligros de los de mi nación, peligros de los gentiles, peligros en la

> ciudad, peligros en el desierto, peligros en el mar, peligros entre falsos hermanos; en trabajo y fatiga, en muchos desvelos, en hambre y sed, en muchos ayunos, en frío y en desnudez (2 Cor. 11:23-27).

El sufrimiento era una parte inevitable de la vocación de Pablo como misionero. La debilidad y el sufrimiento que padecieron él y su equipo ministerial contribuyeron a demostrar el poder supremo de Cristo:

> Pero tenemos este tesoro en vasos de barro, para que la excelencia del poder sea de Dios, y no de nosotros, que estamos atribulados en todo, mas no angustiados; en apuros, mas no desesperados; perseguidos, mas no desamparados; derribados, pero no destruidos; llevando en el cuerpo siempre por todas partes la muerte de Jesús, para que también la vida de Jesús se manifieste en nuestros cuerpos (2 Cor. 4:7-10).

No pretendo idealizar el sufrimiento de Pablo. El sufrimiento nunca debe idealizarse ni perseguirse por sí mismo. Pero rara vez es evitable, e incluso en medio de un sufrimiento intenso, podemos mantener el valor. Como dijo Pablo: «Porque esta leve tribulación momentánea produce en nosotros un cada vez más excelente y eterno peso de gloria» (2 Cor. 4:17). En lugar de centrarse en sus sufrimientos o preguntarse si eran sostenibles, Pablo fija su mirada en algo mucho más significativo: un peso eterno de gloria incomparable.

Aquí debemos prestar mucha atención. Esta gloria incomparable no es algún tesoro en el cielo que Pablo experimentará solo en la otra vida. Esta gloria incomparable es el ministerio del Espíritu Santo en los corazones de los corintios. Sabemos esto por lo que Pablo dijo cuando empezó a hablar de ello un capítulo antes:

> ... siendo manifiesto que sois carta de Cristo expedida por nosotros, escrita no con tinta, sino con el Espíritu del Dios vivo; no en

> tablas de piedra, sino en tablas de carne del corazón [...]. Y si el ministerio de muerte grabado con letras en piedras fue con gloria, tanto que los hijos de Israel no pudieron fijar la vista en el rostro de Moisés a causa de la gloria de su rostro, la cual había de perecer, ¿cómo no será más bien con gloria el ministerio del espíritu? Porque si el ministerio de condenación fue con gloria, mucho más abundará en gloria el ministerio de justificación (2 Cor. 3:3, 7-9).

Sencillamente, la gloria de la obra del Espíritu en los corintios pesa más que el sufrimiento de Pablo. Así que continúa:

> Porque nosotros que vivimos, siempre estamos entregados a muerte por causa de Jesús, para que también la vida de Jesús se manifieste en nuestra carne mortal [...]. Porque todas estas cosas padecemos por amor a vosotros, para que abundando la gracia por medio de muchos, la acción de gracias sobreabunde para gloria de Dios (2 Cor. 4:11, 15).

Padecemos por amor, dice Pablo. Por eso sufre con gusto. Las personas en las que Dios actúa: eso es lo que Pablo considera su recompensa. Son *personas* a las que Pablo describe en otro lugar como «gozo y corona mía» (Fil. 4:1). Y de nuevo a los tesalonicenses: «Porque ¿cuál es nuestra esperanza, o gozo, o corona de que me gloríe? ¿No lo sois vosotros, delante de nuestro Señor Jesucristo, en su venida?» (1 Tes. 2:19).

Como la recompensa de Pablo y sus esperanzas para el futuro están ligadas a la salud de las iglesias, sufre con gusto por ellas:

> Y yo con el mayor placer gastaré lo mío, y aun yo mismo me gastaré del todo por amor de vuestras almas... (2 Cor. 12:15)

> Y aunque sea derramado en libación sobre el sacrificio y servicio de vuestra fe, me gozo y regocijo con todos vosotros. (Fil. 2:17)

> Ahora me gozo en lo que padezco por vosotros, y cumplo en mi carne lo que falta de las aflicciones de Cristo por su cuerpo, que es la iglesia. (Col. 1:24)

Pablo sufre por sus iglesias con tanto gusto como si fueran sus propios hijos. Y así es como él los ve:

> He aquí, por tercera vez estoy preparado para ir a vosotros; y no os seré gravoso, porque no busco lo vuestro, sino a vosotros, pues no deben atesorar los hijos para los padres, sino los padres para los hijos. (2 Cor. 12:14)

> ... como el padre a sus hijos, exhortábamos y consolábamos a cada uno de vosotros. (1 Tes. 2:11)

Como los miembros de una familia o los miembros de un cuerpo, el destino de Pablo y el suyo están verdaderamente entrelazados: «De manera que si un miembro padece, todos los miembros se duelen con él, y si un miembro recibe honra, todos los miembros con él se gozan» (1 Cor. 12:26).

Pablo cuida de estas iglesias como si fueran sus hijos. Por ellas soporta con gozo todo lo que su cuerpo humano puede soportar. Esa actitud nos sostendrá —como le sostuvo a él— a través de grandes sufrimientos. Que Dios nos dé la gracia de cultivar un amor similar por Su pueblo.

Conclusión

Los misioneros deben estar preparados antes de salir al terreno. Deben ser capaces de responder con seguridad a preguntas difíciles: *¿Qué se necesita para tener éxito? ¿Dispongo de los recursos y aptitudes necesarios? ¿Puedo hacer frente a las dificultades?* Estas preguntas suelen resultar incómodas, incluso poco espirituales. Parecen demasiado humanas, demasiado fríamente pragmáticas, demasiado profesionales. Pero la prudencia es una virtud, y el Espíritu Santo guía a Su pueblo en el ejercicio de la sabiduría humana.

La gente del mundo secular se hace estas preguntas porque entiende que cuando hay dinero en juego, los resultados importan. Jesús reconoce su sabiduría con las cosas del mundo: «porque los hijos de este siglo son más sagaces en el trato con sus semejantes que los hijos de luz» (Luc. 16:8).

Los misioneros se juegan mucho más que dinero, tanto por lo que invierten como por las ganancias que esperan obtener. Los días difíciles sobre el terreno los sacudirán, al igual que los mercados difíciles sacuden a los inversores. Y los misioneros, al igual que los inversores, deben evaluar cuidadosamente si disponen de los recursos necesarios para permanecer en el juego hasta que su inversión sea rentable.

Esto no significa que algo haya ido mal cada vez que un misionero abandona el campo. Hacemos todo lo posible por evaluarnos, pero no siempre sabremos lo que podemos soportar. Dios da la gracia para ir, pero nosotros dependemos diariamente de Él para que nos dé la gracia de quedarnos. Nunca debemos albergar oscuras sospechas sobre los que se van. Como dice Pablo: «¿Tú quién eres, que juzgas al criado ajeno? Para su propio señor está en pie, o cae; pero estará firme, porque poderoso es el Señor para hacerle estar firme» (Rom. 14:4).

No obstante, el desgaste supone una pérdida real, por lo que procuramos evitarlo. Por eso debemos considerar cuidadosamente nuestra decisión. Necesitamos saber lo que podemos soportar para que podamos encontrar más fácilmente una situación ministerial en la que tenemos posibilidades de éxito.

Y esta posibilidad —la esperanza del éxito— debe pesar mucho en nuestro pensamiento. Tomar decisiones sabias nos prepara para aprovechar las enormes oportunidades que nos esperan. Ciertamente, nos espera el sufrimiento. Pero también grandes bendiciones. He tenido muchos momentos bajos en el campo de batalla, pero mi vida no se ha caracterizado por el sufrimiento y la sensación de sacrificio, sino por la satisfacción y la alegría. Es un verdadero privilegio servir así al Señor. No lo cambiaría por nada.

Resulta aleccionador pensar que, no hace muchos años, estuve a punto de abandonar este campo simplemente porque mi «vocación» no era lo suficientemente fuerte. Agradezco a quienes me convencieron de lo contrario.

Así pues, evaluemos sabiamente nuestra oportunidad, sin precipitarnos al campo de batalla ni apartarnos de él prematuramente por centrarnos innecesariamente en una guía mística e interior. Los que tengan la gracia de ir, descubrirán que les espera una gran alegría. Las dificultades a las que se enfrenten serán sostenibles a la luz de la recompensa que esperan: la incomparable gloria de Cristo que cobra vida en nuevos hermanos y hermanas. Estas personas son nuestra alegría, nuestra recompensa y nuestra corona.

10

El trabajo y el Espíritu Santo

HA SIDO UN TEMA RECURRENTE de este libro: el Espíritu Santo utiliza cosas mundanas como la comunicación humana, la planificación humana y el trabajo humano. Esto es cierto en el campo misionero, y es cierto fuera del campo misionero. Todos dependemos de la bendición de Dios para tener éxito: «Si Jehová no edificare la casa, en vano trabajan los que la edifican» (Sal. 127:1). Pero... es poco probable que el Señor construya la casa sin nuestro trabajo. Así que no hay tensión entre hacer bien nuestro trabajo y depender plenamente del Espíritu Santo. Nuestro trabajo no excluye al Espíritu. Le ofrece un espacio para que se mueva. Él actúa cuando recaudamos dinero, vamos a nuestro lugar de misión, estudiamos idiomas, conocemos nuevas culturas, forjamos amistades y proclamamos a Cristo.

Vemos este patrón a lo largo de las Escrituras. Cuando los enemigos de Nehemías intentaron atacarlo, «Entonces oramos a nuestro Dios, y por causa de ellos pusimos guarda contra ellos de día y de noche» (Neh. 4:9). Depende de Dios, pero aun así tiene que actuar. O Ester. Ella le pide a Israel que ayune y ore por su liberación (Est. 4:16). Pero ella debe usar su influencia real —y poner su vida en juego— antes de que llegue la liberación. La oración no sustituye nuestras acciones, sino que las anima. Por ejemplo, es más útil pedirle a Dios que bendiga nuestro estudio de idiomas que pedirle el don de lenguas.[1] ¿Por qué? Porque la oración no es una escapatoria mágica de las dificultades de la vida humana o del ministerio. Al contrario, nos capacita para tener éxito en medio de las dificultades.

Debemos desconfiar de los enfoques misioneros que dependen de Dios para eludir nuestros esfuerzos humanos de forma llamativa y sobrenatural, o que nos piden que eludamos nuestra fragilidad humana mediante un heroísmo inusual. Dios actúa tanto en nuestros esfuerzos humanos como en nuestra fragilidad humana. En este capítulo, quiero sugerir algunas áreas en las que Dios actúa en lo ordinario de nuestro trabajo y espiritualidad.

Lo cotidiano y lo sobrenatural

Cierta literatura misionera popular sugiere que Dios ha comenzado recientemente a comunicarse más a menudo a través de sueños, visiones y sanaciones:

> En algunos lugares, un equipo ha recorrido en oración una zona, pidiendo a Dios que envíe sueños y visiones, y poco después una persona ha tenido un sueño sobre Jesús y se convierte en la clave para llegar a toda la comunidad.[2]
>
> Dependiendo de la región, un mínimo de 50 % (en las zonas musulmanas más extremas y violentas) y un máximo de 70 % de todas las nuevas iglesias plantadas entre musulmanes se produjeron en parte gracias a señales y prodigios (normalmente milagros de sanación y liberación). A veces, las intervenciones divinas se han producido

1 Como vimos anteriormente, Hudson Taylor reprendió a C. T. Studd y sus compañeros por esperar el don de lenguas, declarando: «Si pudiera poner el idioma chino en sus cerebros con un movimiento de la mano no lo haría». (Alvyn Austin, *China's Millions: The China Inland Mission and Late Qing Society, 1832–1905* [Grand Rapids, MI: Eerdmans, 2007], 222).

2 James Nyman, *Stubborn Perseverance: How to Launch Multiplying Movements of Disciples and Churches among Muslims and Others* (Mount Vernon, WA: Missions Network, 2017), 35.

> inesperadamente el primer día que los equipos pioneros entraron en una comunidad.[3]

> Todos los movimientos de plantación de iglesias que he visto en China están llenos de sanaciones, milagros e incluso resurrecciones.[4]

No puedo hablar de estas afirmaciones porque no tengo forma de investigarlas. Puedo decir que en los países que he tenido el privilegio de ministrar, tales sucesos parecían ocurrir. Pero no eran frecuentes, y algunos de los milagros registrados resultaron ser, en el mejor de los casos, cuestionables. Por supuesto, poco se gana enfrentando mis afirmaciones a las de los demás. En su lugar, veamos lo que dice la Escritura.

Sorprendentemente, aunque se producen milagros a lo largo del libro de Hechos, no son tan comunes como podríamos pensar. Solo los apóstoles y dos de los siete diáconos tienen dones milagrosos.[5] Lucas lo señala explícitamente:

> Y sobrevino temor a toda persona; y muchas maravillas y señales eran *hechas por los apóstoles.* (Hech. 2:43)

> *Y por la mano de los apóstoles* se hacían muchas señales y prodigios en el pueblo. (Hech. 5:12)

Es la sombra de Pedro la que sana, no la sombra de los creyentes (Hech. 5:15). Son los pañuelos de Pablo los que se llevan a los enfermos (19:11-12), no los tuyos ni los míos (¡menos mal!).

3 Jerry Trousdale, *Miraculous Movements: How Hundreds of Thousands of Muslims Are Falling in Love with Jesus* (Nashville: Thomas Nelson, 2012), 135.

4 David Garrison, *Church Planting Movements: How God Is Redeeming a Lost World* (Bangalore, India: WIGTake Resources, 2007), 233.

5 Además, la visión de Pablo sana milagrosamente cuando el profeta Ananías ora por él (Hech. 9:17-18), pero no hay indicios de que Ananías realizara milagros con regularidad. Más bien, Pablo ha sido cegado como un juicio sobrenatural y se le ha dicho que su ceguera será sanada como parte del perdón de Dios. Resulta que Ananías es la persona elegida para cerrar esta gran historia. Lucas no indica si Ananías tuvo o no un ministerio de sanación más allá de este evento.

Además, incluso cuando suceden acontecimientos sobrenaturales en Hechos, los maestros deben estar preparados para darles seguimiento. Un hombre es sanado en el templo (Hech. 3:7), pero miles de personas se salvan gracias al sermón que le sigue. Un ángel se aparece a Cornelio, pero la única instrucción que le da es que busque a Pedro, que le explica el evangelio. Aunque Dios es perfectamente capaz de hablar directamente, parece preferir actuar a través de agentes humanos, a pesar de sus limitadas capacidades.

Acogemos con gracia las intervenciones sobrenaturales de Dios cuando suceden. Pero debemos recordar que en la Escritura, incluso cuando Dios actúa de forma supernatural, sigue utilizando un seguimiento humano ordinario para llevar a la gente a Cristo. Así que en lugar de esperar que Dios actúe principalmente de formas llamativas y sobrenaturales, deberíamos cultivar estrategias de ministerio que esperen que Dios actúe principalmente a través de nuestro mundo normal de relaciones y capacidades. Es *esta* expectativa la que a menudo requiere mayor fe.

Por ejemplo, orar pidiendo «encuentros divinos» mientras caminamos por mercados abarrotados no es una *estrategia* ministerial adecuada aunque supongo que no perdemos nada al pedirlo, a menos que sea una forma normal de hacer conocidos en el lugar donde se está ministrando. Nuestras estrategias deben basarse en las realidades cotidianas y humanas de la vida. El apóstol Pablo hace milagros en algunas ciudades y en otras no, pero, si ocurren milagros o no, su *estrategia* es la misma: va a la sinagoga y enseña. Esta estrategia ministerial tiene todo el sentido en el contexto cultural de Pablo. La gente hablaba de Dios en la sinagoga, así que su estrategia depende de que Dios actúe dentro de los patrones normales de la vida.

Oración extraordinaria

En el capítulo 3, vimos que algunos desconfían cada vez más de cómo los misioneros influyen en las personas a las que ministran. Temen que «la experiencia cultural y religiosa de los misioneros pueda influir negativamente en la formación de discípulos»,[6] lo que lleva a muchos a concluir que «el sembrador de iglesias, como extranjero en la cultura, debe permanecer en segundo plano y minimizar la transmisión cultural».[7]

Como resultado, han surgido nuevas pautas. En lugar de esperar que el Espíritu actúe a través de relaciones directas o enseñanzas directas, ahora se les dice a los misioneros que permanezcan en segundo plano. Se les dice que dependan de que el Espíritu trabaje a través de ellos en reinos invisibles mientras oran. Se supone que estas oraciones deben ir más allá de las oraciones «ordinarias» de fácil acceso. Éstas son insuficientes. En su lugar, a los misioneros se les dice que se entreguen a sesiones de oración más largas e intensas, a menudo idealizadas como «oración extraordinaria».[8] El antiguo modelo de Dios obrando a través de nosotros de forma ordinaria y respondiendo a oraciones ordinarias ha sido sustituido por luchas heroicas, por luchas imponentes, de otro mundo.

No pretendo menospreciar la oración. Es una labor vital, esencial. Pero existe un peligro si imaginamos que nuestras oraciones son más eficaces si oramos de forma heroica. Esto es, de hecho, lo que a menudo se enseña a los misioneros. Veamos dos ejemplos:

> En una reunión de los cien mejores formadores de discípulos de nuestro ministerio, buscamos elementos comunes entre estos líderes de alto rendimiento. Estos líderes pasaban en promedio tres horas al día en oración personal. Cada día dedicaban otras tres horas a orar con sus equipos.[9]
>
> **La oración extraordinaria...** impregna los Movimientos de plantación de iglesias. Tanto si se trata de coreanos que se levantan a las

6 David Watson and Paul Watson, *Contagious Disciple Making: Leading Others on a Journey of Discovery* (Nashville: Thomas Nelson, 2014), 35.

7 Younoussa Djao, *Church Planting Movements: A Golden Key to Missions in Africa*, *CPM Journal* (enero-marzo de 2006), 86.

8 Garrison, *Church Planting Movements*, 172.

9 Watson y Watson, *Contagious Disciple Making*, 79.

> cuatro de la mañana para orar durante dos horas, como de gitanos españoles que «*van al monte*», como llaman a sus vigilias de oración que duran toda la noche, los Movimientos de plantación de iglesias están impregnados de oración.[10]

Puede que Dios conceda dones especiales de intercesión, así que no voy a criticar a quienes oran seis horas al día. ¿Quién soy yo para juzgar al criado ajeno (Rom. 14:4)? Pero hay algo peligroso en sugerir que solo este tipo de hombres tienen probabilidades de éxito. Jesús nos dice: «Y orando, no uséis vanas repeticiones, como los gentiles, que piensan que por su palabrería serán oídos. No os hagáis, pues, semejantes a ellos; porque vuestro Padre sabe de qué cosas tenéis necesidad, antes que vosotros le pidáis» (Mat. 6:7-8). Si olvidamos esto, desanimaremos a los que no tienen dones especiales de intercesión. Haremos que las formas prácticas en las que Dios les ha dotado parezcan menos espirituales.

Tal vez nuestra tendencia a hacerlo refleje un temor secreto entre muchos cristianos a que nuestras vidas de oración menos extravagantes no sean suficientes.[11] La mayoría de los cristianos ya viven con un desgarrador sentimiento de culpa porque sus oraciones no son lo que deberían ser: *Debería orar más. Debería orar más tiempo. Debería orar más y con más fe.* Incluso llamamos «guerreros de la oración» a los oradores superdotados. Esto sugiere que pensamos que la oración tiene éxito a través de nuestra lucha, quizás incluso a través de una lucha heroica.[12] Pero a Jesús no le interesa nuestra

10 Garrison, *Church Planting Movements*, 172–73, énfasis original.

11 Ver Philip Yancey, *Prayer: Does It Make Any Difference?* (Grand Rapids, MI: Zondervan, 2010), 14. Yancey escribe que descubrió que muchos cristianos a los que entrevistó sobre la oración «experimentaban la oración más como una carga que como un placer. La consideraban importante, incluso primordial, y se sentían culpables de su fracaso, culpándose a sí mismos».

12 En dos ocasiones, el Nuevo Testamento describe a las personas esforzándose o luchando en la oración (Rom. 15:30; Col. 4:12-13). Esto puede reflejar el hecho de que la oración nos implica claramente en una lucha entre el reino de Dios y los poderes de este mundo. Además, a veces nos cuesta orar; nuestra mente divaga y nos sentimos tentados por la

superespiritualidad. Quiere que acudamos con fe humilde, y por eso casi siempre describe la oración en términos familiares: como niños indefensos que acuden a su Padre amoroso.

Esta falsa concepción sobre la necesidad de una oración heroica puede arraigarse profundamente en los misioneros. Después de todo, tendemos a ser ambiciosos. Tendemos a ser intensos por naturaleza. Nos decimos a nosotros mismos que *si no oramos lo suficiente, no conseguiremos nada*. Los lectores que están en el ministerio pueden probar lo fácil que es caer en este tipo de pensamiento: trata de decir en tu próxima reunión del equipo ministerial: «Tenemos que pasar más tiempo en oración». Todos estarán rápidamente de acuerdo. Ahora intenta sugerir que necesitamos dedicar *menos* tiempo a la oración. La sala se quedará estupefacta. Pero Jesús pinta un cuadro diferente. Nos dice que no seremos escuchados por nuestras muchas palabras. Así que *hay* momentos para orar menos.

La oración es ciertamente extraordinaria, pero no porque *oremos* de manera extraordinaria. La oración es extraordinaria porque Dios nos responde tan generosamente cuando no necesita respondernos en absoluto.

Irónicamente, al hacer hincapié en nuestra necesidad de una oración extravagante, podemos acabar haciendo menos la generosidad de Dios. «La oración», escribe Oswald Chambers, «es la obra más grande».[13] Pero eso no es del todo cierto. La oración *no* es la mayor obra. La oración es nuestra llegada a Dios necesitados y desamparados. Es la *respuesta* de Dios a nuestras oraciones, no las oraciones, las que son la obra mayor. Nuestras oraciones, como la mayoría de las cosas que hacemos, esperamos que sean sinceras, pero son irrisoriamente deficientes sin la ayuda de Dios. «Jesús ha justificado nuestras

---

pereza. Pero ninguno de estos pasajes implica que nuestras oraciones deban alcanzar un determinado nivel de intensidad emocional para ser aceptadas por Dios.

13 Oswald Chambers, "The Key of the Greater Work," en *Contemporaries Meet the Classics on Prayer*, ed. Henri J. M. Nouwen y Crawford Leonard Allen (Grand Rapids, MI: Discovery, 2012), 2012.

oraciones»,[14] y solo porque oramos en Su nombre nuestras oraciones son aceptables. No somos «guerreros» de la oración. Somos niños indefensos que claman a un Padre que nos ama.

No somos «guerreros» de la oración. Somos niños indefensos que claman a un Padre que nos ama.

No necesitamos orar durante un determinado número de horas al día.[15] La lógica de Jesús puede parecer demasiado buena para ser cierta: «¿Qué hombre hay de vosotros, que si su hijo le pide pan, le dará una piedra? [...]. Pues si vosotros, siendo malos, sabéis dar buenas dádivas a vuestros hijos, ¿cuánto más vuestro Padre que está en los cielos dará buenas cosas a los que le pidan?» (Mat. 7:9, 11). ¿Y quién de nosotros, si su hijo le pidiera el desayuno, se lo negaría

14 Graeme Goldsworthy, *Prayer and the Knowledge of God: What the Whole Bible Teaches* (Downers Grove, IL: InterVarsity Press, 2004), 50.

15 Una objeción común aquí es que, cuando Jesús encuentra a Pedro y a sus amigos «durmiendo a causa de la tristeza» (Luc. 22:45) en Getsemaní, reprende a Pedro diciendo: «¿Así que no habéis podido velar conmigo una hora? Velad y orad, para que no entréis en tentación; el espíritu a la verdad está dispuesto, pero la carne es débil» (Mat. 26:40-41). ¿Insinúa Jesús que Pedro debe orar durante al menos una hora antes de que Dios acepte su oración? Aquí, dos observaciones serán útiles.

En primer lugar, si tomamos las palabras de Jesús al pie de la letra, en realidad reprende a Pedro por dos cosas. Pedro se ha dormido en lugar de orar pidiendo fuerzas para afrontar la tentación. Además, Pedro se ha dormido cuando debería haber estado vigilando. Jesús está en peligro y ha encargado a Pedro y a sus amigos que vigilen a Sus enemigos mientras Él ora y reúne fuerzas para lo que está a punto de sufrir. Jesús menciona cuánto tiempo deberían haber permanecido despiertos por no haber vigilado, no por no haber orado.

En segundo lugar, es cierto que Jesús oró durante tres horas en Getsemaní. Bajo el peso de un dolor abrumador, no encontró un alivio instantáneo. Aunque el pasaje no lo dice, es posible que los discípulos siguieran Su ejemplo, dedicando un tiempo considerable a la oración para superar sus propias penas de la misma manera. Pero si este es el caso, no podemos suponer que una cierta cantidad de tiempo en la oración era necesaria para que Dios respondiera. Más bien, es posible que los discípulos necesitaran dedicar un tiempo considerable a la oración por su propio bien: cuando el dolor y el miedo son grandes, no siempre podemos superarlos rápidamente con la oración.

porque no ha pasado suficientes horas suplicando? ¿Qué general se negaría a enviar apoyo aéreo simplemente porque sus tropas aún no han suplicado lo suficiente?

No estoy diciendo que debamos ser perezosos en la oración. *Hay* peticiones que un niño no debería simplemente gritar mientras sale corriendo por la puerta. Pero puede ser que no necesitemos hacer más que expresar a Dios, respetuosa y seriamente, lo que esperamos. A veces, cuando estamos angustiados o tenemos muchas cosas en la cabeza, esto puede llevarnos mucho tiempo: Jesús oró durante tres horas en la agonía de Getsemaní. Pero la *cantidad de tiempo* que oramos no es lo más importante. Pablo dice a los tesalonicenses «orad sin cesar» (1 Tes. 5:17), pero esto no significa que debamos orar veinticuatro horas al día. Del mismo modo, cuando Pablo dice a los tesalonicenses que da gracias por ellos sin cesar (1 Tes. 2:13),[16] no quiere decir que esté dando gracias a Dios por ellos en cada momento en que está despierto. Cuando nos dice que oremos sin cesar, no nos está diciendo que oremos sin *pausa*. Nos está diciendo que no dejemos de hacer de la oración una parte de nuestras vidas.

Así que la cantidad de oración no parece tan importante. ¿Y la intensidad de la oración? ¿Debemos orar con una intensidad inusitada? Recordemos de nuevo la lógica de Jesús: ¿quién de nosotros, si sus hijos le pidieran el desayuno, les haría suplicar con pasión antes de dárselo? Fueron los profetas de Baal, no Elías, quienes saltaron y gritaron y se desgarraron en el monte Carmelo (1 Rey. 18:26-38). En el fondo, esperaban que el fervor y la conmoción de sus oraciones pudieran compensar la falta de vida de Baal. Pero Elías no tenía esa obligación, porque su Dios era un Padre, no un ídolo.[17] Algunos argumentan que debemos luchar con Dios en la oración porque Jacob lucha con Dios.

16 La misma palabra griega, *adialeiptōs*, se utiliza en ambas ocasiones para indicar una actividad que no ha cesado.

17 Una posible objeción es que Santiago nos dice más tarde:

> Elías era hombre sujeto a pasiones semejantes a las nuestras, y oró fervientemente para que no lloviese, y no llovió sobre la tierra por tres años y seis meses. Y otra vez oró, y el cielo dio lluvia, y la tierra produjo su fruto (Sant. 5:17-18).

Pero Jacob no pensaba que estaba orando durante la lucha; de hecho, se sorprende al descubrir que es con el Señor con quien está luchando (Gén. 32:30). Además, la Escritura nunca indica que la lucha de Jacob sea un modelo de oración. El único otro lugar de la Escritura en el que se menciona la lucha de Jacob es cuando Oseas critica a Jacob por luchar tanto con Dios como con los hombres (Os. 12:3). Las emociones fuertes tienen su lugar en la oración. Debemos presentarlas a Dios cuando las sintamos. Pero no necesitamos fabricar intensidad emocional cuando no la hay.[18] Aún así, podemos hacer peticiones sinceras.

Bien, ¿y qué hay de la espera? A veces sentimos que Dios está decepcionado cuando nos preguntamos si concederá o no nuestras oraciones. Seguramente tenemos que orar con expectativas extraordinarias, ¿verdad? En realidad, puesto que Él es Dios y nosotros no, *deberíamos* preguntarnos a menudo si va a hacer lo que le pedimos. Tiene derecho a decir que no. Jesús no hace muchos milagros en Su ciudad natal porque la gente no cree (Mat. 13:53-58). Esto no se debe a que la gente se pregunte si la sanará. Los apóstoles a menudo dudan si Jesús hará milagros, y los hace de todos modos. No, el problema en Mateo 13 es que la *gente no cree en Jesús en absoluto*. Lo rechazan completamente.

¿Quiere decir Santiago que Dios concedió la petición de Elías, en parte, porque oró con suficiente fervor? No creo que podamos interpretar el fervor de Elías simplemente como una emoción poderosa. El griego dice literalmente que Elías «oró con oración»; los traductores han visto la repetición como un intensificador, traduciéndolo como «oró fervientemente» (RVR1960) u «con fervor oró» (NVI). Pero si la repetición indica intensidad, no está nada claro que indique intensidad emocional (más que sinceridad o perseverancia). De hecho, «... otra vez oró, y el cielo dio lluvia, y la tierra produjo su fruto», encontramos la serena confianza de Elías en marcado contraste con el frenesí emocional en el que se han sumido los profetas de Baal, que intentan convencer a su dios de que responda (1 Rey. 18:25-28).

18 La parábola de la viuda persistente también se entiende comúnmente como una enseñanza de que podemos necesitar luchar con Dios antes de que nuestras oraciones sean escuchadas. De hecho, en Lucas 18, Jesús acaba de hablar de Su regreso (Luc. 17:22-37). Cuenta la parábola de la viuda para que, mientras los discípulos esperan Su regreso, no deben desmayar (Luc. 18:1). Esta afirmación, y Su pregunta final, «Pero cuando venga el Hijo del Hombre, ¿hallará fe en la tierra?» (v. 8), indican que no nos pide que luchemos con Dios en la oración, sino que seamos persistentes en la oración. Quiere asegurarse de que, cuando Dios parece tomarse Su tiempo, no abandonemos la oración y supongamos que se ha olvidado de nosotros.

Dios tiene compasión cuando no estamos seguros de lo que hará. No tenemos que esperar totalmente que diga «sí» para que se complazca con nuestras oraciones. Simplemente tenemos que tener fe en Él. Incluso una pequeña cantidad de fe bastará. Un grano de mostaza puede convertirse en un árbol de mostaza; un grano de mostaza puede mover montañas (Mat. 13:31, 32; 17:20). Hudson Taylor nos recordó que «No es una gran fe lo que necesitas… sino fe en un gran Dios».[19] David escribe sobre la misericordia de Dios cuando su fe había fallado:

> Decía yo en mi premura:
> Cortado soy de delante de tus ojos;
> Pero tú oíste la voz de mis ruegos
> cuando a ti clamaba. (Sal. 31:22)

La oración funciona porque Dios es grande, no porque lo seamos nosotros. Dios nos ama y quiere que estemos seguros de que le complacen nuestras oraciones, por débiles y humanas que sean, del mismo modo que nos complacen los primeros tartamudeos de nuestros hijos cuando intentan hablar con nosotros. Por débiles y distraídos que seamos, por *ordinarios que seamos*, nuestro extraordinario Dios se alegra de respondernos de todos modos.

No debemos imaginar que tendremos éxito en el campo misionero, o en cualquier ministerio, sin orar. Pero si oramos respetuosa y seriamente y no nos damos por vencidos, entonces no debemos preocuparnos por el resto. El tiempo que oramos, la intensidad con la que oramos, la certeza que tenemos mientras oramos, nada de eso es importante. Vivimos vidas ordinarias. Hacemos un trabajo normal. Hacemos oraciones ordinarias. Y a través de todo ello, pedimos a nuestro extraordinario Dios que actúe. Confiemos nuestras oraciones a Sus manos amorosas y luego volvamos a las pequeñas pero necesarias tareas que nos ha encomendado.

19 Howard Taylor y Geraldine Taylor (Sra. Howard Taylor), *Hudson Taylor and the China Inland Mission: The Growth of a Work of God* (Filadelfia: Morgan & Scott, 1919), 428–29.

Ayuno

Durante mi primer año en el campo, mi equipo se reservó cuarenta días para ayunar y orar por un «avance» espiritual en nuestra comunidad. Hicimos un calendario para que durante esos cuarenta días siempre hubiera alguien ayunando, y siempre hubiera alguien orando. A menudo orábamos y ayunábamos juntos, y algunos miembros del equipo utilizaban estos momentos de oración para atar a los poderes demoníacos que creían que mantenían a nuestro vecindario en la oscuridad. Al final de los cuarenta días, no se había producido ningún avance espiritual. Nos preguntábamos por qué. Un líder de alto rango se levantó y sugirió que no habíamos ayunado lo suficiente. «Debemos ayunar otros cuarenta días», declaró.

Esto refleja un enfoque común del ayuno. Se da por sentado que el ayuno aumenta la eficacia de nuestras oraciones, especialmente cuando intentamos llevar a Cristo a grandes grupos de personas. Como escribe un misionero: «El objetivo del ayuno es orar con más eficacia».[20] Y otro: «Todo debate sobre los Movimientos formadores de discípulos comienza con la oración y el ayuno... Detrás de cualquier éxito en la plantación de iglesias y en la formación de discípulos hay mucha oración y mucho ayuno, mucho doblar las rodillas, mucho llorar y llorar ante Dio».[21]

Antes de examinar lo que la Escritura enseña realmente sobre el ayuno, me gustaría sugerir que la falta de avance de nuestro equipo puede haberse debido al hecho de que, en ese momento, *ninguno de nosotros hablaba árabe lo suficientemente bien como para compartir el evangelio de manera fácilmente comprensible.* De hecho, nuestro intenso énfasis en la oración y el ayuno había interferido con nuestra capacidad de aprender árabe. La oración es nuestra tarea más importante como misioneros. Aporta el poder omnipotente de Dios a nuestros frágiles esfuerzos. Pero debe potenciar nuestro trabajo, no sustituirlo.

20 Nyman, *Stubborn Perseverance*, 274.

21 Younoussa Djao, *Engage! Africa Video Series*, citado en Jerry Trousdale y Glenn Sunshine, *The Kingdom Unleashed* (Murfreesboro, TN: DMM Library, 2015), cap. 9.

Del mismo modo que no debemos creer que orar durante más tiempo o con mayor intensidad añade poder a nuestras oraciones, tampoco debemos considerar el ayuno como la «bomba atómica» de la oración.[22] ¿Por qué creer que nuestro Padre amoroso tiene *menos* probabilidades de acceder a nuestras peticiones si no nos privamos de algo mientras le pedimos ayuda?

No tengo ningún deseo de criticar a los que oran con ayuno o doblando las rodillas o clamando y llorando delante de Dios. La Escritura nos da libertad para dedicarnos a esas prácticas según nos mueva el corazón. Es esta libertad la que espero preservar. Eres libre de ayunar como te plazca, pero también otros son libres de no hacerlo. La Escritura no sugiere que el ayuno haga que nuestras oraciones sean más poderosas o que sea necesario para tener éxito en el ministerio. En la Escritura, la gente no ayuna para orar más eficazmente. Generalmente no ayunan cuando oran por peticiones importantes. En cambio, la gente ayuna casi exclusivamente en tiempos de angustia, particularmente cuando se dan cuenta de que Dios está a punto de juzgar su pecado. El ayuno es una forma única de humillarse para pedir la misericordia de Dios. A menudo se menciona junto con el cilicio (1 Rey. 21:27; Neh. 9:1; Sal. 35:13; Isa. 58:4; Dan. 9:3; Jon. 3:5). La relación del ayuno con el luto —especialmente el luto por el pecado— está presente en todo el Antiguo Testamento. Israel ayuna cuando Dios juzga la idolatría del pueblo permitiendo que los filisteos lo conquisten (1 Sam. 7:6). David ayuna cuando su hijo ilegítimo, recién nacido, está a punto de morir (2 Sam. 12:16). Acab ayuna después de que Elías profetiza que su familia será juzgada por el asesinato de Nabot (1 Rey. 21:27). Esdras proclama un ayuno cuando los exiliados regresan a su tierra después de haber pecado (Esd. 8:21-23). Lo vuelve a hacer cuando pecan casándose con mujeres extranjeras (Esd. 9:5). Los ninivitas ayunan cuando Jonás

22 Bill Bright, *7 Basic Steps to Successful Fasting and Prayer*, consultado 2 de diciembre de 2019, https://www.cru.org/us/en/train-and-grow/spiritual-growth/fasting/7-steps-to-fasting.html.

profetiza que Dios destruirá su ciudad (Jon. 3:5). Daniel ayuna para pedir misericordia hacia el final del exilio y para llorar por el pecado de Israel (Dan. 9:3, 5-15; 10:2-3). Nehemías parece buscar misericordia en su ayuno (Neh. 1:4), al igual que los judíos de la época de Ester (Est. 4:16); en ambos casos, habría sido imposible que los judíos que observaban la ley y estaban familiarizados con los profetas no vieran sus desgracias en el exilio como un resultado directo de los pecados de su nación. Esto queda aún más claro en el segundo ayuno de Nehemías, cuando el pueblo confiesa sus pecados y los de sus antepasados (Neh. 9:1-2). En Isaías 58, Dios rechaza el ayuno de Israel porque ayunaban sin arrepentirse de su maldad:

> He aquí que para contiendas y debates ayunáis y para herir con el puño inicuamente; no ayunéis como hoy, para que vuestra voz sea oída en lo alto. (Isa. 58:4)

Joel amenaza con un juicio y luego dice a Israel que se arrepienta «con ayuno y lloro y lamento» (Joel 2:12). Dios indica que cuando perdone a Israel, los ayunos regulares deben ser sustituidos por fiestas (Zac. 8:14-19). ¿Por qué? Porque una vez terminado el juicio, el ayuno ya no será apropiado.

Esta relación se repite en el Nuevo Testamento. El mismo Jesús relaciona explícitamente el ayuno y el luto en Mateo 9:14-17. Del mismo modo, Saulo ayunó durante tres días después de que Cristo resucitado se enfrentara a él en el camino de Damasco (Hech. 9:9). Aunque sabemos poco sobre el propósito del ayuno de Ana, es posible que estuviera relacionado con su espera de la redención en Jerusalén (Luc. 2:38), ya que Jerusalén se veía a sí misma bajo el juicio de Dios debido a la continua ocupación de Roma. Existen otros casos de ayuno en la Escritura, pero son escasos y debemos ser cautos a la hora de interpretarlos.[23]

23 Por ejemplo, Jesús ayuna durante cuarenta días en el desierto, al otro lado del Jordán (Mat. 4:1-11). Jesús tiene la clara intención de recapitular los cuarenta años de Israel

Ayuno y guerra espiritual

Puede ser importante abordar específicamente la idea —común entre los misioneros— de que debemos ayunar para fortalecer nuestras oraciones mientras participamos en la *guerra espiritual*.[24,25,26] Como nos dice un popular libro de misiones: «La guerra espiritual es real. La oración y el ayuno son armas importantes en esa guerra. Aprende a usarlas».[27]

---

en el desierto, ya que va al mismo desierto y responde a todas las tentaciones del diablo con citas del Deuteronomio, la colección de lecciones que los hijos de Israel aprendieron mientras vagaban por allí. El propósito de Jesús al repetir la estancia de Israel en el desierto —y triunfar donde Israel había fracasado— no está del todo claro. Puede que esté ayunando, en parte, para arrepentirse en nombre de Israel por sus fracasos (como, por ejemplo, hace Daniel en Dan. 9:3-19). Pero independientemente de la razón exacta por la que Jesús repite la travesía de Israel por el desierto, el hecho de que tenga la clara intención de hacerlo hace difícil imaginar que Su ayuno establezca un modelo para nuestros ministerios. No somos el Mesías de Israel y no necesitamos ayunar durante cuarenta días para tener éxito donde Israel fracasó.

En otro lugar, Saulo (Pablo) y Bernabé decidieron comenzar el ministerio juntos «Ministrando estos al Señor, y ayunando» (Hech. 13:2). Y Pablo y Bernabé «constituyeron ancianos en cada iglesia, y habiendo orado con ayunos, los encomendaron al Señor en quien habían creído» (Hech. 14:23). Estos pasajes se han utilizado para argumentar que debemos ayunar cuando buscamos orientación o cuando comenzamos un nuevo ministerio. Ver, por ejemplo, Lynne M. Baab, *Fasting: Spiritual Freedom beyond Our Appetites* (Downers Grove, IL: InterVarsity Press, 2009), 53, 78. Ver también Elmer L. Towns, *Fasting for Spiritual Breakthrough* (Bloomington, MN: Baker, 1996), cap. 7. Pero estas conclusiones son problemáticas. Frente a estos dos pasajes, debemos recordar que en todas las demás situaciones del libro de Hechos donde se da orientación, no se menciona el ayuno (Hech. 1:26; 8:26; 10:9-16; 16:6-10; 18:9; 23:11), y hay numerosos casos en la narración de Lucas y Hechos de ministerios importantes que comienzan donde no se menciona el ayuno (Luc. 6:12-14; Hech. 1:15-26; 6:1-7; 16:1-3). Por supuesto, tenemos libertad para ayunar si nos place. Una vez más, es la libertad lo que espero preservar: puedes ayunar en estas situaciones si lo deseas, pero la Escritura no parece exigirlo ni a ti ni a los demás. Nunca implica que el ayuno sea una manera «mejor» de manejar estas situaciones.

24 J. O. Sanders, "Effective Prayer," en *World Prayer: Powerful Insights from Four of the World's Great Men of Prayer* (Littleton, CO: OMF Books, 1999), 27.

25 David Allen Jacques, *Weapons Training for Spiritual Warfare and Frontline Ministry: A Guide to Winning Battles in the Spirit Realm* (Bloomington, IN: WestBow Press, 2014), 158.

26 John Eckhardt, *Fasting for Breakthrough and Deliverance* (Lake Mary, FL: Charisma, 2016), 1–2.

27 Trousdale y Sunshine, *Kingdom Unleashed*, cap. 9.

Según esta enseñanza común, el ayuno tiene efectos poderosos en la guerra entre el reino de Dios —especialmente sus ángeles— y los poderes demoniacos en su lucha por influir en la historia y en el destino de las almas humanas. ¿Nuestro generoso Padre no estaría dispuesto a ayudarnos en estas luchas hasta que nos hayamos infligido cierta cantidad de hambre?

Los misioneros apelan a dos pasajes de la Escritura para defender este argumento. En primer lugar, los Evangelios de Mateo y Marcos contienen una historia en la que los discípulos de Jesús son incapaces de expulsar a un demonio. En las transcripciones inglesas más antiguas, después de exorcizar al demonio, Jesús explica a los discípulos que no consiguieron expulsarlo porque «Este género con nada puede salir, sino con oración y ayuno» (Mar. 9:29; Mat. 17:21). Las dos últimas palabras de la frase de Jesús —«y ayuno»— no aparecen en la mayoría de las traducciones modernas del Evangelio de Marcos (ver NVI, NTV, NBLA). El versículo completo se excluye del Evangelio de Mateo en estas traducciones porque falta en la mayoría de los textos antiguos. En otras palabras, estos versículos probablemente no formaban parte del texto original de los Evangelios. Además, es poco probable que Jesús sugiriera que los discípulos debían ayunar más. Acababa de decirles a los fariseos, no muchos capítulos antes, que *no era apropiado* que los discípulos ayunaran mientras Él estuviera con ellos (Mat. 9:14-17; Mar. 2:18-22). Así que incluso si el texto en cuestión es original de los Evangelios, seguimos necesitando otra forma de leerlo.[28]

28 Por muchas razones, no tiene mucho sentido imaginar aquí que Jesús quiere que los discípulos ayunen más. En primer lugar, como se mencionó anteriormente, los ha elogiado por no ayunar durante Su ministerio (Mat. 9:14-17; Mar. 2:18-22). Segundo, Jesús ya les ha dado poder sobre los demonios (Mat. 10:1). Es posible que el demonio con el que se encuentran en este caso sea de un tipo especial sobre el que los discípulos no se les dio poder, pero como Jesús «les dio poder y autoridad sobre todos los demonios» (Luc. 9:1), esto es poco probable. Además, nadie en el pasaje (ni siquiera Jesús) reacciona ante el demonio orando y ayunando, sino que el demonio es expulsado. Aunque el ayuno previo de Jesús pudo haber dominado al demonio, no debemos olvidar que los discípulos eran discípulos de Juan antes de conocer a Jesús, por lo que también habrían ayunado previamente (Mar. 2:18). Una posible forma de leer este texto —si es auténtico— es observar que

En segundo lugar, tenemos la historia de la oración de Daniel. Éste ayuna hasta que —después de algún retraso— un ángel le responde. El «príncipe del reino de Persia» (Dan. 10:13) retrasa al ángel durante veintiún días y anticipa la llegada del «príncipe de Grecia» (Dan. 10:20). Se suele suponer que estos «príncipes» son poderes demoniacos con los que el ángel debe enfrentarse. También se supone que el ayuno de Daniel ayuda al ángel a tener éxito en su lucha contra estas fuerzas demoníacas. Aquí algunos ejemplos:

> En Daniel, la Biblia nos dice que hay seres espirituales poderosos («príncipes») que tienen a su cargo reinos humanos y que se oponen a la obra de Dios.[29]

> Fue la lucha continua de Daniel en la tierra, mientras la batalla se libraba en los cielos, lo que finalizó la victoria.[30]

De hecho, el «príncipe del reino de Persia» (v. 13) con el que lucha el ángel y el «príncipe de Grecia» que vendrá más tarde (v. 20) solo pueden entenderse a la luz de la visión anterior de Daniel, en la que se le dice que «En cuanto al carnero que viste, que tenía dos cuernos, estos son los reyes de Media y de Persia. El macho cabrío es el rey de Grecia…» (Dan. 8:20-21). No se trata simplemente de poderes demoniacos; representan los reinos que gobernarán sobre Israel después de la caída de Babilonia.[31]

---

lo que sí convence a Jesús para expulsar al demonio es el grito humilde del padre del niño: «Señor, ten misericordia de mi hijo» (Mat. 17:15), y: «Creo; ayuda mi incredulidad» (Mar. 9:24). Se trata, sin duda, de una oración de misericordia, y tal vez su humildad recuerde a Jesús el espíritu humilde que encarna el ayuno. Por tanto, es posible que considerara que los criterios de «oración y ayuno» se habían cumplido efectivamente. Al fin y al cabo, lo que más importa a Dios es el espíritu con el que ayunamos, y no la acción en sí (Isa. 58; Luc. 18:9-14). Esta no es una lectura a prueba de balas, pero es menos problemática que sugerir que Jesús está sermoneando a los discípulos por no ayunar lo suficiente.

29 Trousdale y Sunshine, *Kingdom Unleashed*, cap. 9.

30 Sanders, "Effective Prayer," 27.

31 N. T. Wright, *The New Testament and the People of God*, vol. 1 de *Christian Origins and the Question of God* (Londres: Society for Promoting Christian Knowledge, 1992), 290.

Ahora bien, es posible que las guerras por las que los medo-persas y luego los griegos llegaron a gobernar sobre Israel en los siglos venideros fueran simplemente una consecuencia de las guerras territoriales angélicas que tuvieron lugar en tiempos de Daniel. Pero solo podemos concluir esto leyendo nuestras suposiciones en el texto. Lo más probable es que las visiones de Daniel, como gran parte de la literatura apocalíptica, simplemente empleen imágenes celestiales para describir acontecimientos terrenales.[32] Incluso si la sucesión de Babilonia por los medo-persas y los griegos fue determinada por una lucha angelical, hay razones para pensar que el ayuno de Daniel probablemente no influyó en la lucha:

- Él no sabía que estaba teniendo lugar ninguna lucha. Al menos, podemos suponer que no estaba participando conscientemente en una guerra espiritual.
- El ángel dice que Miguel le ayudó, no el ayuno de Daniel (Dan. 10:13).
- El ayuno de Daniel, al igual que la mayoría de los ayunos del Antiguo Testamento, no parece tener por objeto librar una guerra espiritual, sino llorar y arrepentirse por el pecado de su pueblo, que seguía viviendo en el juicio y el exilio (Dan. 9:3-5; 10:2).
- Las noticias que le trajo el ángel a Daniel —que los medo-persas y más tarde los griegos gobernarían sobre Israel— no eran la respuesta que Daniel hubiera querido. Si su ayuno fue una lucha contra poderes demoniacos, no tuvo éxito.

Sencillamente, la Escritura no indica que debamos ayunar para que Dios nos ayude en las batallas espirituales. Dios es un Padre generoso. Él concede nuestras peticiones porque nos ama, no porque oremos intensamente o con ayuno.

32 Wright, *New Testament and the People of God*, 290.

Una visión bíblica de la guerra espiritual

¿Cómo indica entonces la Escritura que debemos participar en la guerra espiritual? Pablo escribe a los corintios:

> Pues aunque andamos en la carne, no militamos según la carne; porque las armas de nuestra milicia no son carnales, sino poderosas en Dios para la destrucción de fortalezas, derribando argumentos y toda altivez que se levanta contra el conocimiento de Dios, y llevando cautivo todo pensamiento a la obediencia a Cristo, y estando prontos para castigar toda desobediencia, cuando vuestra obediencia sea perfecta (2 Cor. 10:3-6).

Esta es una de las referencias más claras a la guerra espiritual en la Escritura. Examinémosla con más detenimiento. Primero, debemos notar que las fortalezas que Pablo tiene poder para destruir no son demonios o ejércitos demoníacos. Más bien, son argumentos, opiniones y pensamientos. Son *ideas*.

Esto concuerda con las descripciones de la guerra espiritual que encontramos en otros lugares. La espada del Espíritu es la Palabra de Dios (Ef. 6:17). Usamos la Palabra de Dios como arma en nuestra guerra porque estamos luchando contra ideas engañosas. La mayoría de las otras piezas de la armadura de Dios, como Pablo la describe en Efesios, también tienen que ver con ideas o enseñanzas correctas: el cinturón de la verdad, los pies calzados con el evangelio y el escudo de la fe (Ef. 6:14-17). Pablo nos dice: «Vestíos de toda la armadura de Dios, para que podáis estar firmes contra las *asechanzas* del diablo» (Ef. 6:11). Las artimañas del diablo tratan de engañarnos, de atraparnos con ideas falsas.

La guerra espiritual implica tanto orar como combatir las ideas engañosas enseñando la verdad. Dios proporciona el poder cuando oramos, y nuestra enseñanza proporciona un medio para que ese poder fluya. Cuando Pablo ve que un falso evangelio se ha apoderado de la iglesia de Corinto, planea librar una guerra espiritual, en parte, acudiendo a Corinto para corregir la falsa enseñanza (2 Cor. 10:1-6; 13:1-10).

Nuestro papel en la guerra espiritual no es grandioso. No dominamos a los demonios ayunando. Hacemos oraciones humildes y humanas. Es Dios quien da respuestas extraordinarias. Nos comunicamos a través de palabras humildes y humanas. Es el poder de Dios el que se mueve en nuestras palabras y desaloja las ideas demoniacas que mantienen cautiva a la gente.

Conclusión

No necesitamos intentar ser más de lo que somos. Dependemos completamente de Dios. Nuestras estrategias ministeriales deben centrarse en un trabajo humilde y humano. Si le pedimos humildemente que nos bendiga, Dios hará que nuestro trabajo tenga éxito. Él trabajará a través de nuestros esfuerzos ordinarios para hacer más de lo que podríamos haber pedido o imaginado. Un viejo himno dice:

> No necesitamos despedirnos
> de nuestro prójimo y de nuestro trabajo,
> Ni esforzarnos por encontrarnos demasiado altos
> Para el hombre pecador bajo el cielo.
> La ronda trivial, la tarea común,
> Proporcionará todo lo que debemos pedir;
> Habitación para negarnos a nosotros mismos, un camino
> Para acercarnos cada día más a Dios.[33]

33 John Keble, *The Christian Year* (Londres: Oxford, 1829), 3–4.

Conclusión

Palabras de William Carey

CONCLUIRÉ COMO COMENZÓ LA EMPRESA misionera protestante: con palabras de William Carey. Carey inauguró la primera reunión de la sociedad misionera en 1792 con dos famosas exhortaciones: «¡Esperen grandes cosas de Dios; intenten grandes cosas para Dios!».[1] Las dos exhortaciones de Carey no pueden separarse. Dios ha elegido demostrar Su grandeza en nuestros frágiles intentos por servirle. Por absurdo que pueda parecer, ha designado a simples seres humanos para ser «perito arquitecto» de Su gloriosa Iglesia (1 Cor. 3:10). Nuestra ordinariez acentúa Su gloria, y llevamos «este tesoro en vasos de barro, para que la excelencia del poder sea de Dios, y no de nosotros» (2 Cor. 4:7).

De hecho, los campos de misión solo se ganan cuando el poder sobrecogedor de Dios se libera en nuestras vidas humanas, anodinas y de barro. Aunque nuestro papel es decididamente poco impresionante, no nos atrevemos a despreciarlo por carecer de importancia. Nuestro papel es de *vital* importancia, y debemos hacer todo lo posible para cumplir con nuestras responsabilidades con profesionalismo. Vimos en el capítulo 1 que esto significa centrarse en cosas tan mundanas como:

1 William Carey, citado en William Edward Winks, *Lives of Illustrious Shoemakers* (London: Ballantyne, 1883), 165.

- invertir en una formación teológica adecuada.
- adquirir habilidades técnicas —incluido el dominio de la lengua y la cultura en las que ejercemos nuestro ministerio— para proclamar con claridad el evangelio de Jesús entre pueblos que nunca lo han oído.
- evitar los atajos asignando a la tarea el tiempo, la energía y las fuentes adecuadas.
- y evaluar las circunstancias prácticas a la hora de tomar decisiones.

Aunque nuestro papel es decididamente poco impresionante, no nos atrevemos a despreciarlo por carecer de importancia.

En los capítulos 2 y 3 vimos lo que ocurre cuando se descuidan estas responsabilidades. Examinamos las estrategias misioneras populares y cómo su fascinación por la velocidad y los números puede conducir a un trabajo descuidado y socavar la salud de las iglesias que esperamos dejar atrás.

En el capítulo 4, vimos que en lugar de perseguir estrategias de enriquecimiento rápido, debemos vernos a nosotros mismos como embajadores de Cristo. Nuestra principal tarea es comunicar Su mensaje en toda su plenitud y con todos sus matices. Para ello, como vimos en el capítulo 5, debemos aprender a comunicar Su mensaje con claridad, credibilidad y audacia. Los capítulos 6 y 7 mostraron que tendremos que dedicarnos al estudio en profundidad de la Palabra —y a menudo a algún tipo de educación teológica— antes de conocer el mensaje de Cristo lo suficiente como para comunicarlo bien. También tendremos que invertir muchos años en poner a prueba nuestro intelecto para dominar las lenguas y culturas en las que debemos comunicarnos.

En el capítulo 8, exploramos lo que significa asignar tiempo y recursos adecuados a la tarea misionera. No dejamos de evangelizar, pastorear nuevos creyentes y formar líderes hasta que vemos que las iglesias son lo suficientemente maduras como para valerse por sí mismas. Dedicamos largos años de nuestras vidas —muy probablemente, un par de décadas— antes de terminar.

¿Estamos preparados para la tarea? ¿Cómo podemos saber si hemos sido llamados? El capítulo 9 explora el papel de la sabiduría práctica a medida que Dios guía nuestras decisiones sobre si ir o no al campo de batalla. El capítulo 10 nos previene contra el atractivo de los enfoques llamativos e hiperespirituales, recordándonos que el poder de Dios se libera en las pautas humildes y cotidianas de la vida humana.

Así que seguimos adelante. ¿Por qué ha elegido Dios trabajar de una manera tan dolorosa y pesada? No necesita nuestro trabajo. Aportamos poco a la mesa. Somos débiles. Maduramos lentamente. Somos torpes comunicadores. Lo mejor de nuestro trabajo no impresiona. De hecho, podríamos imaginar fácilmente un mundo en el que Dios hubiera optado por dejarnos de lado para hacer el trabajo Él mismo. Podría haber optado por trabajar principalmente a través de señales, sueños y visiones. Podría haber enviado a Su Espíritu Santo o a Sus ángeles para explicar la Escritura directamente a los nuevos creyentes. Podría haber promovido a los nuevos creyentes a la madurez instantáneamente, evitando los procesos lentos y torpes de la maduración humana. Podría haber ordenado que la Iglesia se multiplicara a velocidades vertiginosas y sobrehumanas. En nuestro deseo de que los no alcanzados le conozcan, podemos preguntarnos si Dios *debería* haber elegido obrar de esa manera.

Pero nos arriesgamos a pagar un precio terrible por imaginar esto. Si Dios no nos exigiera realizar un trabajo excelente —si le complaciera moverse al margen de nuestro trabajo, en lugar de hacerlo *a través de él*— ¿qué motivaría a los misioneros a formarse en la Escritura? ¿Qué razón tendrían para dedicar años de sus vidas a dominar otros idiomas o a adquirir experiencia en otras culturas? ¿Cuál sería la razón para que los misioneros pasaran años enseñando y discipulando pacientemente a los nuevos creyentes?

De hecho, muchos han llegado a la conclusión de que el lento y laborioso camino que he descrito es demasiado pesado. A los jóvenes misioneros se les dice cada vez más que la cuidadosa profesionalidad de las generaciones pasadas era sobre todo un ejercicio de autosuficiencia. Se les anima a dejar atrás esos caminos y a «no estorbar» para que Dios pueda trabajar.[2] Los que señalan que Dios siempre ha elegido comunicar Su mensaje de esta manera pueden ser tachados de tener el «síndrome de la cabeza parlante».[3] Pueden ser acusados de «usurpar el papel de Dios»[4] o de ser «egoístas y tratar de mantener el control sobre el reino de Dios».[5]

Estas acusaciones no son nada nuevo. Como vimos en el capítulo 1, una confusión similar sobre el uso que Dios hace de los humanos llevó a un pastor anciano a menospreciar las aspiraciones misioneras de William Carey hace más de 200 años: «¡Joven, siéntate! Cuando a Dios le plazca convertir a los paganos, lo hará sin tu ayuda y sin la mía».[6] Deberíamos rechazar esa forma de hablar, como hizo Carey. Si imaginamos que nuestros esfuerzos humanos son demasiado ordinarios para que Dios los utilice —si olvidamos que nuestros esfuerzos son los *medios* por los que Dios llama a la gente hacia Él—, entonces

2 Steve Addison, *David Watson Author of Contagious Disciple Making, Movements with Steve Addison*, pódcast de audio, 16 de noviembre de 2015, https://podcastaddict.com/episode/65667146.

3 David Watson, *What about Teaching and Preaching in Disciple-Making Movements?* consultado el 10 de marzo de 2017, https://www.davidlwatson.org/2013/08/27/what-about-teaching-and-preaching-in-disciple-making-movements/.

4 Jerry Trousdale, *Miraculous Movements: How Hundreds of Thousands of Muslims Are Falling in Love with Jesus* (Nashville: Thomas Nelson, 2012), 103–4.

5 Wilson Geisler, *Rapidly Advancing Disciples: A Practical Implementation of Current Best Practices* (2011), 89, consultado el 12 de agosto de 2018, http:// www.churchplantingacmovements.com/images/stories/resources/RapidilyAdvancingDisciples_(RAD)_Dec_2011.pdf.

6 Joseph Belcher, *William Carey: A Biography* (Filadelfia: American Baptist Society, 1853), 19.

tendremos poca motivación para dar lo mejor de nosotros mismos en el servicio misionero. Estaremos dando el primer paso hacia una tranquila desesperación, un paso hacia el fracaso en lo que Dios nos ha encomendado hacer.

No demos ese paso. Dios actúa a través de nuestros humildes esfuerzos humanos. Dentro de nuestras limitadas capacidades, debemos dedicarnos a un trabajo excelente y profesional. Puede que no veamos resultados inmediatamente, pero esto no debe desanimarnos. Recuerda el proverbio: «Mas todo el que se apresura alocadamente, de cierto va a la pobreza» (Prov. 21:5). Recuerda lo que nos dice Jesús: no nos corresponde a nosotros conocer —ni apresurar— «No os toca a vosotros saber los tiempos o las sazones, que el Padre puso en su sola potestad» (Hech. 1:7). Nos dijo que Su reino no vendría de forma ostentosa: «El reino de Dios no vendrá con advertencia, ni dirán: Helo aquí, o helo allí; porque he aquí el reino de Dios está entre vosotros» (Luc. 17:20-21).

Los misioneros fieles y fructíferos no necesitan un ministerio espectacular o llamativo. Como escribió Carey: «Puedo trabajar duro. Puedo perseverar en cualquier objetivo definido. A esto se lo debo todo».[7,8] Así que sigamos adelante, confiando en el Señor. Los misioneros tienden a enorgullecerse de ser más *hacedores* que *pensadores*, de hacer que las cosas sucedan. Pero no es solo acción lo que necesitamos. Necesitamos una acción firme y sabiamente dirigida: «Tomó el sabio la ciudad de los fuertes, y derribó la fuerza en que ella confiaba» (Prov. 21:22).

En efecto, los misioneros sabios pueden conquistar no solo las ciudades, sino las naciones. Los que hemos recibido gracia para la tarea, abordémosla con sabiduría y profesionalismo, sabiendo lo que puede costar tener éxito y, para ello, empleando todos los medios humanos

7 William Carey, citado en James Culross, *William Carey* (Londres: Hodder & Stoughton, 1881), 5.

8 Ver Donald Alban Jr., Robert H. Woods Jr., y Marsha Daigle-Williamson, *The Writings of William Carey: Journalism as Mission in a Modern Age, Mission Studies* 22/1 (2005): 85–113.

a nuestro alcance. Evitemos los atajos. A medida que avancemos año tras año, que Dios responda a nuestras oraciones y fortalezca nuestros esfuerzos.

«No nos cansemos, pues, de hacer bien; porque a su tiempo segaremos, si no desmayamos» (Gál. 6:9).

Agradecimientos

JACK Y CLAIRE ME AYUDARON a refinar estas ideas a lo largo de los últimos años, siempre dispuestos a hablar y a ayudarme a explorar la Escritura con mayor profundidad de la que hubiera podido hacerlo por mí mismo.

Agradezco las largas horas que Ron dedicó a ayudarme a refinar este manuscrito estilística y misiológicamente. Chad Vegas revisó el manuscrito para comprobar su solidez teológica y bíblica. Me ayudó a rescatar partes del manuscrito cuando me había acercado demasiado para poder verlas con claridad. Colleen Chao es una excelente editora y revisó el manuscrito en cuanto a contenido, estilo y gramática; sus ideas y ánimos me ayudaron enormemente.

Brad Buser leyó este manuscrito antes de que yo tuviera verdadera confianza en él y cuando no era más que una serie de ensayos inconexos. Sin su estímulo para perfeccionarlo, nunca habría imaginado que pudiera llegar a publicarse. Brooks Buser también me ayudó enormemente a distribuirlo entre personas con la influencia y la experiencia necesarias para publicarlo; no sé si habría llegado a alguna parte sin su ayuda.

Alex Duke editó paciente y cuidadosamente este manuscrito hasta su versión final, y agradezco todo lo que aprendí sobre escritura en el proceso. Como dijo Mark Dever en su prólogo, nunca nos hemos conocido, y le estoy sumamente agradecido por el generoso prólogo que escribió sin que siquiera se lo pidiera.

La lectura cuidadosa de mi padre produjo ediciones que profundizaron este manuscrito, añadiendo sabiduría teológica, experiencia de vida y perspectiva pastoral mucho más allá de la mía. Mi madre y mis hermanos me aportaron perspectivas e ideas a través de innumerables conversaciones, y nunca se cansaron de hablar conmigo.

Y mi maravillosa esposa siempre ha creído en este proyecto. Estoy muy agradecido por su amor y su apoyo.